李光斗 著

商解西游

SHANG JIE XIYOU

团结出版社

©团结出版社，2025年

图书在版编目（ＣＩＰ）数据

商解西游 / 李光斗著. -- 北京：团结出版社,
2025.8. -- ISBN 978-7-5234-1733-1

Ⅰ．F713

中国国家版本馆CIP数据核字第2025CU7499号

责任编辑：时晓莉
封面设计：阳洪燕　兰　茹

出　　版：团结出版社
　　　　　（北京市东城区东皇城根南街84号　邮编：100006）
电　　话：(010) 65228880　65244790　（出版社）
　　　　　(010) 65238766　85113874　65133603（发行部）
　　　　　(010) 65133603（邮购）
网　　址：http://www.tjpress.com
电子邮箱：zb65244790@vip.163.com
经　　销：全国新华书店
印　　装：三河市东方印刷有限公司

开　　本：145mm×210mm　32开
印　　张：12　　　　　　　　字　　数：246千字
版　　次：2025年8月 第1版　印　　次：2025年8月 第1次印刷

书　　号：978-7-5234-1733-1
定　　价：69.00元

（版权所属，盗版必究）

序言

为什么《西游记》是顶级商战教科书?

一个西天取经的项目搅动了三界四洲,经商就像西天取经,孙悟空如同一个创业者,既要学腾云驾雾、七十二变,结交三教九流的人脉,还得嘴甜心狠,有灵活的办事手段,才能保得唐僧到达灵山,取得真经。

企业家、创业者也是一样,带着使命来到这个世界上,大闹天宫,百炼成钢,少了哪一样都闯不过九九八十一难,修不成正果。

在百年大变局的当下,从商业的视角重新读《西游记》,会发现西天取经之路竟是一条产业升级之路,是高层利益再分配的过程,是一场横跨天庭(传统巨头)、灵山(新兴资本)、大唐(蓝海市场）三界的商业重构。原来并不是唐僧要取经，而是如来要传经。

少年不识西游意，读懂已是书中人。唐僧师徒的取经路，蕴藏着中国顶级的商业智慧。

十五年前，我和北京电视台、第一财经合作，陆续推出《商解红楼梦》《商解三国》系列节目，收视率屡创新高，同步推出的著作也在中国大陆、韩国等地非常畅销。时隔多年重启商解名著系列，我首先想和大家分享的是《西游记》。西游的故事在四大名著当中最老少咸宜，改编成各种形式的文艺作品最多，在全世界范围内的影响力最大，却也是过去在四大名著当中最容易被低估的一部，因为受影视作品的影响，很多人会认为这只是一个师徒四人奇幻冒险的故事。

最早把《西游记》拍成电影的是黑泽明的老师——日本著名导演山本嘉次郎，1940年，他以此为题材拍摄了真人电影《孙悟空》。

1964年，中国动画事业的创始人万籁鸣、万古蟾兄弟制作了我国首部彩色动画长片《大闹天宫》，这部影片的完整版直到1978年才公映，当时我在电影院看的时候还是个懵懂少年，但也看得热血沸腾。这一年日本又推出了一部电视剧《西游记》，并进入英国、澳大利亚等英语国家，再次推动西游故事在西方世界的推广，就像今天国产游戏《黑神话：悟空》的影响力一样，吸引诸多外国友人开始关注《西游记》原著。

20世纪70年代末80年代初，电视刚刚开始在我国走进千家万户,节目内容还很匮乏,央视就引进了日本版的《西游记》,但是只播了几集就不得不停播了,因为它跟我们国人认知的西游故事相差甚远,大家接受不了。1981年,中央电视台决定排除万难也要拍摄一部中国人自己的《西游记》电视剧。经过艰难的筹备和制作过程,1986年我们终于在电视上看到了由杨洁导演,迟重瑞、六小龄童等主演的经典电视剧,被大家称为86版《西游记》。这部剧也出口到东南亚等国家和地区,当年所到之处,万人空巷,连很多地方的犯罪率都降低了,因为大家都在家里守着电视看《西游记》。

86版《西游记》至今已经重播了3000多次,每年依然在重播,收视热度不减。但也由于这部剧的成功反而固化了大众的认知,以为《西游记》是单纯弘扬真善美的合家欢故事,以至于很多人从来没有深度思索过:

在以道教为尊的唐朝初期,《西游记》里的唐太宗李世民为什么会以国家名义发起万众瞩目的取经项目?

到底是唐僧要取经,还是李世民要取经?

为什么孙悟空一个筋斗十万八千里,却必须跟着唐僧一步一步走上灵山?

真假美猴王一棒子打死的,到底是真悟空,还是假悟空?

唐僧真的对女儿国国王动心了吗?为什么不能不负如来不负卿,先娶女王再取经?

为什么越靠近灵山,妖魔鬼怪越厉害?

又为什么大唐如此虔诚地拜佛祖、求真经,如来却给了他们无字经书……

《西游记》的成书过程和《三国演义》《水浒传》一样，都经历了漫长的历史演变。《西游记》中唐僧的形象借鉴了历史上"玄奘取经"的事件，历史上的玄奘法师13岁出家，21岁受戒，游历各地，参访名师，贞观三年（629）他从长安出发，辗转到印度的佛教中心学习佛法，由于他在多场佛法辩论中大获全胜，很快就声名鹊起。在离开大唐的十几年中他游历了三十多个国家，沿途宣讲大乘佛法。贞观十九年（645），玄奘法师返回长安，带回大小乘佛教经律论共五百二十卷六百五十七部。他还翻译了《心经》，即《般若波罗蜜多心经》，是继鸠摩罗什之后流传最广的译本。在《西游记》小说里，乌巢禅师传授唐僧一卷《多心经》，告诉他"若遇魔瘴之处，但念此经，自无伤害。这是修真之总经，作佛之会门"。所以唐僧一路上害怕就念《多心经》，生气就念"紧箍咒"。

孙悟空的原型则来源于宋代《大唐三藏取经诗话》里的猴行者，他举止文雅，自称是花果山紫云洞八万四千铜头铁脑的猕猴王，化作一个白衣秀士来助和尚取经。到了元代，元杂剧《西游记》里就已经形成了唐僧、孙悟空、猪八戒、沙和尚等形象。再到明朝末年，有人又在前面各种故事版本的基础上，结合当时的时代背景、社会和文化氛围进行再创作。最后，当代的学者又在诸多残缺、失传的文本基础上经过考究、修订，形成现在大家广泛阅读的百回本《西游记》小说，师徒四人的形象固定下来，但人物设定都做了全新的改编。

《西游记》中有一首词《苏武慢·试问禅关》，这样写道：

"试问禅关，参求无数，往往到头虚老。磨砖作镜，积雪为粮，迷了几多年少。毛吞大海，芥纳须弥，金色头陀微笑。悟时超十地三乘，凝滞了四生六道。

谁听得绝想岩前，无阴树下，杜宇一声春晓。曹溪路险，鹫岭云深，此处故人音杳。千丈冰崖，五叶莲开，古殿帘垂香袅。那时节，识破源流，便见龙王三宝。"

意思是多少参禅求道的人，痴迷于无法办到的事情，到头来一事无成。佛法无边，神通广大，只有真觉悟了才能到达最高境界，脱离六道轮回之苦。然而就算"磨砖作镜，积雪为粮"也不一定能达到这种境界，那怎么才能做到呢？必须是经历无数艰难险阻，穿过漕溪路险，踏破千丈冰崖，那时节，才能识破源流，见到佛祖的光芒。

这首词写在孙悟空大闹天宫被压在五行山下之后，如来佛祖决定启动传经计划之前，在全文起到承上启下的作用。这五百多年不论是孙悟空还是佛祖，或者是轮回转世的金蝉子，都在"磨砖作镜，积雪为粮"，等待时机重新踏上征途，去"寻穷天下无名水，历遍人间不到山"。

经商亦如修行，个中道理有很多相似之处。我们的企业发展、团队打造、事业经营堪比西天取经，要磨砖作镜、积雪为粮，要开疆拓土、平衡势力、分配资源、不断创新……才能求取我们各自的一本人生真经。

创业者一定要读懂如来佛祖，创业就是要整合资源、挖掘人才、借势借力、分配利益、塑造品牌。同时创业者必须具备号召力和独特的人格魅力，能够让一帮有才华有能力的人，放弃原本的既得利益追随你，甚至是为你的理想而奋斗。我们常说，资金犹如企业的血包，创业者总是把融资当成第一要务，而比融资更重要的能力其实是融人的能力。

管理者一定要读懂观音菩萨，看她怎么搭班子、定战略、带队伍，完成如此艰难重大的取经任务。

企业家一定要读懂玉皇大帝，《西游记》中玉帝并不常出场，却处处都有他的影子，处处透露他无为而治的帝王心术，看你能否在阅读中与玉皇大帝神交，切磋运筹帷幄的顶级智慧。

所有人都要读懂孙悟空，整部《西游记》中孙悟空有最清晰的成长脉络。只有读懂了孙悟空，才能够清楚一个人从偶然成功到巨大失败，再到真正成熟起来，如何一步步走向修行之路。道、法、术、器每一层都是向下降维打击：道生法，法生术，术用器。即使抢得金箍棒，学会七十二般变化，也还是要被如来压在五行山下；取经路上，孙悟空才会顿悟：大妖个个通天，兵器五花八门，魔法皆有门派，孙悟空再大的本事也只能打个平手。要想平妖，还得向天庭求救。天庭凭什么？凭的是掌握三界运行规律和给神仙续命的道。翻手为云、覆手为雨的法和术都只是工具，关键时刻，观音送给悟空的三根救命毫毛，都比重达一万三千五百斤的金箍棒有用。读懂了孙悟空，才会懂得人生发生根本性改变的转折点，不是天降洪福，而是从你认清真实的自己开始。

花开昼夜里，人生佛魔间。

《西游记》是一部博弈之书，比商战小说更精彩，比MBA案例更深刻。参透这部神魔外衣下的现实主义力作，会发现它如此生动地揭示了人性的本质、为人处世的原则、商业竞争的残酷、超前的品牌建设的思维，乃至世间万物运行的规律，贯穿着从江湖之中到庙堂之上的顶级智慧。

今日欢呼孙大圣，只缘妖雾又重来。商场如战场，你是否能像孙悟空一样，跳出三界外，不在五行中？《商解西游》写给所有不甘平凡的"取经人"，让我们一起踏上这条"打怪升级"的商业修行之路。

引子

西游集团的顶层设计：
神仙博弈背后的商业哲学

在正式开始打怪升级之前，我们先来了解一下西游原著的故事架构——"对齐颗粒度"。

《西游记》原著的故事分为三大部分，第一部分是孙悟空大闹天宫，第二部分是唐太宗魂游地府，第三部分是师徒四人踏上取经之路。第三部分占的篇幅最大，但是我们只有先读懂了第一部分大闹天宫，才能清楚为什么会有后来的西天取经这回事；再读懂了第二部分唐太宗魂游地府，才能领悟这个局中局、棋中棋的关窍。

《西游记》第一回说道：感盘古开辟，三皇治世，五帝定伦，世界之间,遂分为四大部洲:曰东胜神洲,曰西牛贺洲,曰南赡部洲,曰北俱芦洲。东南西北四个方向四个洲。

这个说法是源于佛教,他们以须弥山为世界的中心,四周茫茫大海分布着四个板块。孙悟空就出生在东胜神洲所辖的一座离岸岛国,叫傲来国,这里有一座山叫花果山,山顶有一块石头,孙悟空就是从这来的。傲来国被东洋大海包围,下面就是东海龙宫。

东胜神洲还有谁?这里的十洲三岛上还住着很多神仙,有出场很少、身份神秘的东华帝君,有明明是道家神仙却跟佛家走得很近的福禄寿三星、瀛洲九老等。这些人仿佛处于退休状态,日常就是喝茶下棋、修身养性,真是无忧无虑的快活神仙。

从孙悟空的出生地可见,他并不是从随随便便的一个石头缝里蹦出来的野猴子,此处人杰地灵,仙气飘飘,原著里描绘"乃十洲之祖脉,三岛之来龙"。那我们思考一个问题,孙悟空的出生地本身就住着众多长生不老的神仙,他为什么还要跋山涉水、不远万里到大西边的灵台方寸山去学艺呢?

我们先打一个问号。

一路从东向西走就来到了南赡部洲,这里就是东土大唐所在地,唐僧就从这里出发。在其他部洲的民众看来,都非常渴望下辈子能托生到大唐,因为这里市井繁华、国泰民安。但是为什么如来却描述它是:贪淫乐祸,多杀多争,是口舌凶场,是非恶海呢?

我们再打一个问号。

四大部洲

再往西走，在大唐边界有一座两界山，也就是五行山，是镇压孙悟空的地方。附近就是观音菩萨的道场——南海普陀落伽山。过了南海就来到了取经主战场——西牛贺洲，取经路上所有的妖魔鬼怪，所有的战斗都发生在西牛贺洲。一路向西通关，就到达如来佛祖的道场——灵山大雷音寺。

还有一个洲我们没有介绍到——北俱芦洲，原著里描述是荒茅之地，不开化，一笔带过。没什么可争夺的资源。

当然，西游世界并不是只有一个维度，在四大部洲之上，还有一座天宫，天宫又分为三十三重天，住的是最上层的神仙：玉皇大帝、王母娘娘、太上老君等人，是权力的中心。西游世界一开始就是由道家统领的。

在四大洲之下，是阴曹地府幽冥界，归地藏王菩萨掌管，他手下有十殿阎罗，负责收押各路魂灵。

古往今来，很多商人老板都会像军事家一样在公司挂一张地图，因为商场如战场，这也是商业作战图。

当我们了解了西游世界的地图，你就能更清楚地知道，这帮人打来打去到底要干什么。

那么在这个复杂的世界当中，到底谁才是老大呢？玉皇大帝、太上老君，还是如来佛祖？他们之间有什么关系？天庭、人间、地府是怎么互相通信的？他们要召开一个大会的话该怎么开？三界四洲的人能交流吗？找谁当翻译呢？这是真正的神仙打架。

既然我们从商业的角度来解读《西游记》，我们就把西游当作一个公司，它一定是一家庞大的集团公司，同时存在着两种经营

三界四洲

管理模式：一种是道家模式，也是集团创业初期就发展起来的经营模式；另一种是佛家模式，是在壮大的过程中融入的新的理念和模式。

《商解西游》不偏向任何宗教，实际上《西游记》原著小说也并不是推崇或贬损哪一种宗教理念，只是借佛道之争来比喻两大势力之争。我们会看到，不论是三界总领玉皇大帝，还是人间的大唐首席执行官李世民，都是儒释道综合运用来进行统治和管理的。所以我的解读就把佛道比作在同一个集团管理下，不同的经营模式和管理理念。

玉皇大帝是集团董事长，原著里的玉帝可没有电视剧里那么怂，被孙悟空吓得钻到桌子底下，实际上孙悟空大闹天宫的时候，折腾了半天压根连玉帝办公室的门都没有摸着。

但是玉董事长也有他的烦恼，这么庞大的企业发展了上万年，人员众多、管理僵化、内部势力割据、缺乏创新活力，而且他头上还有一堆太上皇，自己的权力也受到制约，方方面面的问题都亟待改革。

太上老君那是创业元老，虽然在管理上退居二线了，但实际上他实力强大、根基深厚，集团从上到下都是他的人，关系盘根错节，而且他还掌握着对高层管理者——诸位神仙来说非常重要的"九转金丹"的核心制造科技。跟玉董事长比起来，他更像是退而不休的太上皇，你说这种情况玉帝能睡得安稳吗？

想想看，如果你是玉帝，你会怎么稳固自己的地位，带领企业更好地发展呢？

上面的人睡不踏实，下面的人没机会上来，怎么办？这就需要一个制衡者，一个破局者出现。

谁来破这个局？如来。

如来，我们把他比作天庭驻灵山分公司的总经理，是实力强劲的一方诸侯，我们叫一声如总。如总年纪不大却是一个狠角色，有本事、会用人、善权谋、懂营销。原著中如来所属的佛家早期也是受太上老君提携起来的，这是借鉴宗教里"化胡为佛"的典故。"化胡为佛"又叫"老子化胡"，老子是先秦思想家，被道教奉为太上老君。传说老子在印度入净饭王妃腹中，出生后自号释迦牟尼，建立了佛教，并开始对印度人实行教化，这就是所谓的"老子化胡"。

在西游故事中，我们发现佛道两家一直是针锋相对的，为什么太上老君一手提携起来的部门要跟他对着干呢？因为在西游的设定中，"老子化胡"而来的第一任灵山负责人并不是如来，而是燃灯古佛。燃灯听从太上老君的指挥，但后起之秀如来想要脱离老一辈管理层的控制，真正掌握对灵山的控制权，自成一派。

在我们读《西游记》的时候，如果不是非常仔细地探究作者寥寥数语的伏笔，会认为如来本来就是灵山话事人，那么是燃灯交班，还是如来夺权，我们还是要先打一个问号，随着取经之路慢慢拆解。

总之，新任管理者上位后不愿意继续跟在老君屁股后面转，要出头，要独当一面，甚至想要超越老君。现在的局面就是，玉帝忌惮太上老君，如来想超越太上老君，敌人的敌人就是朋友，玉帝和如来有充分的理由悄悄联起手来。

西游集团里还有一个十分厉害的角色，谁呢？就是观音菩萨，观总，是集团驻南海落伽山分公司的总经理，虽然级别没有如来高，但是资历深厚，她不是佛，却被称为"七佛之师"，七佛里就包括如来佛。此人八面玲珑、人脉通天、左右逢源，佛道两边的关系都处理得十分融洽，如来也佩服她是一个"有法力"的。观音在西天取经项目中扮演着非常重要的角色。

还有一个不得不说的人物——太白金星。他出场虽然不多却贯穿始终，就好比是办事滴水不漏的总裁办主任，最能察言观色，很多事件的关键转折点都是靠太白金星来推动的。

唐僧，是取经项目小组长，如来二弟子金蝉子十世转世投胎的宿主肉身，金蝉子因为犯错被贬，要做出点成绩来将功折罪。你看这套说辞是不是听着跟猪八戒和沙和尚一模一样？所以大家都是带着各自的任务来打怪升级的。

只有一个孙悟空，无父无母，没有兄弟姐妹，看起来没有任何社会关系，是从石头缝里蹦出来的。用我们今天的话说，这是一个没有软肋的人，所以他能干翻江倒海、大闹天宫的事。

西游集团是一家什么公司？相当于一家高科技生物医药公司，核心产品有吃了可以长生不老的蟠桃，延年益寿的交梨火枣、紫芝碧藕，甚至有高提纯、能起死回生的九转金丹。

同时西游集团还掌握一项控制人间的终极手段——降雨。古代是农业社会，靠天吃饭，长时间不下雨就意味着人们的生存问题都面临严峻挑战，所以，古代如果长时间不下雨，皇帝都要下罪己诏，明朝开国皇帝朱元璋在位期间就多次面临干旱的困境，也曾请道士求雨。古代还有很多描述下雨的诗词流传至今，"天街小雨润如酥""春雨贵如油"，凸显雨的重要和金贵。

西游集团的降雨权照理说必须掌握在玉帝手中，哪里下雨、下多少必须由他亲自签字盖章，然后安排龙神和雷部共同配合执行，可是取经路上我们却发现，不少妖魔鬼怪竟然都会私自降雨的法术，一套"五雷法"就能绕过流程，直接下雨。这样一来，玉帝的权力和集团的利益都会遭到损失和威胁。这个棘手的问题也到了不得不处理的时候。

西游集团发展了几万年，老人居功自傲，新人上位困难，玉帝的位置坐得如履薄冰，这股份和权力到了不得不重新分配一下的时候了。但是，动创业元老们的利益哪有那么容易呢？在看似平静的灵霄宝殿内，各方博弈暗流涌动。于是，一个瓦解旧势力，平衡新势力的行动"西天取经"立项了。

接下来就让我们跟随《商解西游》，一起踏上西行路，获取你的商业真经。

目 录

第一章 开局篇
西游集团生存启示录

002　孙悟空的颠覆式创新者之路
010　职称膨胀陷阱：从弼马温到齐天大圣
016　蟠桃大会名单吹响西游集团改革号角
024　观音首秀：西游第一高管的职场智慧
032　太上老君炼丹炉里的博弈
037　玉帝 VS 如来：万亿巨头的权力游戏

第二章 成长篇
用系统思维打怪升级

046　如来与观音如何构建利益共同体
052　观音如何用"鲶鱼效应"激活团队

063　刀口向内,变革者如何破局?
070　黑熊精的逆袭:攀附实现阶层跃升
076　《黑神话:悟空》带火的黄风岭,
　　　藏着什么大秘密?
084　西游最强扫地僧:沙和尚的隐形竞争力
091　临时工的悲歌:车迟国三仙的无效社交

第三章　进阶篇
高情商破局心法

102　怒上梁山 or 忍上灵山?
　　　情绪管理的两难抉择
109　孙悟空 VS 二郎神:
　　　天庭双雄的江湖恩仇录
115　真假美猴王,股权争夺障眼法
124　八戒的生存之道
131　西游分利法则:吃独食连妖怪都做不了
136　打破社交圈,你比孙悟空还灵

第四章　破茧篇
高维团队管理实战

144　西游"神仙会"的权力暗流
152　为什么是唐僧取经，不是孙悟空取经？
157　美人关与成佛路：唐僧的价值观管理
165　柔性管理：超级团队的控制与赋能
170　西游富二代的成与败
177　牛魔王的战略败局
185　玉帝的终极权谋：无为而治背后的领导力
193　西游咒语：我叫你一声，你敢答应吗

第五章　战略篇
商业棋局与财富裂变

200　西游第一桶金：大佬们的原始积累
205　如来佛法东传的灵山资本局
212　西天取经之路是产业升级之路
217　大乘佛法解码祭赛国困局
223　佛祖与道祖的商业媾和
230　如来佛 VS 弥勒佛：东西天并购大战

237　从三只犀牛精看灵山脚下的分钱艺术
243　西游含金量最高的一堂财商课

第六章　营销篇
需求图谱破译用户心智

256　运营大师观音的破局之道
263　唐僧身世之谜的流量思维
269　事件营销：为什么妖怪都爱抓唐僧？
276　从冰海到蓝海：
　　　"六感"营销重构用户心智
284　通天河危机公关：教科书级的舆情管理

第七章　品牌篇
用心智锚点打造超级个体

294　从妖王到佛陀：孙悟空的品牌圣经
299　女儿国国王的领导力觉醒
307　九齿钉钯 VS 金箍棒：
　　　为什么产品力 ≠ 品牌力？
312　如来佛祖的超级 IP 方法论

第八章　终局篇
永续经营的密码

320　商界奇才镇元子，如何盘活人参果
329　灵山 VS 兜率宫：
　　　新势力超越老品牌的法宝
336　科技与品牌是西游最高纬度的竞争
340　西天取经：
　　　一场持续 500 年的品牌造神运动

跋

《商解西游》的三个锦囊

所有蓝海市场,都藏在别人不敢涉足的深水区。

——《商解西游》

第一章 开局篇

西游集团生存启示录

孙悟空的
颠覆式创新者之路

没有野心的人做不成大事，有野心没根基的人，注定要栽大跟头。高筑墙，广积粮，缓称王，这是一种战略哲学，而孙悟空恰恰相反，一上来就称王称霸，所以菩提祖师断定他日后"定生不良"。

如果把孙悟空的猴生分为1.0、2.0、3.0版本，那么从花果山到齐天大圣才仅仅是1.0版本，就像一个小老板刚创立了一份家业，靠自己的能力可以养一个团队了，但是还谈不上什么管理和发展，交的也都是一些江湖朋友。取经之路前半段的孙悟空是2.0版本，加入了实战商学院，不再是只靠拼武力值解决问题，还会用方法和智慧。刀枪棍棒只能制服小妖小怪，真正办大事必须提升为人处世的能力，看清表象背后的本质，找到解决根本问题的关窍。最后成为斗战胜佛是孙悟空的3.0版本，终于功成名就，敲钟上市了。

创业者的类型分很多种，玉帝属于领袖型商人，如来属于品牌型商人，观音属于资源整合型商人，各种妖魔鬼怪属于关系型商人，孙悟空则展示了新一代创业者从草莽到成熟的不断成长迭代的过程。

关于孙悟空的出身大家已经非常熟悉，《西游记》开篇对这段横空出世的描写，堪称中国古典文学中最精妙的伏笔，但很多人不知道的是，这本身竟是一场精心策划的棋局。

孙悟空祖籍东胜神洲海外的傲来国，国中有一座四面环海的山叫花果山，是百川会处擎天柱，万劫无移大地根。花果山的山顶上有一块仙石，不是一般的石头，有三丈六尺五寸高，对应周天三百六十五度；二丈四尺围圆，暗合政历二十四气；上有九窍八孔，恰如九宫八卦。四面更无树木遮阴，左右倒有芝兰相衬。这块石头盖自开辟以来，每受天真地秀，日精月华，感之既久，遂有灵通之意。内育仙胞，一日迸裂，产一石卵，似圆球样大。因见风，化作一个石猴，五官俱备，四肢皆全。

孙悟空是"借卵化猴完大道，假他名姓配丹成"。而且他一出来就学爬学走，拜了四方。接下来的动作更神奇，目运两道金光，射冲斗府。惊动高天上圣大慈仁者玉皇大天尊玄穹高上帝，这是玉皇大帝的全称。猴子为什么一出来就目送金光，射冲斗府？感觉像在报信一样。而被惊动的玉帝得知原委，只是很平淡地说："下方之物，乃天地精华所生，不足为异。"

事出反常必有妖，突然从石头里蹦出个猴子，玉帝却说不足为异，大家也没人提出异议，像是仙界高层心照不宣的默契。

因为玉帝说不要管他，就给了孙悟空充足的时间，在花果山度过了无忧无虑的童年，每天和小伙伴们快乐地摘果子、扑蝴蝶、参老天、拜菩萨。孙悟空的童年不卷学习，而是充分地感受自然气息，耳濡目染培养出打通天际线的灵性。

突然有一天,一群猴子在玩耍时看到一股奔涌而来的水流,大家就顺着水来的方向去寻找源头,发现了一股非常壮观的瀑布飞泉,下面汪洋澎湃。有猴子就喊:"那一个有本事的,钻进去寻个源头出来,不伤身体者,我等即拜他为王。"

这可以说是孙悟空自诞生以来遇到的第一个挑战,别人都不敢动,只有他跳出来应声高叫:"我进去!我进去!"只见这猴子瞑目蹲身,迈开大长腿,毫无难度地就跳进去了。他没有被瀑布冲走,还发现了一方宝地,此处:

锅灶傍崖存火迹,樽罍靠案见肴渣。
石座石床真可爱,石盆石碗更堪夸。
又见那一竿两竿修竹,三点五点梅花。
几树青松常带雨,浑然像个人家。

洞门口石碣上写着"花果山福地,水帘洞洞天"。

孙悟空就这么轻易地收获了一座豪华别墅作为成人礼,有了安身立命之所。其他猴子也随之一个个欢欢喜喜跳进去,按照约定都拜孙悟空为"千岁大王",他就自封"美猴王"。这是孙悟空的第一个社会性身份。

跳过水帘洞,当上美猴王对孙悟空有什么意义?这是一个人初尝"赢"的滋味,没有参与过竞争的人担不起责任,没有赢过的人就缺乏自信,他不可能从石头缝里蹦出来就敢大闹天宫,单挑十万天兵天将,勇气和信心都是一步一步积累出来的,领导力也是一点点锻炼出来的。

这一跳，孙悟空发现了天然宝藏，也让我们悟出商业法则：所有蓝海市场，都藏在别人不敢涉足的深水区。

就像张一鸣发现了算法蓝海，马斯克押注太空赛道，花果山野猴最原始的竞争思维，让他完成从0到1的积累，当其他人都还在为天使轮发愁时，他已经坐拥洞天福地。

美猴王就这么逍遥快活地过了几百年，一天，大家正开席畅饮，他却突然悲伤地流下眼泪，说："我虽在欢喜之时，却有一点儿远虑。"原来他想到了生死大事。现在是过得很开心，将来年老血衰了怎么办呢？暗地里还有阎王老子管着。

这不是美猴王的中年危机，而是一个创业者的觉醒时刻，他意识到自己的花果山公司一没有技术护城河，二没有核心商业模式，第三，生死命脉还掌握在别人手里，眼下看起来风光无限，实则就像所处的地理位置一样，站在悬崖边上。

比尔·盖茨总是告诫员工：微软离破产永远只有18个月。提示大家要时刻保持警醒，不断积极进取，才能不被对手打败，不被时代抛弃。

根据马斯洛需求理论，一个人只有当物质层面的需求得到充分满足之后，才能有更深层次的精神思考和追求。"仓廪实而知礼节，衣食足而知荣辱"，当一个人不再为基本的生存问题担忧时，才可能考虑人生意义、自我实现、持续发展的问题。

当美猴王的思想意识进化到这一层，一个推动剧情的关键人物——通背猿猴厉声高叫道："大王若是这般远虑，真所谓道心开发也!"通背猿猴是谁?花果山资深NPC(指角色扮演游戏中非玩家控制的角色)。花果山有不少专门来陪太子读书的NPC,这只通背猿猴就告诉孙悟空,"如今五虫之内,惟有三等名色,不伏阎王老子所管。乃是佛与仙与神圣三者,躲过轮回,不生不灭,与天地山川齐寿"。那么他们住在哪呢?在阎浮世界之中,古洞仙山之内。具体地方得孙悟空自己去找,没有明确定位,也没有地图导航。这就促使孙悟空第一次离开花果山去跋涉天涯、寻仙问道,立志学一个不老长生之术,回来好庇佑他的猴子猴孙们,把花果山公司做大做强。

很多商学院都还在教PPT造车的时候,美猴王选择了一条难走的路,躬身入局。

他先是漂洋过海到了南赡部洲,在繁华的中土大地上游荡了八九年,学会了说人话、行人礼,也有模有样地穿起人的衣服来,但这终究不是他要找的地方,因为在孙悟空看来,南赡部洲的人都是:

争名夺利几时休?早起迟眠不自由!
骑着驴骡思骏马,官居宰相望王侯。
只愁衣食耽劳碌,何怕阎君就取勾?
继子荫孙图富贵,更无一个肯回头!

他们都在马斯洛需求金字塔的下半部分,满足不了猴子更高级的追求,他又一路向西,漂洋过海来到西牛贺洲,终于找到一个有神仙的地方——灵台方寸山,斜月三星洞,拜在须菩提祖师门下。孙悟空这个名字，就是须菩提祖师给起的。

灵台方寸山是个什么地方？灵台既是一个地名，也是人体脊柱区的一个部位，正好对应着心脏的位置，在古代文化当中，引申为心灵和人体的中心。斜月三星也是一个"心"字。毛毛躁躁的孙悟空被指引到这里非常适合，这是让他神兽归笼，好好修心。

这个时期的孙悟空其实是一只谦虚礼貌猴，用他自己的话说是"人若骂我，我也不恼；若打我，我也不嗔，只是赔个礼儿就罢了"。跟后来一言不合就抡起金箍棒的大圣，判若两猴。

孙悟空在灵台方寸山踏踏实实地接受了七年义务教育，每天跟众师兄们学言语礼貌，讲经论道，习字焚香，闲暇时间还扫地锄园，养花修树，寻柴燃火，挑水运浆，凡所用之物，无一不备。

为什么孙悟空能记得自己上山七年了？其实他对时间没概念，但是他爱吃桃，他记得自己已经吃了七次饱桃了。用吃桃次数对应时间，既是体现孙悟空对桃子的喜爱，也为后文玉帝让他看守蟠桃园埋下了伏笔。

七年时间，孙悟空的文化知识、基础素养都磨炼得非常扎实，而后才开始学习技能。菩提祖师让他在"术""流""静""动"四个专业方向里挑一个，这都是属于"道"字门中的傍门，我们今天称之为"旁门左道"。在道教中以修炼金丹、全身保真为正道，其余皆为"傍门"，不能修得正果，但是菩提祖师却告诉孙悟空傍门也能成正果，问他想学哪一门？看来是想考验一下徒弟。孙悟空初心不改，只问学哪个能长生？祖师说哪个也不能，孙悟空就都不学。可见，他是多么坚定的一个长期主义者，也是为什么有那么多同门师兄，只有他日后能成大才。

见孙悟空这也不学，那也不学，祖师假装生气用戒尺在猴头上"咣咣咣"打了三下，这三下把猴子给打开悟了，夜半三更天，悄悄溜进祖师房间，磕头求道，终于学到了祖师秘传的七十二般变化、筋斗云，以及一则神秘的大品天仙诀。

当孙悟空一个筋斗能翻十万八千里的时候，他再也谦虚不下去了，压制不住猴性，在师兄们面前卖弄。看了这样的大神通，师兄们说："悟空造化！若会这个法儿，与人家当铺兵，送文书，递报单，不管那里都寻了饭吃！"这就是人和人之间的差别，孙悟空学本事想的是与天地齐寿，而其他人看到的却是跑得快可以送快递、送外卖，不愁没饭吃就行了。

没想到孙悟空只是展示了一下学习成果，就引来菩提祖师勃然大怒，教训他："你弄甚么精神，变甚么松树？这个工夫，可好在人前卖弄？假如你见别人有，不要求他？别人见你有，必然求你。你若畏祸，却要传他；若不传他，必然加害：你之性命又不可保。"

祖师的话揭示处世哲学，真正的智慧在于收敛锋芒，高人往往深藏不露，这与孙悟空后来在成长路上多次因张扬而吃大亏形成鲜明对照。

孙悟空虚心接受教诲，情愿受罚，祖师的处罚却是决意要把他赶出师门，孙悟空想着师父厚恩未报，不敢走，祖师一反常态，冷冷地说："哪有什么恩义？你惹了祸不牵带我就罢了。你这去，定生不良。凭你怎么惹祸行凶，却不许说是我的徒弟。你说出半个字来，我就知之，把你这猢狲剥皮锉骨，将神魂贬在九幽之处，教你万劫不得翻身!"

须菩提祖师到底是谁,这是《西游记》一大悬案,他身上有很多疑点,明知道孙悟空的本性,却传授他"定生不良"的本领;耐心教导十年,又用"不许说是我徒弟"的狠毒警告,抹去所有传道授业痕迹,仿佛他的出现只是为了给这只日后注定"大闹天宫"的猴子注入动能,这场师徒决裂,更像精心策划的"商业放逐"。这种行为倒是暗合如来的商业信条:积水养鱼,深山喂鹿。

孙悟空想不明白师父究竟是何用意,但他知道师父的心是无法挽回了,于是辞别师门,打道回府。

拥有一身独家本领的孙悟空,如同拥有了撬动资本的杠杆,他不再像从前那样花天酒地,开始正儿八经地练兵、创业,振兴水帘洞。他首战打败了前来挑衅的混世魔王,很快又收服周围七十二洞妖王,成为统领四万七千小妖的花果山一霸,之后开始遍访英豪、广交好友,与牛魔王、蛟魔王、鹏魔王、狮驼王、猕猴王、禺狨王等六大王拜把子,结成七兄弟。

战绩有了,名声有了,个人形象包装也得跟上,孙悟空去找邻居东海龙王借装备,强行夺走龙宫S级装备——如意金箍棒,又召唤南、西、北三大龙王给他凑了一身符合身份的行头——凤翅紫金冠、锁子黄金甲、藕丝步云履。

回顾孙悟空的这段经历,敢为人先让他赚到第一桶金,居安思危让他完成硬实力升级,合纵连横让他把小小一个地方企业的名声打出了花果山。20年时间,孤岛野猴白手起家,成立了妖业联盟,统领近五万大军,成为威风凛凛的妖界一哥。

职称膨胀陷阱：
从弼马温到齐天大圣

孙悟空这辈子最恨人叫他"弼马温"，弼马温到底是个什么职位？他是怎么当上弼马温的？

"弼马温"在当代职场中已经成了有能力却不被重用的代名词。1979年，施乐公司上演过一场现代商业史上最昂贵的"弼马温"事件：由于公司不看好图形用户界面（GUI）市场，就把坚持开发这项技术的帕克研究中心（PARC）首席工程师拉里·特斯勒调离核心项目组，转岗管理复印机耗材数据库，这相当于让技术大牛去干"弼马温"的活。但是后来乔布斯在施乐参观的时候注意到这项技术，立刻意识到这一定是计算机操作应用的未来，于是把特斯勒和他的团队都挖到了苹果公司。这些人带来的位图显示、鼠标交互等12项专利技术，最终孕育出Mac电脑这一划时代的产品。而施乐为此付出的，是错过了整个个人计算机市场的主导权。

可惜孙悟空没有遇上乔布斯这样的伯乐，"弼马温"的从业经历，成了他一生不能揭的伤疤。

孙悟空本来在花果山生活得好好的，他是怎么到天庭去打卡上班的呢？

从灵台方寸山学艺归来的孙悟空以为自己可以躲过轮回,与天地齐寿了,没想到还是被阎王勾魂,他一怒之下大闹地府,把自己和猴字辈的死籍一笔勾销。前闹龙宫、后闹地府,两大恶性事件相继发生,就被阎王和龙王双双告上天庭。

当年孙悟空破石而出时,玉帝说不必管他,现在猴王向天庭两大核心部门宣战了,不管不行,玉帝就命神将下界捉妖。

话音刚落,办公室主任太白金星李长庚启奏道:"上圣三界中,凡有九窍者,皆可修仙。奈此猴乃天地育成之体,日月孕就之身,他也顶天履地,服露餐霞;今既修成仙道,有降龙伏虎之能,与人何以异哉?"这话说得很有水平,首先肯定了孙悟空的出身和能力,众生平等,不能因为人家是只猴子就不让人进步了。接着说,"臣启陛下,可念生化之慈恩,降一道招安圣旨,把他宣来上届,授他一个大小官职,与他籍名在箓,拘束此间。"跟领导提建议不能只提出问题或者反对意见,还要给出新的思路,这样才更容易让对方接受。太白金星建议,既然是有本事的人,为什么咱们不考虑把他招进公司来呢?放任自流他会搞破坏,发个 offer 说不定还能给我们办事,这样不是更好吗?最后太白金星还说,"若受天命,后再升赏;若违天命,就此擒拿。一则不动众劳师,二则收仙有道也"。我们只是给年轻人一个机会,能不能过试用期还要看他的具体表现。这就是高手的说话之道,这种招安策略以柔克刚,化敌为"用"。

孙悟空第一次从海外孤岛乍入贝阙珠宫的天庭,恰如刘姥姥进大观园,处处新奇,看得眼花缭乱,根本顾不上问一问玉帝给安排的"弼马温"到底是个什么职位?薪资待遇怎么样?就开开心心领了工牌。

走马上任的孙悟空的确把工作干得很好,昼夜不睡,滋养马匹。日间舞弄犹可,夜间看管殷勤;但是马睡的,赶起来吃草;走的捉将来靠槽。孙悟空把天马养得肉膘肥满,天马见了他也很亲昵,一个个泯耳攒蹄。

猴子很高兴,马也很高兴,那么御马监的工作人员面对这个空降的小领导开不开心呢?想必是开心不起来。在一个萝卜一个坑的天庭,神仙们都长生不老了,能空出个正堂管事的缺,其实是很不容易的。玉帝在安排职位的时候,武曲星君就说过,"天宫里各宫各殿,各方各处,都不少官,只是御马监缺个正堂管事"。不知道有多少人都盼着自己能升任这个主管位子,没想到最后空降来一只猴子,还是个年轻力壮的卷王,让大家的希望一下子全都破灭了。所以一直到孙悟空入职半个多月后,御马监的同事们才给他组织了一次接风酒宴,然而就在这次聚会上,出事了。

几杯酒下肚,孙悟空问:"我这'弼马温'是个什么官衔?"大家告诉他,没品。

孙悟空说:"没品,想是大之极也。"

大家都暗自发笑,说:"不大,不大,只唤作'未入流'。"

猴子还是不明白,继续问:"怎么叫作'未入流'?"

同事们告诉他,未入流就是末等,就是最低最小的官。并且火上浇油地说,你这样殷勤喂马,管得好最多也就得个口头表扬,但是万一有什么差池,马生个病、受个伤啥的,你可是难逃罪与罚。

孙悟空一听这话勃然大怒,活了三百多年还没被人这样藐视过,骂道:"老孙在那花果山,称王称祖,怎么哄我来替他养马?养马者,乃后生小辈,下贱之役,岂是待我的?"就这一句话把在座各位都得罪了,大家都是养马的,你骂谁呢?

没有经历过职场人情世故的孙悟空,愤怒地推倒公案,掏出金箍棒,打出南天门,回他的花果山了。

孙悟空出师不利,也呈现出新官上任必踩的三大雷区:

能力陷阱:会养马≠会当领导,拳头硬≠能当好领导。这往往是专业技术型人才的转型之痛。

效率陷阱:一味地把人力资源工具化,用简单粗暴的方式追求效率,不顾及团队整体协作,反而陷入更大的系统性困境。

身份错位:当花果山思维遇上天庭秩序,草莽英雄没有完成身份的丝滑切换。

有相关调研报告显示,空降高管存活率仅为39%。弼马温的困局实际上是空降领导诅咒、职场身份认同、组织文化适配度的三重问题,离职也是必然。

那么玉帝封孙悟空为弼马温是为了羞辱他吗?其实并不是,因为首先这个岗位的工作对于孙悟空来说没有难度,能让他尽快做出成绩。太白金星就明示过,"若受天命,后再升赏"。而且提拔年轻管理者,先从基层做起是对他的成长负责,原著中有一首诗佐证这两点：

> 猿猴道体配人心，心即猿猴意思深。
> 大圣齐天非假论，官封弼马是知音。

孙悟空是心猿，心猿不定，则意马四驰，马猿合作才是心意相合。可惜此时狂妄的猴子完全体会不到这一点，只把面子看得比天大。

不过在实际的管理当中，对于孙悟空这样的特殊人才，的确不能长时间把他压在"弼马温"的职位上，因为当一个人的能力远超职责，不给他安排匹配能力的任务，比如统兵作战、降妖除魔，他一定会反抗，这是典型的"高能力人才因被低估而失控"的问题。如果创新人才被束缚在官僚保守的体系中，最终他一定会"闹天宫"，要么离职，要么转投竞争对手，成为企业的损失乃至威胁。

不告而辞的孙悟空前脚回到花果山，说来也巧，后脚就冒出两个独角鬼王捧着赭黄袍，来怂恿他自称"齐天大圣"。赭黄袍在古代有特殊的含义，是天子所穿的袍服，一般人是不能穿黄色服饰的，独角鬼王这是在怂恿孙悟空造反。

这也提醒我们，当你的能力撑不起野心时，每个独角鬼王拿的都是催命符。但此时被情绪支配的孙悟空毫无警醒之心，真的竖起大旗，自封"齐天大圣"，由此引发天庭对他的第二次招安。

面对孙悟空的挑衅，太白金星再次向玉帝谏言："欲加兵与他争斗,想一时不能收伏,反又劳师。不若万岁大舍恩慈,还降招安旨意,就教他做个齐天大圣。只是加他个空衔,有官无禄便了。"太白金星用给面子、不给里子的谈判艺术又一次轻松化解危机。这种"明升暗降"的管理策略,在现代企业中也屡见不鲜。

经济学中有"通货膨胀",管理当中也有个词叫"职称膨胀",这时候的孙悟空就掉进了认知陷阱,听说玉帝真的封他做"齐天大圣",多巴胺分泌达到峰值,权力的诱惑让他丧失理性,又跟着太白金星开开心心上了天庭。

这回孙悟空果然扬眉吐气,坐进了新给他装修的独立办公室"齐天大圣府",玉帝还安排了专门的秘书伺候他起居玩乐。

看到孙悟空这样的情况,想必整个集团上上下下已经流言飞起,这猴子到底什么来历?无功而受禄,无德而受宠,就连玉帝的亲外甥显圣二郎真君也没有这样的待遇。由此我们可以想象,为什么后面孙悟空大闹天宫时,十万天兵天将都拿他没辙,不见得是真打不过他,而是大家没搞清楚这猴子背后到底是哪位高人在撑腰,抓不住他只是能力问题,抓住了搞不好就是立场问题。

得意扬扬的孙悟空更不会考虑到这些细节,完全沉浸在名号"齐天"的快乐里。

蟠桃大会名单吹响
西游集团改革号角

饭局是一门艺术,古今中外有许许多多著名饭局,宋太祖赵匡胤通过一顿饭局"杯酒释兵权";曹操考验刘备,有惊心动魄的"煮酒论英雄";刘邦、项羽也曾出席危机四伏的"鸿门宴"。所谓吃饭事小,出局事大。

《西游记》里最著名的饭局是"蟠桃会",是集团大大小小领导共同出席的盛会,也是引发"大闹天宫"事件的导火索。当齐天大圣遇上"神仙局"的致命诱惑,这背后藏着什么玄机?

官封齐天大圣的孙悟空住进独栋别墅——齐天大圣府,恰好就在蟠桃园旁边。猴子最爱吃桃,当年拜菩提祖师学艺,他不知道在山上待了多少年,却记得自己已经吃了七次饱桃,如今就住在蟠桃园的旁边,猴子会偷桃吗?

我们看看这次孙悟空入职以后都干了些什么。空有头衔无所事事的猴子是日食三餐,夜眠一榻。闲时节会友游宫,交朋结义。见三清,称个"老"字;逢四帝,道个"陛下"。与那九曜星、五方将、二十八宿、四大天王、十二元辰、五方五老、普天星相、河汉群神,俱只以弟兄相待,彼此称呼。今日东游,明日西荡,云去云来,行踪不定。

孙悟空是个社牛，到哪都能交一帮朋友，这段时间他积累了丰富的神仙人脉，为日后西天取经打下了良好的基础。同时他也打探了不少集团小八卦，比如二郎神是玉帝妹妹思凡下界跟凡人生的孩子；王母娘娘经常跑去十洲三岛给东华帝君送蟠桃。孙悟空虽然爱听八卦，却能管得住嘴，菩提祖师不许他说出自己的名字，他就一生从未提过师父的名字。不到关键时刻，他也绝口不提自己知道的小道消息。每天只是东游西荡，竟从未动过偷桃的心思。

可是不闯祸的孙悟空依然被人告了御状，说恐怕他闲中生事，不如再给他一件事管管，免得他惹出麻烦。真是忙也不是，闲也不是。玉帝就又给猴子安排了一份代管桃园的工作。

让一只猴子管理桃园，玉帝是怎么想的？我们开篇就讲了，蟠桃是西游集团最核心的资源，桃园相当于财务部，如果你是老板，会让最见钱眼开的人管理财务吗？这玉帝的管理水平真是让人匪夷所思。但往往越是看似不合理的安排，背后越是隐藏着玄机。

本来就闲不住的孙悟空十分高兴，一领了任务就迫不及待地去上任，别看他在旁边住了那么久，进入桃园却还是第一次。天庭的桃子果然与凡间不同，是夭夭灼灼花盈树，颗颗株株果压枝，这桃树不是玄都凡俗种，而是瑶池王母自栽培。

看门大爷土地公公给孙悟空介绍，这里总共有三千六百株桃树，前面有一千二百株，花微果小，三千年一熟，人吃了成仙了道，体健身轻。中间有一千二百株，层花甘实，六千年一熟，人吃了霞举飞升，长生不老。后面有一千二百株，紫纹细核，九千年一熟,人吃了与天地齐寿,日月同庚。

这是孙悟空第一次知道蟠桃的精妙,兴奋地当下就查明了株数,点看了亭阁,从此再也不东游西逛,又拿出养马的劲头看管桃园。

直到有一天,孙悟空见那老树枝头,桃熟大半,忍不住想要吃个尝鲜,于是屏退左右,脱了长袍短褂,爬上大树,拣熟透的大桃摘了许多,就在树枝上吃了一饱。尝过这种美妙的滋味,猴子再也抵挡不住仙果的诱惑,隔几天就设法去偷桃吃。

这天到了王母娘娘设宴召开"蟠桃盛会"的日子,令七仙女挎着篮子来摘桃,但是她们只摘了几篮小桃,几篮中桃,发现大桃竟然一个熟的都没有,唯一一个半生不熟的还是孙悟空变的,吃饱了正躺在树上睡觉。

孙悟空被惊醒就问仙女,蟠桃大会有没有请他?

仙女说:"不曾听得说。"

孙悟空说:"我乃齐天大圣,就请我老孙做个尊席,有何不可?"

仙女说:"此是上会会规,今会不知如何。"同时,她们透露了一份上会受邀嘉宾名单:

请的是西天佛老、菩萨、罗汉,南方南极观音,东方崇恩圣帝,十洲三岛仙翁,北方北极玄灵,中央黄极黄角大仙,这个是五方五老。还有五斗星君、上八洞三清、四帝、太乙天仙等众,中八洞玉皇、九垒、海岳神仙,下八洞幽冥教主、注世地仙。

这份名单充满玄机,排在最前面的是贵宾,好比集团驻各处的封疆大吏，远来是客，无可厚非。总部人员又分成三六九等，而打头的竟然不是现任董事长玉皇大帝，而是三清四帝这些创业元老，他们拿着原始股，吃着九千年蟠桃，掌握着集团核心资源人脉，拥有实际权力，退而不休。这样看来，玉皇大帝和齐天大圣本质上有相似之处，都是"名实分离"。

同时我们发现：观音虽然也属于佛家体系，却是与灵山并行的部门，她有自己的南方南海落伽山分公司，拥有自主管理权。后续出场的灵吉、文殊、普贤等菩萨也都有自己的道场，其实都不在灵山办公，而是归天庭统一管理。大家各自代表各自的分公司来出席盛会，领取蟠桃。在这届蟠桃会召开的时候，灵山的总经理也并不是如来，而是与太上老君交好的燃灯古佛，他早早就已经来到总部赴宴，正在太上老君的兜率宫喝茶聊天。

这些大神自然也能吃到大株蟠桃。但像福禄寿三星、瀛洲九老等海岳神仙，就只能享受中层待遇，吃六千年蟠桃了。而幽冥教主、镇元大仙这样的地仙，就像领死工资的基层员工，只能分到三千年的小蟠桃。

这个排位跟我们的认知似乎不太相符，比如幽冥教主地藏王菩萨在整个西天取经过程中发挥重要作用，幽冥界也发展得相当有规模，但地藏王本人的排位却非常靠后。镇元大仙这样有能耐，还拥有稀缺资源人参果的地仙，竟然排在末流，都远远不及五方五老、太乙天仙这些集团老人。新晋成员孙悟空更是被排除在核心利益圈之外。

蟠桃大会名单泄露的不仅是座位次序，更暴露出天庭权力架构的深层危机。

还有值得注意的一点是，蟠桃大会一直冠名的是王母娘娘，举办地点也都是在王母的瑶池仙阁。因为这种吃了能成仙了道、长生不老的神奇品种，是王母亲手栽培出来的，她也是集团创始人之一，比玉帝的资历还要老。王母掌握集团赖以生存的核心资源，相当于CFO，稳坐女性高级管理者的位置。玉帝作为集团董事长，则和王母共享蟠桃的分配权。在西游集团里，玉帝和王母不是夫妻关系，而是正经的同事关系。

七仙女报上的这份名单，从总部高管到基层管理者都请了，独独没有孙悟空的名字，面子大过天的孙悟空就施法定住七仙女，要去瑶池问个明白，看看到底有没有请自己。

在前往瑶池的路上，孙悟空遇见来参会的赤脚大仙，他又随口扯谎欺骗赤脚大仙，说玉帝有旨，请大家先去通明殿演礼，再去瑶池赴宴。赤脚大仙很纳闷："常年就在瑶池演礼谢恩，如何先去通明殿演礼，方去瑶池赴会？"

通明殿是什么地方？是玉帝办公室灵霄宝殿的外殿，所有要见玉帝汇报工作的人都必须先到通明殿，由四大天师把关之后才能进入灵霄宝殿。后面孙悟空大闹天宫，实际上也只是打到了通明殿就被拦住了，根本没有进到灵霄宝殿里面。

赤脚大仙的疑惑，也引发我们再度思考，蟠桃会这么重要的年终分红大事，难道不是应该在董事长的主场举办吗？为什么每年都在瑶池举办？可见在瑶池举办蟠桃宴是王母地位和话语权的体现，是她不会让渡的权力，也是玉帝暂时不能争夺的权力。

孙悟空支走赤脚大仙，自己来到宴会现场，各种美酒佳肴都已经准备就绪，就等大家排队入场了。孙悟空虽然也在集团混了一段时间，但是还没有参加过这么高规格的饭局，只闻着这些琼浆玉液的味道，口水都要流下来了。于是他也顾不得问有没有请自己，拔几根猴毛变成瞌睡虫放倒现场工作人员，敞开肚皮，大吃一顿。吃饱喝足才想起来不好了，这要是被人发现得多尴尬，不如赶紧溜回自己的齐天大圣府闷头睡觉吧。谁知道鬼使神差，他竟来到了三十三重天的兜率天宫，此时兜率宫所有人都正围着太上老君和燃灯古佛聊天，竟然连个看门的也没有。孙悟空又迷迷糊糊闯进兜率宫重地——炼丹房，把无人看管的金丹吃了一饱。一时间丹满酒醒，孙悟空才意识到，这下自己是闯了天大的祸事，如果惊动玉帝，恐怕性命难存，干脆夹着尾巴又溜回了花果山。

孙悟空走后，七仙女解脱定身法，跑到玉帝和王母面前告状，张口就说大桃半个也没有了，想都是大圣偷吃了。紧接着太上老君、赤脚大仙都来告状。听到孙悟空偷吃蟠桃，玉帝并没有什么反应，但是听到太上老君说："老道宫中，炼了些'九转金丹'，伺候陛下做'丹元大会'，不期被贼偷去，特启陛下知之。"玉帝的反应是悚惧。再听到赤脚大仙说孙悟空假传圣旨，玉帝是越发大惊，立刻就命令纠察灵官把猴子找来问话。

根据玉帝的反应，我们可以给这三件事的重要性排个序：蟠桃第三，金丹第二，玉帝的权威第一。

现在我们回过头来看从孙悟空被招安到管理蟠桃园的过程，他好像在被人操控着一步步靠近桃园，知道你贪财就用金钱诱惑你,知道你好色就用美人诱惑你,知道你最爱吃桃,就让你住在桃园门口,这样还不动心,就给你机会天天进桃园,看着桃红满树,闻着果香飘飘,不信你还能忍住不偷吃。目的就是要借孙悟空的手破坏蟠桃园,扰乱这场神仙会。处心积虑设这个局,玉帝的用意何在?

西游集团成立了上万年,董事会里的创业元老那么多,利益怎么分配原本都是由他们定好的,玉帝这个董事长当得形同傀儡。可是他手里既没有蟠桃,也没有金丹,没有利益资源可以支配,怎么培养自己人呢?而且神仙们都寿与天齐、不生不灭,随着队伍不断壮大,资源开始枯竭,后辈缺乏晋升空间,孙悟空这样的稀缺人才也只能安排个弼马温的职位,他怎能不大闹天宫呢?玉帝要想争夺实权,带领公司向新的可持续方向发展,就必须打破这个僵局。他发现有两个人可以合作,一个是同样有危机感的CFO王母,因为高提纯工业产品金丹的出现,让农作物蟠桃成了可替代产品,一旦金丹量产,谁还在意蟠桃呢?第二,玉帝发现佛门内部也有新兴势力想出头,那就是如来,而且他掌握一项更高科技——人工智能。不论是碧藕为骨,荷叶为衣,用起死真言复活的哪吒,还是龙魂猴身的孙悟空,都是拥有超强智慧和战斗力的成功案例。

因此三方联合起来,想用悟空打破顽空,重新建立规则,把权力集中到自己手里。

至此我们终于明白,孙悟空看似搅动三界的"反抗者",实则是各方势力心照不宣的棋子,这是一场以资源垄断为杠杆,以宗教博弈为推手的权力洗牌。西游世界的残酷真相在于：真正改变规则的，从来不是大闹天宫的草莽英雄，而是幕后的掌权者。

《西游记》中，孙悟空没有受邀出席蟠桃会引发了一场大闹天宫，现实中，世界首富埃隆·马斯克也上演过与齐天大圣跨越时空的职场共鸣。

2021年，拜登政府举行了一场电动汽车峰会，然而作为美国第四大汽车制造商、全球电动车之王的马斯克却没被邀请，反而是当时只生产出26辆电动车的通用公司，成为执峰会牛耳的座上客，还领到了产业补贴。这下惹恼了马斯克，他在推特上公开质疑：为什么电动汽车大会不邀请特斯拉？本是民主党支持者的马斯克，一怒之下掏出巨资转头支持特朗普。

2024年，《黑神话：悟空》游戏火爆全球的时候，马斯克也在自己的个人社交账号上晒出一张用AI合成的海报，把游戏主角"天命人"换成了自己的脸，表示"莫名的熟悉"。一个大闹白宫的洋悟空出现了。

当马斯克和特朗普化敌为友，当孙悟空掀翻瑶池宴席，当玉帝和如来暗中携手，被排除在核心资源分配圈外的猛人，注定要改写这个世界的游戏规则。

观音首秀：
西游第一高管的职场智慧

《西游记》最吊诡的现象：让天庭十万天兵束手无策的盖世妖王，竟与取经路上每个山头的妖怪都能打得难解难分，孙悟空的战斗力到底是什么水平？是神将太弱，还是魔王太强？而观音菩萨轻描淡写举荐玉帝外甥二郎真君的职场智慧，十个女儿国国王也学不会。

孙悟空大闹天宫搅乱蟠桃宴，盛会自然是开不成了，前来赴宴的观音菩萨了解到前因后果，就派大徒弟惠岸，也就是托塔李天王的二儿子木叉到花果山打探军情，特地嘱咐他"务必的实回话"。菩萨要听实话，不要虚的。

正在前线奋战的李天王告诉儿子："我等十万天兵，与他混战至晚，他使个分身法战退。及收兵查勘时，止捉得些狼虫虎豹之类，不曾捉得他半个妖猴。今日还未出战。"托塔李天王作为天庭掌管军事的降魔大元帅，本应是战神一样的存在，可是率领十万天兵天将跟一介妖王打了半天，竟然连根猴毛也没抓住，反而还要再向天庭申请支援，可叹，可笑，可疑！

惠岸并没有只听父亲一面之词，他亲自去跟孙悟空交了交手，一对一单挑打了五六十回合，臂膊酸麻，确实打不过，虚晃一枪，败阵而走。

惠岸的战斗力是个什么水平呢？跟猪八戒、沙和尚差不多，不算太强，也不算太差，放在整个天庭，处于中等偏上。他一个人打不过孙悟空正常，但是满天神将都抓不住个猴子，只能说这些老油条们都深谙职场糊弄学，更透露出玉帝权力真空的危机。

听完惠岸一五一十的汇报，观音合掌启奏："陛下宽心，贫僧举一神，可擒这猴。"她举荐的不是别人，正是玉帝的外甥显圣二郎真君。当年玉帝的妹妹违反天规思凡下界跟凡人私奔生下儿子，所以二郎神这个身份有问题的人是不能进集团工作的，只能住在灌洲灌江口，独立创业生存。但眼下是非常时期，既然天庭无人可用，正是给二郎神立功翻身的机会。

有人的地方就有江湖，有江湖就有人情世故，观音能在这时候想到二郎神，难怪连如来都佩服她是有大法力的。

观音说："他昔日曾力诛六怪，又有梅山兄弟与帐前一千二百草头神，神通广大。奈他只是听调不听宣，陛下可降一道调兵旨意，着他助力，便可擒也。"

什么叫听调不听宣？就是二郎神承认玉帝的权威，但是也保留独立自主的权力。二郎神虽然出身不好，却也是有气节的，有正经工作可以听从玉帝的调令，没事宣来喝茶聊天，对不起，不来。玉帝和二郎神关系虽然有些尴尬，好在双方都把尺度拿捏得非常到位，让任何人都挑不出毛病来。

那么二郎神真的是听调不听宣吗？玉帝派人前往灌江口宣旨，二郎神听了大喜，说的是："吾当就去拔刀相助也。"灌江口这么小的地盘怎么能充分施展二郎神的才华呢？蜗居在这里是无奈之举，这次他卧薪尝胆等待的机会终于来了，于是立刻带着梅山六兄弟前往花果山收降妖猴。

二郎神跟孙悟空的这场大战打得昏天黑地，你会七十二般变化，他也会七十二般变化；你一个筋斗十万八千里，他也腾云驾雾顷刻追上。两个人法天象地，大展神通，足足斗了三百回合，不分胜负。但二郎神不是孤军奋战，兄弟们一起上阵努力，就把孙悟空团团围住。而猴王在最危急的时刻却不见一个兄弟出手相助，可悲，可叹！

此次观音大力举荐二郎神，就是公开表明站队玉帝，我们来计算一下观音的风险和回报。

如果二郎神出战也打不过孙悟空，其实损失并不会太大，因为这时候的孙悟空早已经声名在外，大家都知道他厉害，连托塔李天王都拿他没辙，战败也不算丢人，继续回灌江口养精蓄锐就行了。观音作为举荐者，因此卖了玉帝一个人情，只要玉帝的位置坐得稳，她一定有机会进步，最坏的打算也只是回她的落伽山，老老实实待着。而一旦二郎神赢了，她将成为帮助玉帝争夺实权的头号功臣，和玉帝结成更为牢固的联盟，这笔账怎么算都非常合适。

观音决策 SWOT 分析

优势	佛派背景带来的第三方视角
劣势	天庭体系内的权力真空
机会	玉帝对传统军事体系的不满
威胁	道派太上老君的制衡力量

眼下二郎神能不能成功，关系到观音的前途。双方交战那么久，虽然二郎神略占上风，到底还是没有一个最终结果。观音坐不住了，要亲自到南天门去看看，玉帝王母当然也坐不住了，于是连同太上老君、众神仙都到南天门观看战况。

只见众天丁布罗网，围住四面；李天王与哪吒，擎照妖镜，立在空中；真君把大圣围绕中间，纷纷赌斗。

这下观音就放心了，胸有成竹地对太上老君说："贫僧所举二郎神如何？果有神通，已把那大圣围困，只是未得擒拿。我如今助他一功，决拿住他也。"

老君问："菩萨将甚兵器？怎么助他？"

观音说："我将那净瓶杨柳抛下去，打那猴头；即不能打死，也打个一跌，教二郎小圣，好去拿他。"观音这是要下死手，她真的打算把猴子弄死吗？是，因为在跟玉帝的对话中，她读懂了玉帝的意思，玉帝表示猴子反了天宫，还假传圣旨，这都是必死的罪名。

但是这时候太上老君却拦住观音，说："你这瓶是个磁器，准打着他便好，如打不着他的头，或撞着他的铁棒，却不打碎了？你且莫动手，等我老君助他一功。"

观音问："你有什么兵器？"

老君就捋起衣袖，从胳膊上取下一个圈子，说道："这件兵器，乃锟钢抟炼的，被我将还丹点成，养就一身灵气，善能变化，水火不侵，又能套诸物；一名'金钢琢'，又名'金钢套'。当年过函关，化胡为佛，甚是亏他。早晚最可防身。等我丢下去打他一下。"话毕,自天门上往下一掼,滴溜溜,径落花果山营盘里,可可地着猴王头上一下。

孙悟空只顾着跟二郎兄弟们苦战,不防备天上坠下件兵器,打中了天灵,立不稳脚,跌了一跤,刚要爬起来跑,又被二郎神的细犬赶上,照腿肚子上一口,又扯了一跌。七圣一拥而上按住他,绑了绳索,使勾刀穿了琵琶骨,带上天庭。

梅山七圣立大功,玉帝开心地宣外甥上界,赏赐金花百朵、御酒百瓶、还丹百粒、异宝明珠、锦绣等件,教他和兄弟们分享。你看"听调不听宣"这话都是说给外人听的,实际上这外甥是听调又听宣。

二郎神立下战功,并不像孙悟空那样得胜的猫儿欢似虎,依然十分清醒地遵守规矩,领了恩赏就回灌江口去了。

对比来看,孙悟空跟二郎神有非常多相像之处,都会腾云驾雾、七十二般变化、法天象地,一个有花果山七兄弟,一个有梅山七兄弟。不同的是孙悟空焦躁狂妄,交的朋友也是些狐朋狗友,他上天庭喝琼浆玉液的时候,没想着弄点给兄弟们尝尝,出了事,也没见一个人来帮忙。二郎神则头脑清醒,遵守天庭规则,和兄弟们一起建功立业,一起分享胜利成果。

降服孙悟空这场事件,最大的受益人非二郎神莫属,如果不是太上老君最后插了一脚,更大的受益者还有观音,猴子如果真的被她一瓶打死,搞不好燃灯的位置立刻会被观音取代。可惜,最后还是老君道高一尺,截和了观音。

尽管观音的首次登场没有尽善尽美,也充分彰显出了她的职场智慧和为人处世的能力，为她日后能够游刃有余地担任取经项目经理奠定了基础。

反观许多像孙悟空这样有才华的人，要么恃才傲物，要么怀才不遇，大多都没有一个很好的结局。比如楚汉争霸时期的韩信，其军事才能堪称"国士无双"，在井陉之战背水列阵大破赵军，垓下之战十面埋伏逼死项羽。但他却始终不懂政治站队，当刘邦与项羽相持不下时，韩信手握三十万大军，谋士蒯彻劝其"三分天下，鼎足而居"，他却以"汉王解衣衣我，推食食我"为由拒绝。最终因功高震主，被吕后诱杀于长乐钟室，三族尽灭。

若韩信能如二郎神般审时度势，在刘邦集团内培养自己的势力联盟，或是像观音那样通过关键战役建立政治资本，未必不能成为汉初的"二郎真君"。可惜他既没有梅山兄弟式的嫡系班底，又缺乏与萧何、张良等核心人物的利益绑定，空有"兵仙"之才却沦为权力游戏的牺牲品。

智慧的密度决定战局的成败，观音以一己之力完胜西游高管天团。她看准天庭权力结构的裂隙，精准选中二郎神这个游离在体制边缘却实力强劲的潜力股，既化解了玉帝的燃眉之急，又为佛道两派未来的博弈埋下伏笔。这种在复杂局势中寻找生存支点的能力，正是顶级高管的核心竞争力。

大圣乱天庭

太上老君
炼丹炉里的博弈

大闹天宫的孙悟空有三宗罪：搅乱蟠桃会、偷吃金丹、假传圣旨。这次玉帝定的调子是"反"，下的命令是"斩"，孙悟空完成棋子的使命，玉帝就要手起刀落终结这场闹剧。然而斩妖台上的异象却揭开了更深层的权力博弈——刀枪不入的孙悟空暴露出天庭防御系统的致命漏洞，更暗示着如来佛祖暗中施加的影响。

危机中，又是太上老君主动请缨，启奏道："那猴吃了蟠桃，饮了御酒，又盗了仙丹，我那五壶丹，有生有熟，被他都吃在肚里。运用三昧火，煅成一块，所以浑做金钢之躯，急不能伤。不若与老道领去，放在'八卦炉'中，以文武火煅炼。炼出我的丹来，他身自为灰烬矣。"

老君把孙悟空带到兜率宫，但是在扔进八卦炉之前，竟然解开了他的绳索，放了穿琵琶骨之器。琵琶骨就是肩胛骨的位置，在神话故事和武侠小说里，穿琵琶骨是一种酷刑，一旦穿了琵琶骨要么就一动不能动了，要么人就直接废了。本来动弹不得的孙悟空，很有可能就此被八卦炉炼成灰烬，为什么已经有了完美解决方案，到最后时刻，太上老君又给他留了一线生机呢？

要知道孙悟空的娘胎就是个八卦炉的布局，他非常熟悉里面的构造，所以一进到炉子里面，他立马就躲到了有风无火的"巽宫"位下。七七四十九天之后，老君打开八卦炉，活蹦乱跳的孙悟空一把把他推了个倒栽葱，逃跑了。猴子身上一根毛也没有烧着，只是一双眼睛被烟火熏红了，弄了个老害眼病，叫作"火眼金睛"。我们以为"火眼金睛"是一种超能力，能辨认妖邪，其实不是，只是被熏坏了。

照理说太上老君不会犯这么低级的错误，可他为什么对孙悟空再三手下留情？

事情发展到这个局面，比孙悟空更火眼金睛的太上老君一定看穿了这场棋局。玉帝想利用孙悟空破坏蟠桃园，达到重新盘点做账，把资源集中在自己手里的目的，以后蟠桃究竟还有多少，怎么分配就任由他说了算。如今计划达成，就要灭口以绝后患。可老君并不想让玉帝得逞，那就只有抓住他的把柄，留孙悟空一命作为人证和制约。只要等孙悟空冷静下来他一定会想清楚，自己根本不可能吃光一千二百株树上的大桃，就算是猪八戒那样的肚皮和脑子，也不可能监守自盗到把库房都搬空了。何况对于孙悟空这样的性格，你有本事可以杀了他，却不能如此栽赃他，到那时，他必然敢再次掀翻桌子为自己讨回公道。况且，孙悟空心里的确有一本账，到底有哪些小贼偷偷溜进过桃园偷桃子，都在他的小本本上记着。这件事不上秤没有四两重，上了秤，一千斤也打不住。

天庭商战战略矩阵

维度	目标	方法
玉帝的战略目标	资源再分配	蟠桃园财务重组
太上老君的竞争策略	建立制衡筹码	保留孙悟空作为审计底牌
执行路径	制造监管漏洞→留存关键证据→构建威慑体系	

留孙悟空一个活口,就是太上老君抓住了玉帝的一个把柄。这是天庭版"捉放曹"的制衡哲学。

《三国演义》中有一段极具戏剧性的情节——华容道关羽义释曹操。赤壁之战中曹操战败而逃,诸葛亮料定他必然会经过华容道,就安排关羽驻守,关羽也立下了军令状,要把曹操的头颅带回来,但是最终还是让曹操逃走了。因为关羽曾经跟刘备失散,短暂地归附过曹操,其间曹操对他极尽礼遇,"上马金,下马银",三天一小宴,五天一大宴,封侯晋爵,又送金银财宝,又送赤兔马,甚至容忍他"降汉不降曹"的态度,即便如此,关羽还是离开了曹操,继续追寻刘备。作为义帝的关二爷忠义传千秋,这份恩情他一直铭记在心。

其实,捉放曹是诸葛亮设的一个局。如果他有心杀曹,派猛张飞就可以漂亮地完成任务,但诸葛亮深知,这个时候曹操不能死。诸葛亮早知道讲义气的关羽一定不忍心杀曹,故意派他去守华容道,一方面对未完成任务的关羽有了不杀之恩,在刘关张面前树立了自己的权威;另一方面,也巧妙地实现了自己的战略意图。因为如果曹操被杀,就再也没有能牵制孙权的力量,孙权一定会趁机北上扩张，此时刘备集团尚未稳固，很难跟孙权抗衡。上演一出"捉放曹"既成全关羽的义名，又避免曹操之死打破战略平衡。用曹操的命换取刘氏集团的生存空间，为后续三国鼎立埋下伏笔。

全球软件巨头甲骨文公司，也曾通过"Java漏洞"事件故意留技术后门，以实现生态控制。2010年，甲骨文收购Sun Microsystems获得Java所有权后，其安全管理问题引发持续争议。2013年1月，美国计算机应急响应小组（CERT）发布警报指出，Java 7 Update 10及更早版本存在严重漏洞，尽管漏洞在Update 11中修复，但甲骨文公司被曝，或早在2012年8月就知晓该漏洞却延迟修补，目的是将Java更新与其他商业软件捆绑安装，并推动企业购买其每年300美元起的订阅服务。

尽管甲骨文在2017年JavaOne大会上否认刻意保留漏洞，但据相关文件披露，2013—2019年间Java相关订阅收入增长了370%。其商业逻辑与太上老君保留制衡筹码的博弈智慧，确有跨时空的共性。

纵观整部《西游记》，太上老君出场次数并不多，而且每次出场形象一点也不高大，又是伺候玉帝，又是被孙悟空推了个倒栽葱，取经路上装瞎子救金角银角，勒道袍的腰带落在九尾狐狸手里，跟铁扇公主也不知道是什么关系。这些都与本应高高在上的道祖形象一点儿也不搭，跟如来每次出场时祥光瑞霭、气势非凡的形象截然相反。如果只看电视剧，甚至让人感觉他只是玉帝身边的公公。然而，就是这个看上去并无威严的老君，却从始至终在西游集团屹立不倒。因为他总是能不动声色地看清眼花缭乱事件背后的真相,正如《教父》中的维托·柯里昂所说:"花一秒钟就看透事物本质的人,和花一辈子都看不清事物本质的人,注定是截然不同的命运。"

下围棋有句术语"善弈者通盘无妙手"。有一年高考题目就叫"本手、妙手、俗手",妙手的意思是出人意料的精妙下棋方法,然而真正的高手下棋,却并不刻意追求所谓的妙手,而是按照围棋的规律,一步一个脚印去向前推进。当对手下出坏棋、露出破绽时,他会毫不犹豫抓住时机,以不易察觉的方式给予对方严厉打击。

当我们看清楚了太上老君的"俗手",才恍然大悟,原来引孙悟空鬼使神差地上兜率宫偷吃金丹,从观音磁瓶下救他一命,推进八卦炉之前解了绳索、琵琶骨,这些看起来的无心之举,实则处处潜谋于无形。

《孙子兵法》记载:昔之善战者,先为不可胜,以待敌之可胜。不可胜在己,可胜在敌。意思是:古时候善于用兵作战的人,总是先把自己调整为不可战胜的状态,当你做好了充足的部署和准备,就静静等待可以战胜敌人的机会出现。因为能否战胜对方不取决于你,而在于对方有没有给你可乘之机。

在看似无懈可击的大闹天宫棋局中,太上老君竟然找到了这么多可乘之机。

天庭从未有过真正的失败者,有的只是在不同棋局中转换角色的弈者。下次当你面临"斩妖台"式的商业围剿时,记住太上老君的制胜口诀:留生机、埋证据、藏后招、换格局。

玉帝 VS 如来：
万亿巨头的权力游戏

蟠桃大会都变成烤猴大会了，你有没有注意到，有一个人始终没有出现，谁呢？如来。那么他有没有受邀出席本次盛会？还是和马斯克有一样的遭遇？如来比马斯克好一些，他在名单之内，但是他没有来，这场"战略性迟到"拉开了灵山与天庭的权力博弈。

先回到总部现场，孙悟空冲出八卦炉后，九曜星关门避战，四大天王踪迹全无，一边是杀红眼的齐天大圣，一边是不战而退的十万天兵，这场闹剧让天庭的统治困局彻底暴露：当危机迫近，三清四帝等核心高管集体保持沉默，执行层更是陷入瘫痪状态，竟无一人肯为玉帝卖命，一个个眼睁睁看着孙悟空打到通明殿里，灵霄殿外。

幸好这时候有一个人站出来挡住了孙悟空，这人是佑圣真君的佐使王灵官。佑圣真君是后来的真武大帝，又叫九天荡魔祖师。佐使，辅佐的意思，佐使王灵官就是佑圣真君部下一位姓王的神将，叫王灵官，后来又叫太乙雷声应化天尊。

《西游记》的作者厉害就厉害在他对儒释道都融会贯通，又能非常巧妙地加以变化运用。以佛道的体系来对应西游世界两个团队的对抗、较量、合作，又以人物名号的变化引发读者对他们身份变化的联想。比如这次在大闹天宫中护驾有功的佑圣真君和王灵官，后来分别升任成了真武大帝和太乙雷声应化天尊。

危机时刻往往就是新势力崛起的契机，非核心部门通过关键战役证明价值，也映射现代职场最常见的升迁轨迹。佑圣真君和雷部神将的职位变迁，暗示着天庭权力格局的重组，也为后续佛道博弈埋下草蛇灰线。

众神将在通明殿里灵霄殿外大战孙悟空，这动静当然早就惊动了玉帝，眼看这场闹剧再发展下去就难以收场了，玉帝只好传旨"上西方请佛老降伏"。

天庭暴露出的治理危机恰好为灵山介入提供了契机，如来的"战略性迟到"此时变成谈判筹码，这种后发制人的战术，使他将危机转化为展示实力的舞台。

此时怒气冲冲的孙悟空见了玉帝搬来的救兵，厉声高叫道："你是那方善士，敢来止住刀兵问我？"

如来气定神闲地自我介绍，"我是西方极乐世界释迦牟尼尊者"。如来的介绍很有意思，不仅强调说西方是极乐世界，还自称尊者。尊者一般是对智慧、地位高的人的尊称，通常是由别人使用，而不会自我称呼。就像别人要是问候你的父亲，会说令尊，你自己说就要换成家父。当然这里并不是说如来没文化，而是表示他在刻意彰显自己的身份地位。常言道人越缺什么越想强调什么，佛祖也不例外。"尊者"明示他想要为自己争取的身份，所以在收妖之前就明明白白提出了交换的条件。当我们用商业视角解读《西游记》，会发现它处处都在博弈。

如来问孙悟空："今闻你猖狂村野，屡反天宫，不知是何方生长，何年得道，为何这等暴横？"

孙悟空得意扬扬地自报家门：

"我本：天地生成灵混仙，花果山中一老猿。水帘洞里为家业，拜友寻师悟太玄。炼就长生多少法，学来变化广无边。在因凡间嫌地窄，立心端要住瑶天。"

接着说出那句著名的豪言壮语："灵霄宝殿非他久，历代人王有分传。强者为尊该让我，英雄只此敢争先。"为什么孙悟空一直不尊重玉帝，因为他的成长经历让他以为这个世界是强者为尊。在他看来，玉帝什么都不会，既没有武力又没有法宝，凭什么让他当老大？

面对孙悟空的"强者为尊"论，如来直接祭出三重话术攻势：首先对其进行身份否定，说："你那厮乃是个猴子成精，焉敢欺心，要夺玉皇上帝尊位？"再用资历碾压，强调玉帝统领三界身份的正统性，说："他自幼修持，苦历过一千七百五十劫。每劫该十二万九千六百年。你算，他该多少年数，方能享受此无极大道？你那个初世为人的畜生，如何出此大言！不当人子！不当人子！折了你的寿算！"如来佛祖如此强大，依然处处维护玉帝的权威，所以真正的领导力是从学会弯腰开始的，孙悟空输就输在，永远挺着金箍棒一样硬的腰杆。如来最后发出危机预警，暗示天庭仍有未动用的雷霆手段，警告孙悟空，"趁早皈依，切莫胡说！但恐遭了毒手，性命顷刻而休，可惜了你的本来面目！"

玉帝"传旨求援"与如来"尊崇帝位"的双向妥协，和孙悟空的"欺君罔上"形成鲜明对比，这颠覆传统认知中的强者形象，也揭示出企业管理的真谛，领导力不在于永远正确，而在于懂得何时示弱，借力打力。

如来有心劝善，可惜杀疯了的孙悟空根本听不进去，继续叫嚷道："他虽年久修长，也不应久占在此。常言道：'皇帝轮流做，明年到我家。'只教他搬出去，将天宫让与我，便罢了。若还不让，定要搅乱，永不清平！"

如来又问："你除了生长变化之法，再有何能，敢占天宫胜境？"

孙悟空说："我的手段多哩！我有七十二般变化，万劫不老长生。会驾筋斗云，一纵十万八千里。如何坐不得天位？"

如来说："我与你打个赌赛；你若有本事，一筋斗打出我这右手掌中，算你赢，再不用动刀兵苦争战，就请玉帝到西方居住，把天宫让你；若不能打出手掌，你还下界为妖，再修几劫，却来争吵。"当如来承诺输了就请玉帝到西方居住时，实则是在向天庭展示灵山的战略威慑力，这场赌局的真正观众并非孙悟空，而是灵霄殿内观望的诸神。

如来敢说这么硬气的话，是因为有必赢的战力。如果像车迟国虎鹿羊三仙那样，已经被孙悟空轻松拿捏了，还要赌上身家性命，那就纯属不自量力了。在现实生活中，输不起的赌一定不能打。

当年，中国某著名纯净水品牌的董事长曾遭遇过一个尴尬的赌局。这位老板臂力过人,喜欢和人掰手腕,赢遍自家公司无对手。但公司新招聘的一个大学生不知道社会潜规则,自告奋勇要和老板掰手腕,还说要赌点什么?老板说好,你要是赢了,要什么都可以。年轻人说,我们就赌公司的董事长位子。老板骑虎难下,但又不得不出手,结果,大学生赢了老板。现实没有小说里的神转折,老板也没能用"给你当一天董事长"的幽默化解尴尬,这名大学生没过几天就卷铺盖走人了。

企业老板因轻率赌斗险些丧失控股权,恰如孙悟空因"金箍棒"的路径依赖陷入思维定式。

孙悟空见如来的手掌只不过是荷叶大小,而自己一个筋斗能飞十万八千里,想来岂有不胜的道理,于是收起金箍棒,跳进如来佛的手掌心,叫一声:"我出去也!"就飞得无影无踪。孙悟空正在行进时,忽然看见有五根肉红柱子,撑着一股青气,以为到了天尽头,就在柱子上留下一行大字:"齐天大圣,到此一游。"写字不算完,还撒了一泡猴尿作为记号,然后翻转筋斗云回来,神气地跟如来说:"你是不知。我去到天尽头,见五根肉红柱,撑着一股青气,我留个记在那里,你敢和我同去看么?"

如来道:"不消去,你只自低头看看。"

孙悟空睁圆火眼金睛,低头一看,原来佛祖右手中指写着:"齐天大圣,到此一游。"大指丫里,还有些猴尿臊气。

孙悟空大吃了一惊,正要跳起身来再试一遍,早被如来一翻手掌推出西天门外,将五指化作金、木、水、火、土五座联山,唤名"五行山",轻轻地把他压住。

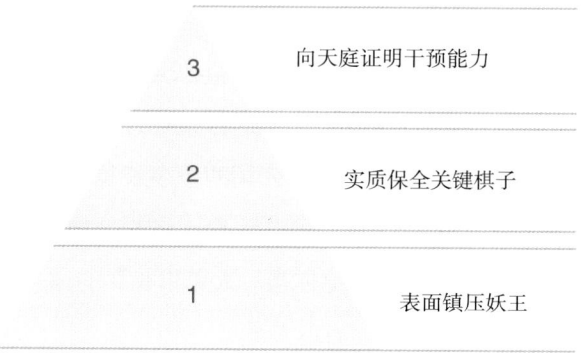

如来用"五行山"完成三重战略目标

这一连串马不停蹄的操作行云流水,让人简直来不及思考。但凡如来留一点喘息的空间,或者跟玉帝商量一下怎么处理这只猴子,恐怕孙悟空真就要遭了毒手,性命顷刻而休。

收服了孙悟空,玉帝立马安排宴席留谢如来,又传旨,即着云部众神,分头请三清、四御、五老、六司、七元、八极、九曜、十都、千真万圣,来此赴会,同谢佛恩。又命四大天师、九天仙女,大开玉京金阙、太玄宝宫、洞阳玉馆,请如来高坐七宝灵台。调设各班座位,安排龙肝凤髓、玉液蟠桃。

这是如来第一次坐上总部宴会的主桌,此时,玉清元始天尊、上清灵宝天尊、太清道德天尊、五炁真君、五斗星君、三官四圣、九曜真君、左辅、右弼、天王、哪吒、玄虚一应灵通,对对旌旗,双双幡盖,都捧着明珠异宝、寿果奇花,向佛前拜献。

众神都说:"感如来无量法力,收伏妖猴。蒙大天尊设宴,呼唤我等皆来陈谢。请如来将此会立一名,如何?"

如来毫不客气，就把这场宴会立名为"安天大会"。

大家异口同声说道："好个'安天大会'！好个'安天大会'！"

从"蟠桃大会"的局面失控，到"安天大会"的秩序重构，天庭用一场宴会更迭完成了对如来势力崛起的接纳，标志着如来正式进入集团最高决策层。

正在开怀畅饮之际，只见王母娘娘引一班仙子、仙娥、美姬、美女飘飘荡荡舞向佛前。神奇的情况出现了，王母竟捧着自己"净手亲摘"的大株蟠桃敬献佛祖，蟠桃的失而复得，再次彰显天庭对资源的控制手段。可怜孙悟空或许因禁几百年才能想明白：最高明的权力运作，从来不需要亲自下场厮杀。

【取经私董会】

本期议题：玉帝连环"做局"，齐天大圣如何才能避免成为背锅侠？

菩萨妖精,总是一念;若论本来,皆属无有。

——《西游记》第十七回

第二章

成长篇

用系统思维

打怪

升级

如来与观音
如何构建利益共同体

到底是唐僧要取经,还是李世民要取经?当我们沉浸在《西游记》波澜壮阔的取经工程时,往往容易陷入"唐僧取经"的惯性思维,但是如果将视角拉升至整个灵山的战略层面,会发现这场历时十四载、跨越十万八千里的宏大叙事,实则是如来重构佛门生态的破局之战。而这场战役的关键转折点,是观音菩萨从如来的潜在对手,变成了战略盟友。

孙悟空搅乱蟠桃宴被压在五行山下五百年后,坐上灵山C位的如来佛祖召开西方年度盛会——盂兰盆会。

佛祖先讲三乘妙典,五蕴得严,随后话锋一转,说道:"我现四大部洲,众生善恶,各方不一:东胜神洲者,敬天礼地,心爽气平;北俱芦洲者,虽好亲生,只因糊口,性拙情流,无多作践;我西牛贺洲者,不贪不杀,养气潜灵,虽无上真,人人固寿;但那南赡部洲者,贪淫乐祸,多杀多争,正所谓口舌凶场,是非恶海。我今有三藏真经,可以劝人为善。"

在如来口中,自己的西牛贺洲已经实现精神共同富裕,而南赡部洲则深陷道德洼地。那这劝善的"三藏真经"是什么?我们不知道,灵山的诸菩萨也不知道,都问:"如来有哪三藏真经?"

如来说:"我有法一藏,谈天;论一藏,说地;经一藏,度鬼。三藏共计三十五部,该一万五千一百四十四卷,乃是修真之径,正善之门。"

实际上,取经一路遇到的所有妖魔鬼怪都在西牛贺洲,甚至灵山脚下的民众毕生最大愿望,就是下辈子能托生到东土大唐。如来既有这样的"三藏真经",为什么不先劝善自己的辖区呢?

问题就在于,"安天大会"之后佛门名义上是由如来领导,但内部依然山头林立。文殊、普贤的坐骑频频下界"创业",观音的灵感大王在通天河强索童男童女,就连如来舅舅金翅大鹏雕都把狮驼国消耗成了血食之城。这些都暴露出佛门内部资源匮乏、一盘散沙的局面。而如来想要彻底解决这些积累已久的难题,以此巩固自己的领导权威,打破内部山头林立的僵局,统一佛门意识形态。

玉帝通过掌握蟠桃资源坐稳其位,如来的"蟠桃"又来自哪里?想通过分红树威,首先就得有红可分;想统一内部意识形态,就得有能被认可的意识形态存在。

当如来提出用三藏真经劝善东土时,其战略意图就是拿下南赡部洲这个天下第一上邦大国广阔的信仰市场,借此带动大乘佛法在三界四洲的影响力,把蛋糕做大。这样既可以转移内部矛盾,又为重构分配体系提供了资源保障。"西牛贺洲模式优越论"的话语体系,既是完成佛门内部意识形态的统一,又为东扩战略创造合理性。

如来的战略与19世纪英国的殖民扩张逻辑异曲同工,当内部市场饱和时,向外开拓成为必然选择。当西方国家率先靠着工业革命崛起,那时候中国还处于清乾隆年间,飞速发展的英国由于自己人口、面积都有限,就走上了向外扩张的道路。在他们眼里中国幅员辽阔、人口众多、资源丰富,假设每个中国人都买他们一根文明棍、一顶礼帽,那是多大的市场!而当时中国还处于自给自足的自然经济,没有完整的商品市场,茶叶和丝绸的单向出口无法实现贸易平衡。大英帝国的舰队为了商业利益,用大炮也要轰开大清闭关的大门,1840年爆发的第一次鸦片战争,就是一场由贸易和通商引发的侵略战争。

抢占增量市场的本质,都是对存量困境的破局。佛法东传这件事一旦做成了回报极高,所以在孙悟空被镇压了五百年以后,如来准备再一次启动传经计划。

"三藏真经"产品矩阵暗合现代商业逻辑

法藏(谈天)	构建世界观框架,培养用户认知
论藏(说地)	提供方法论工具包,形成使用依赖
经藏(度鬼)	解决终极价值焦虑,实现价值绑定

当然,如来深谙经不可轻取,亦不可轻传的道理,说道:"我待要送上东土,叵耐那方众生愚蠢,毁谤真言,不识我法门之要旨,怠慢了瑜迦之正宗。怎么得一个有法力的,去东土寻一个善信。教他苦历千山,远经万水,到我处求取真经,永传东土,劝他众生,却乃是个山大的福缘,海深的善庆。谁肯去走一遭来?"

做成事的先决条件是用对人,执行大乘佛法东传这样的高难度任务，必须要有一个超强实力的项目经理，还得找一个绝佳形象代言人，教他历经千难万险，诚心诚意来灵山求取真经。

创业不能只讲情怀，更要谈条件，要看你的项目是不是真有那么大的市场，如果只是灵山脚下金平府那三盏大灯的香油钱，不需要处心积虑的策划，找个马仔就能干。南赡部洲就不一样了，那里幅员辽阔、市井繁荣、人口红利充足，遍地都是黄金。如来甚至想好了怎么用灵山的思维，把南赡部洲所有的生意重做一遍。这件事情办成了不白办：乃是个山大的福缘，海深的善庆。也就是人力入股，重金分红。

当如来拿出最大的诚意作为合作邀约时，观音瞬间领悟，这场传经运动何尝不是一场佛门股份制改革，取经团队就是移动的IPO路演团队。于是她立刻出来主动请缨，说："弟子不才，愿上东土寻一个取经人来也。"

如来和观音的关系非常微妙，在大闹天宫的时候，他们之间是存在一定的竞争关系的，如果当时没有太上老君横插一杠，观音真的把孙悟空砸死了，没准现在如来的位置就是她的了。不过他们都是非常能够变通的人，在人生和事业发展的道路上，树一个强敌，还是化敌为友携手合作？如来佛祖和观音菩萨给出的答案是，把朋友搞得多多的，把敌人搞得少少的。

这种商业逻辑并非虚构，在当代零售业中，胖东来就以员工、顾客、友商利益共享构建起品牌护城河。用严格把控的商品品质，牢牢抓住消费者；用高于当地及全国范围内同行的薪资，牢牢抓住了优质员工。胖东来的创始人于东来把许昌旗舰店做成他的商业道场，很多同行都跑来向他"求取真经"，于东来也愿意跟大家分享，甚至还亲自带队贴钱辅导了几家友商。于东来的做法恰如如来用"山大的福缘，海深的善庆"吸引观音合作，让执行者成为受益者才是可持续战略的核心。双赢是双方都赢，而不是自己赢两次。

在我们的商业环境中，一直以来都非常强调竞争意识，很少人善于竞合。竞合是一种竞争性合作思维，当大家在同一市场竞争份额的时候，从一方面来讲存在利益冲突；但是另一方面，如果大家也存在利益共同点，那么合作比单干创造的价值往往要大得多。

比如19世纪70年代，欧洲主要国家联合发起的"空中客车"大型商用飞机项目，就是撼动美国在这一领域长期垄断的成功案例。

第二次世界大战以后，美国波音、麦道等航空巨头在全球商用飞机领域占据压倒性地位。欧洲为了扭转在民航工业上的颓势，1970年，以法国为主导联合启动"空中客车"项目，因为如果各个国家自己搞，航空这种技术密集型产业的研发制造投资巨大，周期非常长，很难获得竞争优势。而随着欧洲一体化带来的政治基础，空客就以竞合思维，联合法国、英国、德国、西班牙一起参与，最后在国际航空市场与波音平分秋色，上演了一场精彩的商业逆袭。

看到观音的积极回应，如来心中大喜，说："别个是也去不得，须是观音尊者，神通广大，方可去得。"又嘱咐观音，"这一去，要踏看路道,不许在霄汉中行,须是要半云半雾;目过山水,谨记程途远近之数,叮咛那取经人。"

取经之路不是想怎么走就怎么走,都是提前勘查规划好的。这也是为什么明明孙悟空一个筋斗就能飞过来,却必须一步一步和唐僧走上灵山,因为西天取经之路不仅是一条锻炼队伍之路、佛法传播之路,更是一条市场争夺之路、产业升级之路。

为了给项目提供保障,如来给观音"锦襕袈裟"一领、"九环锡杖"一根,以及三个紧箍儿,说:"这袈裟、锡杖,可与那取经人亲用。若肯坚心来此,穿我的袈裟,免堕轮回;持我的锡杖,不遭毒害。"三个紧箍儿虽然一模一样,用法却不同,分别对应"金紧禁"三个咒语。如来交代:"假若路上撞见神通广大的妖魔,你须是劝他学好,跟那取经人做个徒弟。他若不伏使唤,可将此箍儿与他戴在头上,自然见肉生根。各依所用的咒语念一念,眼胀头痛,脑门皆裂,管教他入我门来。"正所谓菩萨心肠,也需金刚手段。

袈裟、锡杖有没有这个功效我们不知道,因为唐僧一路上从来没有展示过它们的威力,该被妖怪抓走,照样被抓走。但是这两样东西是一个超级符号,以前没有电视更没有网络媒体,谁知道唐僧长什么样,但是只要见到这两样东西,就知道他是如来的形象代言人。

从盂兰盆会的战略部署到取经工程的落地,如来与观音的合作本质是一次利益共同体的重构。当竞合思维取代零和博弈,"把朋友搞得多多的"不再是一句空话,这种基于增量创造的协作智慧,正是《西游记》留给当代商业社会最深刻的启示。

观音如何用
"鲶鱼效应"激活团队

　　在当代企业管理中,"鲶鱼效应"被视为激发团队活力的重要策略,在西游世界里,观音菩萨就运用这套管理哲学,搭建起一支堪称完美的取经团队。

　　观音自"盂兰盆会"受领佛旨后,行至灵山山门处,迎面见驻守门卫——玉真观的金顶大仙稽首相迎。出入佛门中枢,竟由道士掌管打卡登记,看似突兀,其实暗藏天界制衡之道,透露出集团总部对教派分支的微妙管控。

　　观音向金顶大仙说明:"今领如来法旨,上东土寻取经人去。"

　　大仙问:"取经人几时方到?"

　　观音说:"未定,约莫二三年间,或可至此。"

　　观音原本预计的时间是大概两三年能从长安走到灵山,唐僧出发的时候也对李世民说,大概三年左右能完成使命返回长安。而实际上取经小组最终到达灵山用了整整十四年的时间。可见取经这一路上十分艰难,有太多出乎意料的事情发生,整个过程中的博弈是相当激烈的。

　　辞别金顶大仙,观音驾云东行。她刻意放缓速度,驻足八百里流沙河——这是西牛贺洲与南赡部洲之间的必经之路。观音正思索三千弱水取经人浊骨凡胎，怎么渡得过去？感叹间，河中泼刺一声响跳出个妖魔来，长得十分丑恶。生得是：

青不青，黑不黑，晦气色脸；长不长，短不短，赤脚筋躯。眼光闪烁，好似灶底双灯；口角丫叉，就如屠家火钵。獠牙撑剑刃，红发乱蓬松。一声叱咤如雷吼，两脚奔波似滚风。

这妖怪手执一根宝杖，上岸就直奔观音而来，却被惠岸挡住，两人展开一场恶战。打了数十回合，不分胜负。这时妖怪才开口问道："你是哪里和尚，敢来与我抵敌？"

惠岸表明身份，说："今保我师父往东土寻取经人去。你是何怪，敢大胆阻路？"

妖怪听了问道："我记得你跟南海观音在紫竹林中修行，你为何来此？"知道对方的身份，妖怪就不是一般人物，但他为什么见观音不拜，反而劈头就打呢？

不少人看原著总感觉有很多逻辑不通的地方，人物语言行为也仿佛不合理，前后矛盾，怀疑这种水平为什么能位列古典四大名著呢？其实《西游记》是你看一遍两遍远远不够的书，很多情节需要仔细体会琢磨，才能明白不合理中的合理之处，在一场场精彩的试探、博弈中，抽丝剥茧找到线索，理清真相。

这妖怪之所以不直接跟观音相认，是因为他不能轻易暴露自己的身份，还要摸一摸对方的底，那就只好先假装不认识，制造混乱冲突，上来劈头就打，谁也看不清谁，试图通过一场交手搞清彼此实力。商业谈判中也是如此，不轻易亮底牌是为了争取掌握主动权，增加谈判的灵活性，留有回旋的余地，避免谈崩，为自己争取更大的利益空间。

直到彼此试探到位，妖怪才说："我是灵霄殿下侍銮舆的卷帘大将。只因在蟠桃会上，失手打碎了玻璃盏，玉帝把我打了八百，贬下界来，变得这般模样。又教七日一次，将飞剑来穿我胸胁百余下方回，故此这般苦恼。没奈何，饥寒难忍，三二日间，出波涛寻一个行人食用。不期今日无知，冲撞了大慈菩萨。"

妖怪原本是玉帝身边侍銮舆的大将，专给领导开车门，相当于贴身侍卫。他自称"南天门里我为尊，灵霄殿前吾称上"，可见其身份地位是很高的，是极被玉帝信任、器重的人物。这样一个人会因为在宴会上摔碎一个杯子，就被贬下界受飞剑穿胸之苦吗？这背后一定另有隐情。

我们对照一下孙悟空的待遇。孙悟空被如来一翻手掌压在五行山下后，他曾试图挣脱，如来又贴了个封条"唵嘛呢叭咪吽"，让这座山生根合缝，孙悟空就再也逃不出来了。然后如来又发一个慈悲心，念动真言咒语，将五行山召一尊土地神祇，会同五方揭谛，居住此山监押。但他饥时，与他铁丸子吃；渴时，与他熔化的铜汁饮。待他灾愆满日，自有人救他。借看押之名行保护之实，这就是如来佛祖的慈悲。

当我们把流沙河和五行山进行对比就会领悟，如来的后手是孙悟空，玉帝也立刻安排了自己的心腹卷帘大将，只要如来和玉帝没有就取经项目达成一致，就没有取经人可以穿越流沙河。

观音明白这和玉真观的金顶大仙一样，都是天庭预留的观察窗口，于是便说："你在天有罪，既贬下来，今又这等伤生，正所谓罪上加罪。我今领了佛旨,上东土寻取经人。你何不入我门来,皈依善果,跟那取经人做个徒弟,上西天拜佛求经?我教飞剑不来穿你。那时节功成免罪,复你本职,心下如何?"

观音敢直接承诺"复你本职",再次说明如来已经和玉帝达成佛法东扩需留天庭股份的协议。但妖怪还要最终确认一番,又说:"我在此间吃人无数,向来有几次取经人来,都被我吃了。凡吃的人头,抛落流沙,竟沉水底。这个水,鹅毛也不能浮。惟有九个取经人的骷髅,浮在水面,再不能沉。我以为异物,将索儿穿在一处,闲时拿来顽耍。这去,但恐取经人不得到此,却不是反误了我的前程也?"

观音胸有成竹答道:"岂有不到之理?"于是就给妖怪摩顶受戒,指沙为姓,起法名——沙悟净,完成了灵山与天庭的"签约仪式"。

观音和惠岸继续向东,不多时又有妖怪望菩萨举钉钯就筑,又是和沙僧一样的套路,先跟惠岸交个手试试水平,然后自报家门。这个拦路的妖怪不是别人,正是天蓬元帅猪八戒。他下界的官方说法是"只因带酒戏弄嫦娥,玉帝把我打了二千锤,贬下尘凡"。究竟是不是这么回事,还是另有隐情?我们再看猪八戒的自我陈述里都说了什么,他说自己是:"一灵真性,竟来夺舍投胎,不期错了道路,投在个母猪胎里,变得这般模样。是我咬杀母猪,打死群彘,在此处占了山场,吃人度日。不期撞着菩萨,万望拔救,拔救。"

猪八戒虽然在行为上跟沙僧有相似之处,但是语气却完全不同,很诚恳地希望观音能够拔救自己。这是因为猪八戒的处境是真实的非常艰难,没有自己的地盘,给妖精卯二姐当倒插门女婿,占了人家的福陵山云栈洞。卯二姐死后他没有赡身的勾当,只能吃人度日。

观音说:"古人云:'若要有前程,莫做没前程。'你既上界违法,今又不改凶心,伤生造孽,却不是二罪俱罚?"

猪八戒却说:"前程!前程!若依你,教我嗑风!常言道:'依着官法打杀,依着佛法饿杀。'去也!去也!还不如捉个行人,肥腻腻的吃他家娘!管什么二罪,三罪,千罪,万罪!"猪八戒就像对人生没有规划的人,不能说完全不思进取,但很容易破罐破摔。

关于猪八戒的身份众说纷纭,这也是《西游记》一大未解之谜。我们仅从商业的视角来看,猪八戒有点像西游集团接不了班的富二代、扶不起的阿斗,不管在个人能力还是作风方面,都有很大问题,以至于沦落到被赶出公司,生活困难的境地。

猪八戒是"自小生来心性拙,贪闲爱懒无休歇。不曾养性与修真,混沌迷心熬日月"。他也会腾云驾雾、三十六般变化,只是没有付出孙悟空那样的时间精力修行,只因"忽然闲里遇真仙,就把寒温坐下说。听言意转要修行,闻语心回求妙诀。有缘立地拜为师,指示天关并地阙。得传九转大还丹,工夫昼夜无时辍。三花聚顶得归根,五气朝元通透彻"。可见猪八戒是含着金钥匙出生的,所有的路都有人给铺好了,他成仙后的待遇也非常人能拥有:"功圆形满却飞升,天仙对对来迎接。敕封元帅管天河,总督水兵称宪节。"天蓬元帅在天庭掌握军权，手持宪节，代表着玉帝的权威，巡视四方。

天蓬元帅又是北极四圣之首，北极四圣是天庭的护法神将，可是，想当初在孙悟空大闹天宫、打进通明殿的时候，站出来保卫玉帝的却不是天蓬元帅，而是他的小弟，四圣之一的佑圣真君。所以，后面当猪八戒在高老庄再次遭遇孙悟空的时候说，就算你"请下九天荡魔祖师下界，我也曾与他做过相识，他也不敢怎的我"。又怒斥孙悟空，"你这诳上的弼马温，当年撞那祸时，不知带累我等多少"。

当我们把前后情况联系起来，可以推测出当年孙悟空闹天宫的时候，作为护法神将北极四圣之首的天蓬元帅，本应该首当其冲护驾，可是他在干什么，可能在调戏嫦娥，可能故意观望，最后是他的小弟佑圣真君出手，挡住了孙悟空，护驾有功，连升三级。玉帝正好趁势以玩忽职守的罪名，加以重罚，把猪八戒赶出了公司，这类"特权分子"便成为玉帝重塑权威的最佳祭品。

既然是天庭弃子，观音为什么也将他收编进来呢？看似愚蠢的行为，其实这个非嫡系成员恰恰可以起到制衡亲信的作用，能通过内部矛盾促使成员之间互相监督。这种安排并非简单"用人"，而是通过猪八戒这一复杂角色，在天庭与佛派的权力边界、团队内部的权力结构、个人欲望与集体目标之间建立多重缓冲带。猪八戒的存在，反而促使取经团队在动态博弈中维持平衡，确保项目持续推进。

观音向猪八戒发出一份未盖章合同，说道："我领了佛旨，上东土寻取经人。你可跟他做个徒弟,往西天走一遭来,将功折罪,管教你脱离灾瘴。"给他摩顶受戒,指身为姓,就姓了猪,起个法名叫猪悟能。

但毕竟猪八戒是受过玉帝亲自处罚的,观音能做主擅自把他收进取经队伍吗?难道不应该向玉帝汇报一下,探探口风吗?这件事还真不能问。因为这是一个会让领导为难的问题,如果不答应,显得胸怀不够宽广;如果答应,又给自己埋下隐患。最好的办法就是观音自己做主,一方面,如来给她放了这个权;另一方面,万一日后被追责,她完全可以说,我只是认可他有本领,他已经重新投胎转世成头猪的样子了,我怎么知道他就是当初的天蓬元帅呢?

我们不得不再次叹服观音的法力。

观音做主收了八戒,却不敢私自做主把小白龙也招聘进取经队伍,因为与八戒的被放逐不同,小白龙是天庭钦定的死囚。但是小白龙身上有观音想要的东西——项上明珠,这颗承载着佛门核心机密的宝珠,正是如来用以研发孙悟空这类特殊生命体的战略级材料。

观音斡旋与小白龙做利益交换,揭开了西游叙事中潜藏的科技暗线:三界势力始终在秘密推进各自的生命再造工程,试图破解齐天大圣孙悟空的制造密码,有如现在全世界最顶尖的科技都在研究人工智能。为此,观音愿意再跑一趟天庭,亲自向玉帝开口求情。

最后,观音来到了南赡部洲的边境,镇压孙悟空的五行山,她看了"唵嘛呢叭咪吽"六字真言的封条，忍不住叹惜，就作诗一首：

> 堪叹妖猴不奉公，当年狂妄逞英雄。
> 欺心搅乱蟠桃会，大胆私行兜率宫。
> 十万军中无敌手，九重天上有威风。
> 自遭我佛如来困，何日舒伸再显功！

正说着，惊动了山脚下的齐天大圣，猴子高叫道："是那个在山上吟诗，揭我的短哩？"

观音来到他面前问："姓孙的，你认得我么？"在这个语境中，"认得"有"皈依""跟随"的意思，这既是在提醒孙悟空自己的菩萨身份，也是在暗示他即将迎来命运的转折。

我们看看被压了五百年动弹不得的孙悟空，现在有什么变化。只见大圣睁开火眼金睛，点着头儿高叫道："我怎么不认得你。你好的是那南海普陀落伽山救苦救难大慈大悲南无观世音菩萨。承看顾！承看顾！我在此度日如年，更无一个相知的来看我一看。你从哪里来也？"

猴哥被关了五百年没有关傻，反而嘴上像抹了蜜一样。

观音说："我奉佛旨，上东土寻取经人去，从此经过，特留残步看你。"

孙悟空说："如来哄了我，把我压在此山，五百余年了，不能展挣，万望菩萨方便一二，救我老孙一救！"孙悟空为什么说如来哄了他？看来五百年风霜雨雪、铜汁铁丸的罪不白受，他到底是想明白了自己当年从被招安到被镇压是怎么一回事，五百年前的孙悟空，不过是一只楚门世界里的猴子。

孙悟空听懂了观音的弦外之音，不管他是否诚心皈依，此刻能从这石头缝里出来是最关键的，于是赶紧说："我已知悔了，但愿大慈悲指条门路，情愿修行。"

观音听了满心欢喜，也要给他起个名字，不过孙悟空说："我已有名了，叫作孙悟空。"巧了，前面刚收的两个徒弟也正好都排在"悟"字辈。

三个徒弟已经就位，就差一个师父，师父当然也不是随便拉来的人，而是要找到那个如来二弟子金蝉子第十世投胎转世的肉身。这个投胎工作当年观音、地藏王、寿星都参与了，原来这帮人都早早被如来拉到了自己的阵容里。

当这次取经大计启动的时候，金蝉子已经是被李世民奉为座上宾的高僧大德唐玄奘，就等观音驾临，把这个天降大任送到他头上。

这一世的唐僧是个没有任何法力的凡人，而孙悟空、猪八戒、沙和尚却个个身怀绝技，如来既然一早就给了观音三个箍儿，为什么不在见到他们的时候就直接给他们戴上呢？我们在执行一项工作的时候，常常恨不得有无限资源，而观音手里明明有足够的资源，为什么不用？

团队管理哲学是没有不可用之人，只有不会用的管理者。取经项目的成功，实现了"鲶鱼效应"的三次升华：

唐僧收悟空

个体激活：让每个成员都成为他人的"鲶鱼"。
动态平衡：用持续危机感维持团队活性。
战略留白：没有在开局直接使用三个箍，留足调节空间。

三个徒弟之间形成了完美的制衡关系，那么她不怕唐僧半路跑了吗？毕竟一个肉眼凡胎，光是要跟这三个徒弟朝夕相处就够吓人的了，何况还要面对这一路上的千难万险。

这种担忧当然是存在的，所以唐僧领了任务一离开长安城，就经历了第一个考验，被妖怪抓走，并且眼睁睁看着李世民给安排的两个随从被剖腹剜心，剁碎尸身，被妖怪狼吞虎咽地吃掉，当场就吓晕了。等他再醒过来的时候，天也亮了，妖怪也不见了，只有太白金星变成的一个老头来指点他："吾乃西天太白星，特来搭救汝生灵。前行自有神徒助，莫为艰难报怨经。"太白金星的思想工作很到位，不要抱怨取经艰难，遇到问题自然有人帮助，但是你敢逃跑，两个随从的下场你看到了。而且，唐僧在出门前也在唐王李世民面前发誓，"如不到西天，不得真经，即死也不敢回国，永堕沉沦地狱"。

所以无论是唐僧还是三个徒弟，都是没有任何退路的人，只好抱团取暖，将原本松散的个体整合成充满生命力的战斗集体，一路向西。

刀口向内，
变革者如何破局？

你见过亲手烧毁自家公司的老板吗？当佛门净土沦为名利场，顶尖变革者如何挥刀自焚？

原来观音菩萨也开过黑店。唐僧和孙悟空组队后遇到的第一个劫难，竟然发生在项目经理观音旗下的观音禅院。这个看似荒诞的佛门故事，实则是中国古代最深刻的组织变革寓言。

唐僧有一个出厂设定，是见庙烧香、见佛拜佛、见塔扫塔。当他和孙悟空沿途来到观音禅院借宿，当然是要虔诚朝拜。唐僧拜菩萨，孙悟空就去撞钟，唐僧拜完了，孙悟空还一下一下撞钟撞个不停，说这叫"做一天和尚撞一天钟"。

看似没头没脑的一句话，其实很有深意。这句话的意思是一件事你本来不想干，又不得不干。很多打工人有这种心态，每天打卡上班就像"做一天和尚撞一天钟"。此时孙悟空撞钟预示着接下来他要做一件不想干，但是不得不干的事情。

夜半钟声惊动了禅院大小僧人、上下房长老，都出来看是什么人来捣乱，当他们看到毛脸雷公嘴的孙悟空都吓一跳，还好旁边有个相貌堂堂的唐僧，经过一番解释，大家才放下心来，忙给他们安排斋饭、茶水。

听说唐僧是东土大唐来的圣僧,是上邦大国的同行,院里的老方丈亲自出来陪着喝茶。这老方丈从外表上看就不是一般凡僧:

头上戴一顶毗卢方帽,猫睛石的宝顶光辉;身上穿一领锦绒褊衫,翡翠毛的金边晃亮。一对僧鞋攒八宝,一根挂杖嵌云星。满面皱痕,好似骊山老母;一双昏眼,却如东海龙君。口不关风因齿落,腰驼背屈为筋挛。

这一身打扮又是猫眼石又是翡翠,不像清心寡欲的和尚,倒像家财万贯的豪绅。而且他还有一个贵气逼人的名字——金池长老。这肉眼凡胎的老人已经有二百七十岁高龄,身边还有专门的小幸童伺候。有一种说法,幸童在古代是年幼的男孩在夜间伺候主人,主人希望通过吸取他们的阳气达到自己养身益寿的目的。看来金池长老背后有高人指点,只是这种延年益寿的方法不是佛门行为,而是道家的方式。

唐僧吃完饭,金池长老便让一个小幸童拿出一个羊脂玉的盘儿,三个法蓝镶金的茶盅;另一个小幸童提一把白铜壶儿,斟了三杯香茶。这茶是色欺榴蕊艳,味胜桂花香。就是见过大世面的唐僧都夸爱不尽道:"好物件!好物件!真是美食美器!"

老和尚说:"污眼!污眼!老爷乃天朝上国,广览奇珍,似这般器具,何足过奖?老爷自上邦来,可有什么宝贝,借与弟子一观?"

唐僧忙自谦说道:"可怜!我那东土,无甚宝贝;就有时,路程遥远,也不能带得。"

一直不出声的孙悟空突然开口说:"师父,我前日在包袱里,曾见那领袈裟,不是件宝贝?拿与他看看何如?"

说到袈裟,这里的和尚却一个个冷笑起来:"老爷才说袈裟是件宝贝,言实可笑。若说袈裟,似我等辈者,不止二三十件;若论我师祖,在此处做了二百五六十年和尚,足有七八百件!"都说女人的衣柜里永远少一件衣服,这和尚的庙里竟也攒了这么多袈裟。

看到这,我们好像有点明白孙悟空为什么要来撞这一天钟了。身为观音名下的禅院,此处的和尚既不讲经也不论道,干的尽是巧取豪夺、杀人越货之事。

在孙悟空刻意激将下,老和尚继续卖弄,当即就叫人开库房,抬柜子,抬出十二大柜,放在天井中,开了锁,两边设下衣架,四围牵了绳子,将袈裟一件件抖开挂起,请唐僧师徒观看。果然是满堂绮绣,四壁绫罗!

佛门雅集演变为赤裸裸的财富竞赛,老方丈的奢华做派与"四大皆空"的教义形成辛辣讽刺,暴露出观音禅院已沦为利益集团的名利场。

孙悟空并不把这些穿花纳锦、刺绣销金之物放在眼里,就要把唐僧的锦襕袈裟取出来看看。唐僧赶紧扯住他悄悄说:"徒弟,莫要与人斗富。你我是单身在外,只恐有错。"因为"古人有云:'珍奇玩好之物,不可使见贪婪奸伪之人。'倘若一经入目,必动其心;既动其心,必生其计。汝是个畏祸的,索之而必应其求,可也;不然,则殒身灭命,皆起于此,事不小矣"。

虽然唐僧很唠叨、脓包,但是他很懂世俗的处世之道,看出金池长老是贪婪奸伪之人。孙悟空却坚决要炫个富，不由分说就把包袱解开，抖开袈裟，霎时红光满室，彩气盈庭。上头有：千般巧妙明珠坠，万样稀奇佛宝攒。上下龙须铺彩绮，兜罗四面锦沿边。体挂魍魉从此灭，身披魑魅入黄泉。托化天仙亲手制，不是真僧不敢穿。

这件天上少有、人间更无的宝贝把一屋子和尚全都看傻眼了，金池长老竟扑通就给唐僧跪下，眼中垂泪道："我弟子真是没缘！"

原来这老方丈在大庭广众之下欣赏佛宝还不够，还想请求唐僧让自己拿回房间细细地看上一夜，唐僧当然不同意宝贝离身，孙悟空却偏偏要引蛇出洞，大方让金池长老把袈裟拿走了。

金池长老回到自己房间，抱着袈裟号啕痛哭起来，说："我哭无缘，看不得唐僧宝贝！""我今年二百七十岁，空挣了几百件袈裟。怎么得有他这一件？怎么得做个唐僧？"老和尚哭诉，这样的宝贝哪怕让自己穿一天，就算死了也能闭眼了，不枉来人间为僧一场。

小和尚说，这有什么难的，我们明天留他住一日，你就穿他一日；留他住十日，你就穿他十日，有什么好哭的。

老和尚说："纵然留他住了半载，也只穿得半载，到底也不得气长。他要去时，只得与他去，怎生留得长远？"真是贪心不足蛇吞象。

这时候一个叫广智的和尚出来说："那唐僧两个是走路的人，辛苦之甚，如今已睡着了。我们想几个有力量的，拿了枪刀，打开禅堂，将他杀了，把尸首埋在后园，只我一家知道，却又谋了他的白马、行囊，却把那袈裟留下，以为传家之宝，岂非子孙长久之计耶？"

另一个小和尚广谋说："此计不妙。若要杀他，须要看看动静。那个白脸的似易，那个毛脸的似难；万一杀他不得，却不反招己祸？我有一个不动刀枪之法，不知你尊意如何？"广谋建议趁夜放火，把唐僧住的禅堂一把火烧了，烧死唐僧和孙悟空，就说是他们自己不小心走了火，反正到时候死无对证，也好掩人耳目。

堂堂观音禅院，竟是杀人放火的贼窝。通过这一个侧面，也反映出了西游集团诸多分公司起家的业务根本拿不上台面，现在既然要改革，不能只拿别人开刀，作为项目执行的第一负责人，观音率先关掉自己的黑店即是作出表率，日后走到其他兄弟单位的地盘上，也好让大家都心服口服。

孙悟空在打探到金池长老的计划后，并没有去找观音商量，自己心里另有了一个主意，他直接上天宫去找老熟人广目天王借了个"辟火罩儿"，只护住唐僧不被烧伤，其余尽他烧去，又捻诀念咒，煽风点火，一夜之间把观音禅院烧了个干干净净。

孙悟空借的不是辟火罩，而是组织变革的缓冲机制，既放任禅院被焚，允许旧体系瓦解释放变革势能，又保住了核心资产唐僧。

第二天老和尚见弄丢了袈裟，又烧光了寺院，知道自己大难临头，只得拽开步，躬着腰，往那墙上着实撞了一头，可怜只撞得脑破血流魂魄散，咽喉气断染红沙！

文化重塑避免不了流血，金池长老的撞墙自尽，是组织换血的必然代价。这种利益集团吞噬组织的现象，在当代商业世界同样触目惊心。

2015年，腾讯点燃反腐风暴，马化腾亲自签批查处18起贪腐案，将涉及高管移送司法。真正的变革永远从清洗嫡系开始，这是重建组织公信力的基石。这种刀口向内的姿态，比任何廉洁制度都更有效果。

海尔张瑞敏砸冰箱的故事，也属于类似的"战略纵火"。在商业史上，经常讲到当年海尔首席执行官张瑞敏砸冰箱的故事。1984年，35岁的张瑞敏成为青岛一家家电小厂的总经理，就是海尔的前身。当时厂子里生产出来400多台冰箱，竟然有76台都有毛病，大家都觉得可以以"二等品"卖掉，不愁没人抢着要。但是张瑞敏决定，要当着所有员工的面，把问题冰箱全部砸掉，一台也不能流向市场。当时国际品牌已经开始涌入中国，他们的工业水平本身就领先中国一大截，如果本土品牌不守住质量的底线，就更不要谈品牌竞争力了，未来一定会被国际品牌打得抬不起头来。所以他坚决把76台问题冰箱全部砸掉了，并且规定，以后海尔的电器，绝对不规定什么品质等级，只要不合格，一律砸掉。当年这样一台冰箱价值800块，相当于一个普通工人两年的工资。

张瑞敏用76台冰箱的代价，烧掉了整个家电行业的潜规则，树立起海尔品质口碑，被大小媒体争相报道。很快这家名不见经传的小电器厂赢得了"国家质量金奖"，成为家喻户晓的名牌。

当时间来到21世纪互联网时代，企业面临的挑战从产品质量又升级为组织效能之争。2004年联想集团"蛇吞象"收购IBM PC

业务后的文化整合阵痛；2010年华为"奋斗者协议"引发的组织活力重构，都印证着变革逻辑的延续。京东2018年推行末位淘汰制，在集团开年大会上宣布，2019年将末位淘汰10%的副总裁级别以上的高管，积极推进"小集团，大业务"的转型，通过打破高管的"终身制"思维，在互联网流量红利见顶的危机前夜，为组织注入二次增长的基因。

变革启示录：自我革命的三大铁律

铁律	西游案例	现代映射	管理启示
反腐自上而下	观音自清门户	腾讯高管入狱	领导层必须成为制度的第一践行者
破局需战略纵火	辟火罩精准控损	海尔砸冰箱事件	改革需要设计可控的爆破点
文化革新必见血色	金池之死换系统新生	京东末位淘汰制	组织进化需要付出可见的代价

观音禅院的大火与金池长老的殒命，撕开了西游世界利益集团盘踞的冰山一角。这场由观音默许、悟空执行的"战略纵火"是一次组织系统的格式化重启。当代企业的变革之路同样充满刀光剑影，这些看似残酷的自我革命，实则是组织穿越周期必须缴纳的"生存税"。正如任正非所言，烧不死的鸟才是凤凰。

孙悟空的一把火带来西游商业改革史上惊心动魄的自我革命启示——刀口向内者生，固守既得者亡。

黑熊精的逆袭：
攀附实现阶层跃升

西游世界里的妖怪有哪一个不想进步呢？没有孙悟空、猪八戒那样的背景就真的没机会翻身了吗？长得丑就没人会喜欢你了吗？黑熊精用其逆袭轨迹给出了否定答案。这个被观音钦点的守山大神，用行动诠释了当代职场最稀缺的升迁智慧。

距离观音禅院正南二十里远近，有座黑风山，山里有个黑风洞，洞里有个黑熊精，号称"黑风大王"，黑风大王爱交朋友、为人仗义。这天夜里他睡醒翻身，只见窗门透亮，以为天明了，起来看时才发现原来是观音院的方向着了火，就赶紧出门去帮和尚救火。火势没救成，让他看见方丈的房间有些霞光彩气，进去看时竟然认得是锦襕袈裟，乃佛门之异宝。敏锐的黑熊精意识到，是取经队伍来了。

这时候，黑熊精展现出超凡的形势判断力，放弃常规的救火选项，精准锁定取经工程的关键信物——锦襕袈裟，拿上这件宝贝就打道回府了。

其实黑熊精在过去二百余年的时间里，一直持续积极维系金池长老社交圈，授予对方长生之法，期望通过次级网络接近核心资源，而取经工程的启动意外为他打开了新的机遇窗口。当观音禅院因袈裟失火时，黑熊精立刻意识到：这不是危机，而是接触取经核心团队的关键切入点。

此时孙悟空因为丢了袈裟又被唐僧狂念一通紧箍咒，得知在这禅院附近有一个黑熊精，他想肯定是这妖精偷了袈裟，不由分说，找上门去。

来到黑风山，孙悟空看见一个黑汉、一个道人、一个白衣秀士正在高谈阔论，讲的是立鼎安炉，抟砂炼汞；白雪黄芽，傍门外道。这伙妖精的素质、境界可比孙悟空在花果山称王称霸的时候高多了，可谓谈笑有鸿儒，往来无白丁。

听那个黑汉说后天是自己的生日，邀请诸位朋友光顾，届时还将拿出新得的宝贝锦襕袈裟，做个"佛衣会"。孙悟空一听佛衣两个字，忍不住怒从心头起，双手举起金箍棒，一棒子就打死了白衣秀士，另外两个见状四散而逃。

孙悟空追到妖怪洞府，却见这地方修整得十分雅致：烟霞渺渺采盈门，松柏森森青绕户……虽然旷野不堪夸，却赛蓬莱山下景。原来妖怪不仅谈吐间显露深厚道法修养，更在洞府营造上展现非凡造诣，为后来被观音收编埋下关键伏笔。

妖怪跑进洞中闭门不出，孙悟空就不停嘴在外面叫骂，逼得黑熊精不得不穿上披挂出来应战，只见他：

碗子铁盔火漆光，乌金铠甲亮辉煌。皂罗袍罩风兜袖，黑绿丝绦辫穗长。手执黑缨枪一杆，足踏乌皮靴一双。眼幌金睛如掣电，正是山中黑风王。

从头到脚的乌黑，让孙悟空忍不住笑道："这厮真个如烧窑的一般，筑煤的无二！想必是在此处刷炭为生，怎么这等一身乌黑？"

黑熊精也笑道："你原来是那闹天宫的弼马温么？"

取经路上凡是能说出"弼马温"这个称号的，肯定不是普通妖怪，要么在天庭任过职，要么有在天庭任职的亲友，不然不会知道彼此底细。或许孙悟空一不留神说出的也正是妖怪的来历，他曾是天庭烧窑、筑煤的基层员工，也和猪八戒一样，受到孙悟空带累遭到裁员。但与猪八戒被贬后自暴自弃不同，黑熊精以失业之身仍将洞府经营得井井有条，又和观音禅院大掌柜的交朋友，等待有朝一日能通过他结识贵人，重新拿到一个好Offer，展现出逆境中的职业韧性。

黑熊精阶层跃升公式：

核心技能（园艺造诣）× 人脉杠杆（观音禅院网络）× 机遇敏感度（取经工程）= 阶层跃升势能

这个时候的孙悟空刚刚踏上取经路不久，还远远达不到心思细腻、办事游刃有余的程度，他只一听"弼马温"三个字就炸毛了，不由分说跟妖精大战十数回合。双方打得不分胜负，也足见黑熊精本事了得。

只是打到一半黑熊精却不打了，要先进了膳再来赌斗，然后虚晃一枪，撤身入洞，再也不出来了。下次再打，交手不多时，他又借口天色已晚，明天再打，又回洞关门不出来了，把个暴脾气的孙悟空折腾得一点办法也没有。

三次交锋未果后，孙悟空意识到跟在黑熊精"拖字诀"后面解决不了问题，只好转换策略，放弃武力硬拼，去向项目经理观音求助，见观音就抱怨："我师父路遇你的禅院，你受了人间香火，容一个黑熊精在那里邻住，着他偷了我师父袈裟，屡次取讨不与，今特来问你要的。"

观音并不纵容，说道："这猴子说话，这等无状！既是熊精偷了你的袈裟，你怎来问我取讨？都是你这个孽猴大胆，将宝贝卖弄，拿与小人看见，你却又行凶，唤风发火，烧了我的留云下院，反来我处放刁！"

当孙悟空试图推诿，转嫁责任时，观音当即戳破：是你卖弄袈裟招祸，反烧我禅院。足见她已知晓事件始末。《西游记》里的神仙们好像都开了上帝视角，什么事都能未卜先知，其实他们的神通不来自玄学，而是来自各自的情报系统。

我们通常以为取经小组就四个人加一匹马，实际上在他们的头上还安着一堆"摄像头"，随行的还有四值功曹、五方揭谛、六丁六甲、一十八位护教伽蓝，加起来多达三十九个人。他们分别是玉皇大帝、太上老君和如来佛祖派来保护取经人安全的，也可以说是随时随地监控工作进展。有一段时间，观音还把自己的护法诸天也塞了进来。所以取经小组有任何情况，大佬们都会第一时间知道。

商场如战场，只有及时掌握第一手消息，才能抓住先机，做出正确判断。

孙悟空见观音识破自己耍的小伎俩，慌忙礼拜道："菩萨，乞恕弟子之罪，果是这般这等。但恨那怪物不肯与我袈裟，师父又要念那话儿咒语，老孙忍不得头疼，故此来拜烦菩萨。望菩萨慈悲之心，助我去拿那妖精，取衣西进也。"

观音毕竟有容人的雅量，不跟孙悟空计较这点小事，两人就一同来到黑风山，恰好撞见前日跟黑熊精在一起的道人凌虚子，带着两粒仙丹来参加生日派对。孙悟空一转眼又计上心头，不由分说打死这妖精，竟叫观音变成妖怪的样子，自己变成一颗仙丹去骗黑熊精。

观音知道这猴子小气，还记恨自己骗他戴箍儿的事，索性就顺着他变成妖精的样子，惹得孙悟空欢笑："妙啊！妙啊！还是妖精菩萨，还是菩萨妖精？"

观音则说："悟空，菩萨妖精，总是一念；若论本来，皆属无有。"一语道破西游世界最残酷的职场真相，当黑熊精积极上岸，完成的不仅是身份认证，更是认知框架的系统升级。世间万物其实都是如此，是非善恶总在一念之间，同样一个人，有编制的就是菩萨，没编制的就是妖怪。同样一个黑熊精，自暴自弃可能难逃被一棒子打死的命运，但被开除了依然自律自强，终有遇到贵人的机会。孙悟空听了心下顿悟。

两个人变化了来到黑熊精洞府门前，观音见这妖精的地盘：崖深岫险，云生岭上；柏苍松翠，风飒林间。山有涧，涧有泉，潺潺流水咽鸣琴，便堪洗耳；崖有鹿，林有鹤，幽幽仙籁动闲岑，亦可赏心。心中暗喜道："这孽畜占了这座山洞，却是也有些道分。"因此心中已有个慈悲。

同样一座山洞，孙悟空看见的是妖怪，观音看见的是稀缺技术人才。

观音变化的道人哄黑熊精吃下孙悟空变的丹药，孙悟空就大闹一通妖精的"五脏庙"，让他现了原形。趁妖怪不防，观音不由分说把一个金箍儿丢在他头上，将这妖怪据为己有。她刚才心中的慈悲，正是带黑熊精去做落伽山的守山大神。

如来给观音三个箍儿，而观音只将一个用在了取经团队身上，另外两个她自己私自用了，一个收了黑熊精，给落伽山当守山大神；一个收了红孩儿，给她当善财童子。当观音私吞两个紧箍儿时，难道如来真的毫不知情吗？如来对观音的放任绝非疏忽，而是灰度管理之道，默许观音保留部分资源，既激励其全力推动取经工程，又避免过度集权引发反弹。可谓战略目标刚性，执行手段柔性的平衡术。

当黑熊精戴上观音的金箍时，他完成了从天庭弃子到佛门新贵的华丽转身。在看似固化的体系里，认知维度才是真正的上升通道，黑熊精这种将专业技能、人脉势能、战略机遇进行乘积放量的生存智慧，正是当代职场最稀缺的破局之道。

《黑神话：悟空》带火的黄风岭，藏着什么大秘密？

"黄风岭，八百里，曾是关外富饶地，一朝鼠患凭空起，乌烟瘴气渺人迹。"随着国产单机游戏《黑神话：悟空》的爆火，这段极富韵味的陕北秦腔也出圈了。《西游记》原著里的黄风岭究竟是什么地方，背后藏着什么惊人秘密呢？当游戏用赛博朋克重构西游时，我们不妨透过商业棱镜观察，黄风岭的妖风背后藏着的一套灰色商业体系。

如果说唐僧的出厂设定是见佛拜佛、见塔扫塔，孙悟空的出厂设定就是明知山有虎，偏向虎山行。

唐僧师徒一路西行，遇到一座险峻高山，又值旋风大作，连钝感力十足的唐僧都觉察到"此风甚恶，比那天风不同"，孙悟空却偏要迎风而上，果然遇上一只斑斓猛虎。

刚入职的猪八戒立功心切，只见他丢了行李，举起钉钯，冲老虎劈头就筑。那只虎直挺挺站将起来，把前左爪抡起抠住胸膛，往下一抓，滑喇的一声，把个虎皮剥了下来，血淋淋站立道旁，喊道："慢来！慢来！吾党不是别人，乃是黄风大王部下的前路先锋。今奉大王严命，在山巡逻，要拿几个凡夫去做案酒。你是那里来的和尚，敢擅动兵器伤我？"

八戒骂道："我把你这个孽畜！你是认不得我！我等不是那过路的凡夫，乃东土大唐御弟三藏之弟子，奉旨上西方拜佛求经者。你早早地远避他方，让开大路，休惊了我师父，饶你性命；若似前猖獗，钯举处，却不容情！"

虎先锋不容分说，冲上前就跟八戒打成一团，孙悟空过来助阵，虎先锋却使个"金蝉脱壳计"把唐僧抢走了。

轻松抓到猎物的虎先锋兴高采烈回来，可是老板黄风大王一听抓的是东土大唐驾下御弟三藏法师，当时就惊住了，说道："我闻得前者有人传说：三藏法师乃大唐奉旨意取经的神僧；他手下有一个徒弟，名唤孙行者，神通广大，智力高强。你怎么能够捉得他来？"

尚未意识到问题严重性的虎先锋只顾邀功："他有两个徒弟：先来的，使一柄九齿钉钯，他生得嘴长耳大；又一个，使一根金箍铁棒，他生得火眼金睛。正赶着小将争持，被小将使一个'金蝉脱壳'之计，撒身得空，把这和尚拿来，奉献大王，聊表一餐之敬。"虎先锋果然够虎，领导让他抓凡人，他偏偏抓个圣僧。既不认识猪八戒也没听过孙悟空，还对自己的雕虫小技洋洋自得，就如李逵一般鲁莽。

黄风大王只说："且莫吃他着。"

没过多久，丢了师父的孙悟空和猪八戒就找上门来，黄风大王忙把虎先锋叫过来，埋怨他："我教你去巡山，只该拿些山牛、野彘、肥鹿、胡羊，怎么拿那唐僧来！却惹他那徒弟来此闹吵，怎生区处？"

倒是虎先锋胸有成竹，打包票说："大王放心稳便，高枕勿忧，小将不才，愿带领五十个小妖校出去，把那什么孙行者拿来凑吃。"

但是黄风大王表示，你要是能拿住孙悟空，咱们一块吃唐僧肉，拜把子称兄弟，要是拿不住反伤了自己，到时候可别怪我。

堂堂一个坐拥八百里地盘的妖王，怎么气魄还不如手下小将？我们职场上有很多人其实跟虎先锋一样，遇到类似的事情容易脑子一热，一腔孤勇向前冲，认为自己的上司是个怂包，唐僧肉送到嘴边了他都不敢吃。甚至想干完这一票，自己取而代之当大王。可惜虎先锋还是太年轻，耍个小花招就真当自己能跟齐天大圣过招了，结果是以卵击石，一命呜呼。

虎先锋之死揭示中层管理者的认知陷阱

错误	风控缺失	西游启示
致命误判	未识别核心团队价值	将唐僧团队误判为普通创业团队，殊不知对方是获得天庭、灵山共同投资的战略级项目。
执行悖论	KPI 导向下的失控	黄风大王要求"只捕猎普通僧人（凡人）"，虎先锋却为冲业绩强攻 VIP 客户（唐僧）。
权责失衡	缺乏风险对冲机制	当孙悟空团队反攻时，黄风大王立即切割："拿不住反伤了自己，别怪我。"暴露出传统企业权力上收、责任下放的管理弊端。

黄风大王之所以对唐僧师徒一再犹豫、退让，是因为他作为资深操盘手，深谙安全边际法则，触碰取经团队可能会打破与灵

山的默契平衡。但是眼下面对小弟送命、孙悟空叫阵的双重威胁，黄风大王再想躲也躲不过去了，只好穿戴整齐出来应战。只见他：

金盔晃日，金甲凝光。盔上缨飘山雉尾，罗袍罩甲淡鹅黄。勒甲绦盘龙耀彩，护心镜绕眼辉煌。鹿皮靴，槐花染色；锦围裙，柳叶绒妆。手持三股钢叉利，不亚当年显圣郎。

这还是个仪表堂堂、金装裹体的帅气土豪大王。但是他不认得孙悟空，喊道："那个是孙行者？"

孙悟空脚踩着虎先锋的皮囊，手执如意金箍棒，说："你孙外公在此，送出我师父来！"

黄风大王仔细打量孙悟空，见他身躯丑陋矮、面容羸瘦，不满四尺，忍不住笑道："可怜！可怜！我只道是怎么样扳翻不倒的好汉，原来是这般一个骷髅的病鬼！"

孙悟空说："你这个儿子，忒没眼色！你外公虽是小小的，你若肯照头打一叉柄，就长三尺。"

两人一言不合就开打，斗经三十回合，不分胜败。孙悟空忙着攒功绩，越战越勇，拔一把毫毛变出一群猴子，都手持金箍棒，把黄风大王团团围住。这妖怪就望着巽地上把口张了三张，呼地一口气，吹了出去，瞬间黄风大作。这风有多厉害：

冷冷飕飕天地变，无影无形黄沙旋。
碧天振动斗牛宫，争些刮倒森罗殿。
五百罗汉闹喧天，八大金刚齐嚷乱。
文殊走了青毛狮，普贤白象难寻见。

真武龟蛇失了群，梓橦骡子飘其鞯。
仙山洞府黑攸攸，海岛蓬莱昏暗暗。
老君难顾炼丹炉，寿星收了龙须扇。
王母正去赴蟠桃，一风吹断裙腰钏。
二郎迷失灌州城，哪吒难取匣中剑。
天王不见手心塔，鲁班吊了金头钻。
雷音宝阙倒三层，赵州石桥崩两断。
一轮红日荡无光，满天星斗皆昏乱。
南山鸟往北山飞，东湖水向西湖漫。
雌雄拆对不相呼，子母分离难叫唤。
龙王遍海找夜叉，雷公到处寻闪电。
十代阎王觅判官，地府牛头追马面。
这风吹倒普陀山，卷起观音经一卷。
白莲花卸海边飞，吹倒菩萨十二院。
盘古至今曾见风，不似这风来不善。
唿喇喇，乾坤险不炸崩开，万里江山都是颤！

这阵狂卷三界的妖风，曝出了许多惊天内幕，包括天庭大乱、地府大乱、灵山大乱，神仙们的司机、助理纷纷下界，朱紫国拆凤、乌鸡国子母分离等乱象，也印证了在孙悟空被镇压的五百年间，原有秩序维护者集体失职。这种系统性混乱，恰为灵山外围势力的扩张提供了空间。

黄风大王的三昧神风把孙悟空的"火眼金睛"吹得旧伤复发，

师父没救出来还折损一员大将，只剩一个束手无策的猪八戒，没想到取经之路开端就那么艰难。此时隐形成员护法伽蓝不得不现身，变成一位老者来送上治眼睛的三花九子膏。等孙悟空休息一晚恢复了体力，又变成个蚊虫飞进妖怪洞里打探情况，妖怪却不打自招，主动说出上线——能定住三昧神风的，只有灵吉菩萨。

当年在总部任职的时候，孙悟空没少跟神仙们"烂板凳，高谈阔论"，他连如来舅舅的八卦都知道，却从未听说过灵吉菩萨这号人物。而黄风大王只知道唐僧、孙悟空的名号，却也从来没有见过他们，这都证明，灵吉菩萨和黄风大王都是孙悟空被镇压的这五百年间，发展起来的一股新势力。

复盘黄风大王的动作，他特地安排虎先锋近期开始巡山，又千叮咛万嘱咐，倘若遇见一般凡人可以抓来吃吃，言外之意是非一般凡人不要碰，可见他是得到了风声，知道取经小组要从这里经过。原本想极力避免双方相遇，谁知鲁莽自大的虎先锋自作主张不仅葬送了自己，也给黄风岭带来如此棘手的麻烦。事已至此，单凭黄风大王已经没办法控制局面，只好把问题交给上层领导。

孙悟空打探到灵吉菩萨这个关键人物，却不知道他的道场在哪里，正在发愁的时候恰好又来了一个老头，告诉他往南走二千里，有一山叫小须弥山，山中有个道场，乃是菩萨讲经禅院。这老头说完一转身不见了，留下个简帖："上复齐天大圣听，老人乃是李长庚。须弥山有飞龙杖，灵吉当年受佛兵。"佛兵就是佛家法宝。

天庭元老的适时介入，暗示着取经工程已演变为多方势力博弈的动态平衡游戏。

寻着了由头，孙悟空立刻按照太白金星的指引前往小须弥山，眨眼就来到一座祥云瑞霭的禅院。看门的道人问道："那里来的老爷？"道人和道士不是一个概念，道人就是指受寺庙雇佣打杂的人，不一定有宗教信仰，类似于临时工。

这是孙悟空第一次找陌生的神仙办事，郑重其事地报了个全称，说："累烦你老人家与我传答传答：我是东土大唐驾下御弟三藏法师的徒弟，齐天大圣孙悟空行者。今有一事，要见菩萨。"

道人却挠挠头："老爷字多话多，我不能全记。"

看来这菩萨的员工文化水平不高，搞得孙悟空也很尴尬，只好说："你只说是唐僧徒弟孙悟空来了。"

听到通报，灵吉菩萨立刻穿袈裟，添香迎接，毫不怠慢孙悟空。这个游离在体系外的菩萨道场是满堂锦绣，一屋威严，佛堂里辉煌宝烛，条条金焰射虹霓；馥郁真香，道道玉烟飞彩雾。看来土豪大王的主人也是个身价不菲的土豪菩萨，足见这几百年他们一定没少赚钱。

孙悟空说明来由，菩萨道："我受了如来法令，在此镇押黄风怪。如来赐了我一颗定风丹，一柄飞龙宝杖。当时被我拿住，饶了他的性命，放他去隐性归山，不许伤生造孽，不知他今日欲害令师，有违教令，我之罪也。"

闹了半天，黄风岭背后真正的主人竟然是如来。

灵吉菩萨带着飞龙宝杖跟孙悟空一起来到黄风洞，降伏了黄风大王，这妖精却是一个黄毛貂鼠，孙悟空正要举棒就打，被菩萨拦住道："大圣，莫伤他命，我还要带他去见如来。"灵吉菩萨透露，"他本是灵山脚下的得道老鼠，因为偷了琉璃盏内的清油，灯火昏暗，恐怕金刚拿他，故此走了，却在此处成精作怪。如来照见了他，不该死罪，故着我辖押，但他伤生造孽，拿上灵山；今又冲撞大圣，陷害唐僧，我拿他去见如来，明正其罪，才算这场功绩哩"。

至此，黄风岭的真相浮出水面。

八百里黄风岭灰色生态链：

上游：灵山资本（如来）→ 中台：灵吉菩萨（代持方）→ 终端：黄风大王（操盘手）→ 用户：方圆八百里生灵

取经小组为什么一定要经过黄风岭，黄风大王为什么对他们避之唯恐不及，这场看似偶然的冲突，实则是灵山资本布局的必然结果。黄风岭项目为灵山贡献了五百年丰厚的现金流，却从未出现在公开账目上，堪称古代版VIE架构，原来佛祖这么早就把白手套生意玩明白了。对于如来来说，当灰色地带产生的边际效益低于政治风险时，借外部力量清理"过度发育"的代理人，完成合法化处理，既保全核心资产黄毛貂鼠，又实现账面净化。

每个时代有每个时代的"黄风岭"，每场变革都需穿越"三昧神风"，读懂这些亘古不变的管理困局与资本逻辑，才是破解现实西游迷局的关键密钥。

西游最强扫地僧：
沙和尚的隐形竞争力

他真的是一个只会说三句话的男人吗？他只配在取经路上干苦活累活吗？为什么执行完项目别人都成佛成菩萨，他只得到罗汉的头衔？

沙僧在《西游记》里的存在感很弱，弱到似乎可有可无。电视剧里的沙僧只会说三句话：

师父被妖怪抓走了。

大师兄，师父被妖怪抓走了。

大师兄、二师兄，师父被妖怪抓走了。

这个临时组建的团队里，唐僧负责喊口号：贫僧从东土大唐而来，要往西天拜见佛祖，求取真经。

孙悟空负责通关，降妖除魔，扫清障碍，保护唐僧。

猪八戒负责挑担子和增加欢乐。

那沙僧负责干什么？

其实电视剧里的沙和尚有多弱，原著里的沙和尚就有多强。

沙僧一出场就展示出了极高的忠诚度、极强的执行力，以一己之力拦在流沙河，没有上峰的指令，就没有一个取经人能从他这里通关。

加入取经团队后，一路上也不是沙僧挑担子，三个徒弟分工明确，乌巢禅师向我们透露过，野猪挑担，石猴引路。而沙僧只需要跟着走就行。只有当大师兄、二师兄都出任务的时候，他才暂时负责看行李、管师父。

猪八戒也曾想把担子甩给沙僧，因为他觉得按照顺位原则，轮也该轮到最晚进公司的人干脏活累活吧，但是没想到这个工作始终没有推出去。猪八戒也曾希望大师兄能帮忙说句话，就向孙悟空抱怨："哥啊，你只知道你走路轻省，那里管别人累坠？自过了流沙河，这一向爬山过岭，身挑着重担，老大难挨也！须是寻个人家，一则化些茶饭，二则养养精神，才是个道理。"

这话明显是说给两个人听的，可是沙僧只当没听见，猴子也不接茬，反训斥八戒："呆子，你这般言语，似有报怨之心。还像在高老庄，倚懒不求福的自在，恐不能也。既是秉正沙门，须是要吃辛受苦，才做得徒弟哩。"

八戒又说："哥哥，你看这担行李多重？"

孙悟空说："兄弟，自从有了你与沙僧，我又不曾挑着，那知多重？"

八戒继续诉苦，"哥啊，你看看数儿么：四片黄藤篾，长短八条绳。又要防阴雨，毡包三四层。匾担还愁滑，两头钉上钉。铜镶铁打九环杖，篾丝藤缠大斗篷。似这般许多行李，难为老猪一个逐日家担着走，偏你跟师父做徒弟，拿我做长工！"看来二师兄的负担真是不轻。

孙悟空听得哈哈笑："呆子，你和谁说哩？"

八戒说:"哥哥,与你说哩。"

任凭他两个人说得热闹,沙僧只是不吭声。职场上遇上类似的事情,就要学沙僧,因为这时候不论你说什么,一开口就都输了。不该说话的时候沙僧绝不多说一个字,该开口的时候,他的话又句句在点子上。

在八百里枯松岭,唐僧死活不听孙悟空劝告,又被妖王红孩儿抓走了,气得孙悟空说不如我们就地解散,猪八戒更巴不得趁早各走各路。人心涣散的时候,沙僧立刻站出来阻止说:"师兄,你都说的是那里话。我等因为前生有罪,感蒙观世音菩萨劝化,与我们摩顶受戒,改换法名,皈依佛果,情愿保护唐僧上西方拜佛求经,将功折罪。今日到此,一旦俱休,说出这等各寻头路的话来,可不违了菩萨的善果,坏了自己的德行,惹人耻笑,说我们有始无终也!"

一段话把多层意思表达得清清楚楚,半路散伙一对不起菩萨,二对不起自己,还要惹人耻笑,更何况,大家原本就是没有回头路可走的人。这才让大师兄、二师兄收回丧气话,重新打起精神去搭救师父。

沙僧三重话术重构共识:

愿景重塑:强调"菩萨善果"的组织使命

责任绑定:点明"将功折罪"的共同目标

风险警示:揭示"有始无终"的声誉危机

沙僧看似木讷，实则深谙人情世故，当孙悟空想起来红孩儿是牛魔王的儿子，自己当年也是牛魔王的拜把子兄弟，打算去认亲时，沙僧笑他："三年不上门，当亲也不亲，你与他相别五六百年，又不曾往还杯酒，又没有个节礼相邀，他哪里与你认什么亲？"

结果真的如沙僧所言，孙悟空高高兴兴地去，结结实实吃了红孩儿一套三昧真火回来。

有城府的人说话不仅体现在情商高，更懂得审时度势，运用策略。真假美猴王事件之前，孙悟空又被唐僧赶跑，还趁机打了师父，抢了行李，差点闹出西行路上第一大危机事件，在大家商量谁去花果山找猴子要行李的时候，本来八戒自告奋勇，唐僧却说："你去不得。那猢狲原与你不和，你又说话粗鲁，或一言两句之间，有些差池，他就要打你。着悟净去罢。"

沙僧见了孙悟空之后的一番话，堪称职场说话教科书，他说："上告师兄，前者实是师父性暴，错怪了师兄，把师兄咒了几遍，逐赶回家。"反正现在唐僧也不在，责任当然往他身上推，让猴子心里先舒服点，大家都知道孙悟空这人什么都不在乎，就怕别人不尊重自己，沙僧的第一句话，就让孙悟空感觉他是明辨是非，站在自己的立场说话的。

接着沙僧说："一则弟等未曾劝解，二来又为师父饥渴去寻水化斋。不意师兄好意复来，又怪师父执法不留，遂把师父打倒，昏晕在地，将行李抢去。"表明自己当时没有劝解也是事出有因，然后肯定师兄你后来又回来是好意，也怪师父半点情面也不讲，才挨了打，这也是可以理解的。

安抚完情绪，沙僧才说到重点："后救转师父，特来拜兄，若不恨师父，还念昔日解脱之恩，同小弟将行李回见师父，共上西天，了此正果。倘怨恨之深，不肯同去，千万把包袱赐弟，兄在深山，乐桑榆晚景，亦诚两全其美也。"不仅说明来意，还给出了两个方案，回不回来都由师兄任选。沙僧的说话之道，不亚于太白金星，不到关键时刻不开口，凡开口一定能抓住问题的关键，把事办成。

沙僧教科书级沟通技巧：

情绪疏导：将冲突归因为"师父性暴"

责任切割：强调"未曾劝解"的客观限制

柔性方案：提供AB选项的弹性空间

话术包装：将"抢行李"重构为"保管物资"

这些临场应变虽显智慧，但终究属于战术层面，真正奠定沙僧不可替代性的，是他作为三界平衡守护者的战略视野。作为曾任卷帘大将的玉帝近臣，沙僧自带体制内视角，这种特殊背景使他成为取经团队中天然的监察者。

取经途中师徒四人借宿敕建宝林寺，晚上明月当空，师徒几人便来了一场诗词大会，表达当时各自的心境。《西游记》和《红楼梦》一样，都有大量的诗词歌赋，粗读很容易忽略这些内容，以为是作者卖弄文采，对故事没有太大影响。其实恰恰相反，大量重要的线索都在诗词里,读懂了这些,才能对作者究竟想表达什么有更深刻的理解。

唐僧首先有感而发吟道:

皓魄当空宝镜悬,山河摇影十分全。
琼楼玉宇清光满,冰鉴银盘爽气旋。
万里此时同皎洁,一年今夜最明鲜。
浑如霜饼离沧海,却似冰轮挂碧天。
别馆寒窗孤客闷,山村野店老翁眠。
乍临汉苑惊秋鬓,才到秦楼促晚奁。
庾亮有诗传晋史,袁宏不寐泛江船。
光浮杯面寒无力,清映庭中健有仙。
处处窗轩吟白雪,家家院宇弄冰弦。
今宵静玩来山寺,何日相同返故园?

这首诗借景抒情,把唐僧的内心展现得淋漓尽致,他又想家了。

孙悟空也借月亮的阴晴圆缺,用阴阳相合、佛道相融的感悟开导他:"师父啊,你只知月色光华,心怀故里,更不知月中之意,乃先天法象之规绳也。月至三十日,阳魂之金散尽,阴魄之水盈轮,故纯黑而无光,乃曰晦。此时与日相交,在晦朔两日之间,感阳光而有孕。至初三日一阳现,初八日二阳生,魄中魂半,其平如绳,故曰上弦。至今十五日,三阳备足,是以团圆,故曰望。

至十六日一阴生,二十二日二阴生,此时魂中魄半,其平如绳,故曰下弦。至三十日三阴备足,亦当晦。此乃先天采炼之意。我等若能温养二八,九九成功,那时节,见佛容易,返故田亦易也。诗曰:前弦之后后弦前,药味平平气象全。采得归来炉里炼,志心功果即西天。"

唐僧听了,一时解悟,明彻真言,满心欢喜,谢了悟空。

这时一向发言不多的沙僧却说道:"师兄此言虽当,只说的是弦前属阳,弦后属阴,阴中阳半,得水之金;更不道水火相搀各有缘,全凭土母配如然。三家同会无争竞,水在长江月在天。"

孙悟空的话只讲了阴阳两面,佛道两家,而沙和尚及时提示,取经任务的重点是"三家同会",不可一家独大,就如"水在长江月在天",大家各有各的位置,应当各归其位,和平共处。这种意识形态平衡术,正是玉帝派遣旧部随行的深层考量。

沙僧这一角色的设置,反映取经团队实行的明暗双线管理,唐僧负责佛门事务的表面推进,沙僧则建立直达灵霄殿的管理系统。这种安排既保证佛门东扩的合规性,又维系着天庭对重大项目的最终控制权。

取经途中,沙僧始终恪守三不原则:不争首功,不涉派系,不显锋芒。取经归来,沙僧不成佛,因为达摩院里的扫地僧不需要成佛。他日回归天庭,沙僧已经完成从执行者到战略家的蜕变。

临时工的悲歌：
车迟国三仙的无效社交

在商业丛林里，有人用五年完成阶层跨越，有人半生困于牢笼。当黑熊精戴上落伽山的工牌时，掌握"五雷法"的车迟国虎鹿羊三仙却落得惨死的下场，这场天庭最惨烈的"向上社交"事故，藏着每个人都该警惕的社会生存法则。

车迟国曾经是一个尊崇佛教的国家，至今还保留着先王太祖御造的敕建智渊寺，可如今一切都反过来了，是道士当国师，和尚成奴隶，过得生不如死。

究其原因是二十年前车迟国遭遇了严重干旱，在农业社会，如果长时间天无半点雨，地上就会五谷绝收，饿死了人就将面临天下大乱。于是国王带领君臣百姓家家沐浴焚香，户户拜天求雨。谁知供奉了这么多年的和尚空念佛经，却求不下半点儿雨来，反而是三个忽然从天而降的道士虎力大仙、鹿力大仙、羊力大仙，运用"五雷法"，顷刻间就能呼风唤雨，指水为油、点石成金这些都易如反掌。在求雨之外，三仙又兴盖了三清观宇，祈祷君王万年不老，双重叠加效应让车迟国国王成了他们的死忠粉，还跟道士认了亲，而和尚们的生活从此就从天堂跌入了地狱。

这些年来，被当成苦力的和尚们二千多人饿死六七百，自尽七八百，最后剩下五百个人，却是上天无路，入地无门，想死都死不了。他们悬梁绳断，刀刎不疼，投河的漂起不沉，服药的身安不损。凡是想死的，就有六丁六甲、护教伽蓝来保着，劝解他们不要寻死，一定要等到东土大唐前往西天取经的圣僧。并告诉他们，圣僧手下有个徒弟是齐天大圣孙悟空，到时候他会显神通，灭了道士，还让车迟国敬沙门禅教。太白金星也专门托梦告诉车迟国的和尚，孙悟空长什么样子，让他们到时候一定要抱住这个大腿，千万别错过。这些反常现象的背后，都暗藏着天庭权力体系的重大变革。

在拆解车迟国的故事之前，我们再讲一下西游世界的降雨系统。在传统西游世界架构中，这本应是一项只有玉帝董事长亲自签字盖章才能施行的指令，但实际的情况却是，道教不遵从集团规章条例，用"五雷法"强行改变了这一制度，使得玉帝权力被架空，人间处处"五雷法"。所以太白金星的出现，也代表玉帝要借取经小组的力量，铲除恶势力，把降雨权重新拿回到自己手里。

这种权力更迭的暗流，在现实商战中同样暗潮涌动，就连不可一世的乔布斯也曾经一度被自己创办的苹果公司董事会踢出局。后来他另辟战场获得成功，在苹果陷入困境的情况下，又重新回归担任首席执行官，再度把苹果带上了巅峰。当然也有的创始人就此大权旁落，要么形同傀儡，要么失败出局。

当管理者面临被架空的危机时，通常有三个解决办法，第一就是像乔布斯那样，打造另一个战场，在新的业务方面取得绝对主导权；第二是进行人事改革，职场斗争归根到底是人和人之间的斗争，重新调配岗位，进行利益分配不失为化解危机的常用办法；第三就是像玉帝一样，扶持新势力，和旧势力形成相互制约关系。

所以玉帝支持这次西天取经项目的意图也很清晰，要借助这个行动，让佛道之间相互制约，夺回自己的权利，稳固地位。

孙悟空专门带着取经小组经过车迟国，又将是一场三家同会的战争。

此时，打过几场硬仗的孙悟空已经知道，抄家伙之前要先打探清楚对手的底细，他先放了做苦力的五百个和尚，又设计把虎鹿羊三仙引出来看看是什么成色。

这天，孙悟空三更半夜拉着猪八戒、沙和尚溜进三清观，分别变成三清的神像偷吃贡品，故意惊动道士。但是车迟国的三清圣像盗版的实在太厉害了，搞得猪八戒竟然连太上老君的样子都认不出来，搬下来就给扔进了茅坑。

连大领导的高清照片都拿不到，虎鹿羊三仙能是什么正经角色呢？

师兄弟三人吃着供果聊着天，果然惊动了三大仙，他们以为真是三位大领导显灵了，赶紧跑过来抓住这次向上社交的机会。可是正在激动时，鹿力大仙却发现这供果不像是神仙吃的，倒像是人啃的，不光剥了果皮，还吐了一地果核。

羊力大仙却说："师兄勿疑，想是我们虔心敬意，在此昼夜诵经，前后申文，又是朝廷名号，断然惊动天尊。想是三清爷爷圣驾降临，受用了这些供养。趁今仙从未返，鹤驾在斯，我等可拜告天尊，恳求些圣水金丹，进与陛下，却不是长生永寿，见我们的功果也?"众道士就依言,排列整齐,齐念一卷《黄庭道德真经》,求赐金丹圣水。

孙悟空哪有什么金丹圣水,搪塞说:"我等自蟠桃会上来的,不曾带得金丹圣水,待改日再来垂赐。"

大小道士听见上面说出话来,一个个又虔诚跪拜:"爷爷呀!活天尊临凡,是必莫放,好歹求个长生的法儿!"

孙悟空见推脱不过,就让大家各自撒了泡尿当圣水给三大仙喝,刺鼻的味道难免引起怀疑,孙悟空见戏演不下去了,便大叫道:"道号道号,你好胡思!那个三清,肯降凡基?吾将真姓,说与你知。大唐僧众,奉旨来西。良宵无事,下降宫闱。吃了供养,闲坐嬉嬉。蒙你叩拜,何以答之?那里是甚么圣水,你们吃的都是我一溺之尿!"

虽说让别人喝尿十分不厚道,但孙悟空也说出了一个职场真相,临时工和大老板之间是有壁垒的。真当日理万机的高层无缘无故会下基层吗?连这样的道理都不懂,虎鹿羊三仙背后能有什么大佬撑腰呢,这样看来,孙悟空的确没必要对他们心慈手软。

第二天师徒四人一起进朝,去见车迟国国王倒换通关文牒,所谓冤家路窄,正撞见三大仙状告他们昨天在城门外打杀了自己徒弟,放了五百个囚僧,摔碎车辆,夜间又闯进道观,毁坏三清圣像,偷吃御赐供养,还用小便哄骗大家是圣水金丹等罪状。

说话间,恰好有三四十名乡老又来找国王求告:"万岁,今年一春无雨,但恐夏月干荒,特来启奏,请那位国师爷爷祈一场甘雨,普济黎民。"

原来这三仙的算盘也打得响，求雨这事并不是一劳永逸，而是要年年求，年年作法，才能有雨，如此一来，他们在车迟国才有长期立足的资本。但是，当三仙误以为自己掌握的技术即是永恒硬通货时，他们忽略了泾河龙王擅改雨数被斩之事，已经透露天庭降雨系统开始进行架构升级，执行层将必须服从玉帝的中央服务器，他们的民间降雨价值正在加速衰落。

车迟国国王的嗅觉显然比三仙敏锐得多，当唐僧师徒出现，他立刻意识到能从东土大唐千里迢迢到达西方车迟国，并且安然无恙，这四人绝非一般凡僧。至于他们有多大本事，不妨现在就验证一下，于是国王抓住机会说："唐朝僧众，朕敬道灭僧为何？只为当年求雨，我朝僧人更未尝求得一点；幸天降国师，拯援涂炭。你今远来，冒犯国师，本当即时问罪。姑且恕你，敢与我国师赌胜求雨么？若祈得一场甘雨，济度万民，朕即饶你罪名，倒换关文，放你西去。若赌不过，无雨，就将汝等推赴杀场典刑示众。"

玉帝在博弈，车迟国国王也在博弈。

玉帝要夺权，当然是全力支持孙悟空，让他要风就有风，要雨就有雨，要晴就立刻雨过天晴了，在车迟国斗法第一回合中大获全胜。

国王要制衡三仙，看了孙悟空呼风唤雨的威风满心欢喜，文武百官也尽皆称赞道："好和尚！这正是强中更有强中手！就是我国师求雨虽灵，若要晴，细雨儿还下半日，便不清爽。怎么这和尚要晴就晴，顷刻间杲杲日出，万里就无云也？"

一番夸赞之后，国王加上了孙悟空的联系方式，向上社交成功。但他知道，取经小组本事再大也只是过路神仙，车迟国能否长期风调雨顺还得依仗本地神仙，所以他本想签署关文打发取经小组继续西行，却不想虎鹿羊三仙因主场作战失败，丢了威风，不依不饶，狡辩道："我上坛发了文书，烧了符檄，击了令牌，那龙王谁敢不来？想是别方召请，风云雷雨五司俱不在，一闻我令，随赶而来，适遇着我下他上，一时撞着这个机会，所以就雨。从根算来，还是我请的龙下的雨，怎么算作他的功果？"

孙悟空说："陛下，这些旁门法术，也不成个功果，算不得我的他的。如今有四海龙王，现在空中，我僧未曾发放，他还不敢遽退。那国师若能叫得龙王现身，就算他的功劳。"

人间国王当了半辈子皇帝，从未见过真龙长什么样，大喜道："你两家各显法力，不论僧道，但叫得来的，就是有功；叫不出的，有罪。"

连劳动合同都没有的虎鹿羊三仙，自然请不动集团上层领导，而孙悟空只一声高叫，就让四海龙王集体现了身，一个个度雾穿云，飞向金銮殿。

很多老板为了显示自己人脉广，都喜欢在饭局上摇人，这时候谁是孙大圣，谁是虎鹿羊大仙就一目了然。

孙悟空展示了非同寻常的实力，国王也并没有十分怪罪三大仙，按说他们也该见好就收，可是三大仙非但不认输，反而一定要跟孙悟空再拼个你死我活。一个要比上刀山，一个要比下油锅，一个要比剖腹剜心，他们哪是齐天大圣的对手，结果全都惨死在战场上。

虔诚供奉三清，认真执行"五雷法"，可是到最后一刻也不见有人来搭救虎鹿羊大仙。这场惨烈的斗法结局，暴露了无效社交的三大致命伤：

1. 价值幻觉：五雷法不是核心竞争力

三仙错误：沉浸于技术垄断的错觉，却不知天庭早已启动全新操作系统。

现代启示：真正的职场护城河，是像乔布斯那样持续创造新战场——从Mac到iPhone，从皮克斯到App Store，用生态链对抗单一技能贬值。

2. 信息茧房：不读天庭红头文件的代价

三仙错误：当孙悟空带着四海龙王现身时，三仙竟不知取经项目是玉帝亲批的"天庭一号工程"。

现代启示：这像极了错过字节跳动早期投资的VC，或是没看懂新能源政策的车企高管。建议创业公司都要建立"三界情报网"，参加蟠桃会行业论坛，订阅太白金星《天界内参》。

3. 战略失焦：在错误战场拼刺刀

三仙错误：从求雨赌局到油锅自裁，完全陷入战术层面的缠斗。

现代启示：马斯克用SpaceX打开NASA资源，贝佐斯用《华盛顿邮报》构建政商网络，优秀的企业家应该有另起一行的智慧。

在虎鹿羊三仙的悲剧中，我们看到了无效社交的致命代价，却也折射出职场生存的永恒命题，当技术护城河崩塌、信息渠道闭塞、战略方向错位时，如何通过有效社交实现身份跃迁？这场天庭与凡间的双重博弈揭示了一个残酷真相，向上社交的本质不是卑躬屈膝的供奉，而是价值网络的精准重构。

向上社交的第一步，是调整好自己的心态。自信是成功的基石，让你在面对高层人士时不卑不亢，而虎鹿羊三仙面对三清圣像过于谄媚，仗着会求雨对待国王的态度又十分傲慢，引起反感。成功向上社交者，往往能在自信与谦逊之间找到完美的平衡点。

第二，有效的社交策略是成功的关键。你要明确自己的目标，是寻求职业指导、拓展人脉还是寻找投资机会？明确目标后，再有针对性地选择社交场合和对象。车迟国国王显然是这方面的高手，他既能在需要求雨的时候，抓住道士，降低和尚的地位，又能审时度势，跟取经小组建立关系，制约道士的膨胀。

第三，社交的本质是价值的交换。如果你想在向上社交中脱颖而出，就必须具备与他人交换的价值。这包括专业技能、行业知识、人脉资源等。不断提升自己的综合能力，让自己成为他人愿意结交的对象，是向上社交成功的核心。虎鹿羊三仙想要结交更高层的领导，可他们拥有的唯一技能就是道家授予的，自身没有更多的价值，最终只能沦为神仙打架的牺牲品。

最后，在向上社交的过程中，敏锐地洞察机遇并果断采取行动至关重要。有时候，一个偶然的相遇就可能成为你职业生涯的转折点。车迟国国王仅通过取经小组能跋涉千里到达异域这一点，就敏锐地觉察到他们不是一般的和尚。而虎鹿羊三仙消息不灵通，不了解取经事件背后的利害关系，嗅觉也不灵敏，在孙悟空摇出龙王真身后，还在拼死抵抗。

利剑不在掌，结交何须多。临时工想要逆袭不是供奉三清，而是让自己成为社交网络中的不可替代节点。就像乔布斯回归苹果时，带回来的不仅是 NeXT 的技术，更是重构生态的顶层思维。

【取经私董会】

本期议题：当变革需要刀口向内时，如何化解既得利益集团的阻力？企业自我革命需要哪些制度保障？

功成归极乐,
汝亦坐莲台。
——《西游记》第五十八回

第三章 进阶篇

高情商破局心法

怒上梁山 or 忍上灵山？
情绪管理的两难抉择

《坛经》里有个故事，一天，五祖弘忍让弟子们做偈子，看谁最有慧根谁就可以做六祖。他的大弟子神秀禅师作了一首：

身是菩提树，心如明镜台。时时勤拂拭，莫使有尘埃。

寺庙里打杂的小和尚慧能看见了，却认为神秀没有完全开悟，就在这句佛偈旁边又作了一首：

菩提本无树，明镜亦非台，本来无一物，何处惹尘埃。

五祖看到后心中大喜，认为找到了可以继承衣钵的人选，但是又担心弟子们相争，就假装在众人面前批评慧能的佛偈一窍不通，并在他头上敲了三下。慧能领悟了五祖的意思，半夜三更悄悄去五祖的禅房，并在那里继承了衣钵。这个故事就是《西游记》中菩提祖师打孙悟空三下的由来。

神秀"时时勤拂拭"的苦修，恰似职场新人战战兢兢的自我约束；慧能"本来无一物"的顿悟，才是顶尖高手收放自如的智慧。

论悟性，孙悟空超越众人；论专业技能，孙悟空登峰造极。作为一个几乎没有弱点的人，他能控制一万三千五百斤的如意金箍棒，唯独就是控制不了自己的情绪。猴生重大的灾难，都是由情绪失控引发的。认为别人小瞧他,扔掉了弼马温的官职;因为蟠桃会没有请他,引发了一场大闹天宫。

情绪一失控,动作就会变形。人为什么会有情绪?不是因为强大,反而是因为没有经受过挫折,内心弱小。当一个人面临的实际情况和思维认知不匹配,又不能很好地处理的时候,情绪就产生了。

初出茅庐时的孙悟空,其实根本没有什么情绪,当上美猴王也和伙伴们打成一片。外出学艺时,他对自己的评价是,骂也不恼,打也不嗔。此时的单纯源于孙悟空对世界认知的空白,尚未遭遇世俗价值体系的冲击。但是长本事以后就不一样了,他闯龙宫夺宝,闹地府销死簿,显示出一种"我行我素"的心态。初登天庭更不得了,如同手握名校文凭的职场新人,却读不懂等级制度中的生存法则,敢跟玉帝叫板。不论是弼马温还是齐天大圣,都映射着现代职场精英的典型困境:专业技术越是登峰造极,情绪阈值反而越显脆弱。所以唐僧说他:"只因你没收没管,暴横人间,欺天诳上,才受这五百年前之难。"

取经路上孙悟空也因为控制不住情绪,几次三番差点断送前程,第一次逃跑,是他打死了六贼,被唐僧没完没了地唠叨。

唐僧说:"出家人'扫地恐伤蝼蚁命,爱惜飞蛾纱罩灯。'你怎么不分皂白,一顿打死?全无一点慈悲好善之心!早还是山野中无人查考;若到城市,倘有人一时冲撞了你,你也行凶,执着棍子,乱打伤人,我可做得白客,怎能脱身?"

孙悟空说:"师父,我若不打死他,他却要打死你哩。"

这话虽然听起来有道理，却不符合佛家理念，因此唐僧说："我这出家人，宁死决不敢行凶。我就死，也只是一身，你却杀了他六人，如何理说？此事若告到官，就是你老子做官，也说不过去。"

听到"告官"两个字，被强权压制过的孙悟空怒从心头起，再也控制不住自己的情绪，说："不瞒师父说，我老孙五百年前，据花果山称王为怪的时节，也不知打死多少人；假似你说这般话，我就做不到齐天大圣了。"

唐僧强调的"告官"逻辑，是在教导孙悟空认识组织规则与法治边界，但此时孙悟空尚不懂这两者的辩证关系，只把野蛮生长时期的经验套用于规范体系，最终陷入"以暴制暴"的恶性循环。

天地生灵的修行之路，总是需要历经层层心劫淬炼，美猴王的证道历程恰如璞玉，不经雕琢，何以成器？取经路上的行者孙悟空与五百年前大闹天宫的齐天大圣不同，逐渐开始展现出对自我情绪的掌控力。

当取经小组快要到达目的地的时候，经过一处隐雾山，前面开路的孙悟空看到山上有群妖怪在巡逻，以往遇到这种事他是直接抄家伙就干，但是现在孙悟空却想："若老孙使铁棒往下就打，这叫作捣蒜打，打便打死了，只是坏了老孙的名头。"

什么事都干过的孙悟空还怕坏名头吗？他只是在经过千锤百炼后知道，动手之前要先动脑，没摸清楚妖怪的底细最好先别冲动，以免惹出不必要的麻烦来。所以他想："我且回去，照顾猪八戒照顾，教他来先与这妖精见一仗。若是八戒有本事，打倒这妖，算他一功；若无手段，被这妖拿去，等我再去救他，才好出名。"

这隐雾山有一个艾叶花皮豹子精，本事不大，口气不小，号称"南山大王"，还想吃唐僧肉。这跟当年的齐天大圣有一拼，不知道自己几斤几两就敢称王称圣，还想让玉帝把位子让给他坐坐。

南山大王手下有一个小妖怪——铁背苍狼怪，倒是有点见识，说唐僧肉吃不得。唐僧并不可怕，可怕的是他手下有个闹过天宫的主，不好惹，只有先搞定了孙悟空，才能踏踏实实吃唐僧肉。铁背苍狼怪来隐雾山之前，曾经在狮驼岭干过，所以知道取经团队的底细，后来因为大厂倒闭了，才溜到隐雾山这种小公司来混口饭吃。

铁背苍狼怪的"大厂经验"与南山大王的虚妄称号，共同构成对悟空早期行为的镜像反射。

这小妖自告奋勇，先用"分瓣梅花计"抓走唐僧，又用假人头骗三个徒弟说唐僧已死，好让他们死了继续西行的心，趁早散伙。

当看到一颗被啃干净的人头，就连沙僧都要分行李了，而孙悟空沉着冷静，决定变成个小虫飞进妖怪山洞确认一下实情，如果师父真被吃了，那我回我的花果山，你回你的高老庄，如果还活着，就要搞清楚这妖怪背后又是怎么一回事。于是孙悟空先放瞌睡虫让妖怪们昏睡过去，然后在山洞后院找到唐僧。

哭得满脸泪花的唐僧一见徒弟非常激动，说："徒弟，快来解解绳儿，绑坏我了！"

孙悟空的反应却十分怪异，说："师父不要忙，等我打杀妖精，再来解你。"可是等他急抽身跑回中堂，正举棍要打，又停住手寻思："不好！等解了师父来打。"然后跑回后院，却又思量，"等打了来救"。

如此反复几遍，看得唐僧悲中作喜："猴儿，想是看见我不曾伤命，所以欢喜得没是处，故这等作跳舞也？"

你看这瞻前顾后的样子，还是那个一言不合就打进通明殿跟玉帝叫板的大圣吗？孙悟空为什么会有如此反常的举动？因为这群妖怪也很反常，顶着"南山大王"这么大的名号，可手里连件像样的兵器、法宝都没有，整个山头总共加起来也才一百多小妖，交给猪八戒也能三下五除二给他扫平。所以猴子犹豫了，隐雾山的背后会不会藏着哪位大佬呢？

百思不得其解，孙悟空决定还是先把唐僧解下来，然后把仍然在睡梦中的南山大王四马攒蹄捆起来，连根头发丝都没动给扛了出来。

出了山洞，八戒举钯就要打死妖怪，却又被孙悟空拦住，说："打又费工夫了，不若寻些柴，教他断根罢。"然后大家就不慌不忙去东凹里寻了些破梢竹、败叶松、空心柳、断根藤、黄蒿、老荻、芦苇、干桑，挑了若干，送入后门里。孙悟空点上火，八戒两耳扇起风，孙悟空又趁着火势还没起来，跳起身收了小妖们身上的瞌睡虫，再次给了他们一线生机。但是直到最后也没有任何大佬出现，可怜那些小妖醒来时，连洞府一起烧了个精空。至此，南山大王才被八戒一钯筑死。

此番孙悟空的运作堪称成熟管理者的典范：

1. 风险对冲：让八戒打头阵测盘面
2. 信息尽调：变虫入洞摸底实情
3. 切割处理：火烧连营完成不良资产剥离

黄风岭的虎先锋、隐雾山的苍狼怪，一个金蝉脱壳，一个分瓣梅花，看似有勇有谋，偏偏都死在了自作聪明上。而越来越不果断的孙悟空，却摸到了办事的门道，把事情处理得滴水不漏，完成了从多智近妖到大智若愚的转变。

孙悟空成长对比

阶段	情绪表现	处理方式	认知水平
花果山时期	无意识本能反应	直接行动	自然状态
天庭时期	防御性情绪爆发	暴力对抗	自我中心
取经中期	选择性情绪控制	策略性妥协	规则认知
隐雾山时期	系统性情绪管理	风险预判	系统思维

孙悟空不仅处理问题越来越老练，和唐僧的关系也有极大转变，刚开始他最看不得唐僧脓包、窝囊的样子。而经过十余年同生共死，并肩作战，他们之间开始达到惺惺相惜、心灵相通的默契。

每当唐僧遇到险境害怕时，孙悟空就让他把乌巢禅师的《心经》念一念，唐僧说《心经》就像自己的随身衣钵一样，哪一日不念,哪一时得忘?倒着念也能念出来。

孙悟空却说:"师父只是念得,不曾求那师父解得。"

唐僧说:"猴头!怎又说我不曾解得!你解得么?"

孙悟空说:"我解得,我解得。"

唐僧感叹:"悟空晓得是无言语文字,乃是真解。"

唐僧的"念得"象征对规则的遵守,而悟空的"解得"则代表其对本质的洞察。

从花果山天真烂漫的石猴,到灵台方寸山的求道者,再到西行路上的觉悟者,孙悟空从至阳至刚到刚柔并济,这段成长轨迹印证着,修行者的境界不在翻江倒海的法力,而在驾驭变量的人心。当一个人能超越情绪的本能反应,才能在任何境遇中保持破局主动权。

孙悟空 VS 二郎神：
天庭双雄的江湖恩仇录

贵人往往是以坏人的形式出现，小人往往以好人的形式出现，但这世界有绝对的好坏对错吗？孙悟空大闹天宫的时候跟二郎神决战，两个人都拿出看家本领，没有一个人心慈手软；取经路上孙悟空远远看见二郎神和梅山兄弟，张口就说"那是我七圣兄弟"。猴子，他成熟了。

孙悟空这一百八十度的大转弯并不是凭空而来，三打白骨精之后，他又被不识好歹的唐僧赶出取经队伍，使得他在五百年后第一次返回花果山。而此时家乡早没了往日的辉煌，只看到：那山上花草俱无，烟霞尽绝；峰岩倒塌，林树焦枯。

自从孙悟空大闹天宫被拿上界去之后，二郎神便奉命率领梅山六弟兄放火烧了花果山。就像在取经路上，孙悟空打败了妖怪，也要把别人的老窝一把火烧光，斩草除根一样。

行凶掘你先灵墓，无干破尔祖坟基。那时孙悟空对二郎神的恨咬牙切齿，与二郎神的仇不共戴天。

一转眼几年过去了，当孙悟空在西行路上一把火烧光一个又一个妖怪洞府，一条棒灭了一个又一个妖怪山头的时候，饱经世事的他，想必早对当初的恩怨有了不同的感悟。

当取经小组来到曾经佛光普照的祭赛国，得知这里的敕建护国金光寺中有一座佛塔，塔顶有一颗明珠，使得整个国家祥云笼罩，瑞霭高升，夜放霞光，昼喷彩气，远隔万里都能看见，于是周围国家都视祭赛国为天府神京，年年朝贡。

但是自从三年前一场血雨过后，佛塔上的明珠不见了，祭赛国的霞光彩气也不见了，周围各国也再没有人来朝贡，国王以为是寺庙里的和尚偷了明珠，一怒之下把和尚全部关进大牢。后经孙悟空查明，偷明珠的不是和尚，却是乱石山碧波潭万圣龙王的驸马九头虫，因为这不是一般的明珠，是一颗佛宝舍利，老龙王的女儿万圣公主还上灵霄宝殿偷了王母娘娘九叶灵芝草，来温养这颗明珠，使得它千年不坏，万载生光，在地上扫一扫即有万道霞光，千条瑞气。

还记得孙悟空的来历吗？他也是天然八卦炉里的佛宝舍利，得灵芝仙草温养，吸天地之灵气，年深日久孵化出来的高科技物种。这分明是又有人在偷偷研究这项西游神秘技术了，佛祖当然不能让人破解了他这个独家秘方，取经小组所到之处，必须破除这个秘密实验。

孙悟空领着猪八戒血战碧波潭，直打得九头虫现出原形，老龙王一命呜呼，龙子龙孙各各逃命。两个人正商量着连夜端了龙王的窝，却听得一阵狂风滚滚，惨雾阴阴。原来是显圣二郎真君领着梅山六兄弟，架着鹰犬，挑着狐兔，抬着獐鹿，一个个腰挎弯弓，手持利刃，纵风雾踊跃而来。

孙悟空见了张口就说："八戒，那是我七圣兄弟。"

这真是三年河东三年河西，灭门的血海深仇猴子忘了吗？怎么几年不见，竟变成七圣兄弟了？

孙悟空说自己曾受显圣大哥降伏，不好见他，就让猪八戒去传个话，问一问梅山兄弟有没有时间来助一臂之力。

听了猪八戒的来意，二郎神也立刻让自己兄弟出来寒暄，张口都叫"孙悟空哥哥"。

等兄弟们打完招呼，齐天大圣和二郎真君才出来对众作礼，携手相搀，两人就这么轻易地相逢一笑泯恩仇。

二郎神说："大圣，你去脱大难，受戒沙门，刻日功完，高登莲座，可贺！可贺！"

孙悟空回："不敢，向蒙莫大之恩，未展斯须之报。虽然脱难西行，未知功行何如。"

从深仇大恨到莫大之恩，这中间到底发生了什么？原来二郎神当年火烧花果山不假，但也确实手下留情了。孙悟空从小猴子们口中得知："自从爷爷去后，这山被二郎菩萨点上火，烧杀了大半。我们蹲在井里，钻在涧内，藏于铁板桥下，得了性命。及至火灭烟消，出来时，又没花果养赡，难以存活，别处又去了一半。我们这一半，捱苦的住在山中，这两年，又被些打猎的抢了一半去也。""说起这猎户可恨！他把我们中箭着枪的，中毒打死的，拿了去剥皮剔骨，酱煮醋蒸，油煎盐炒，当做下饭食用。或有那遭网的，遇扣的，夹活儿拿去了，教他跳圈做戏，翻筋斗，竖蜻蜓，当街上筛锣擂鼓，无所不为的顽耍。"

可见灭门花果山的并不是二郎神，当初接到"剿灭花果山"

的S级任务,二郎神面临所有中层管理者都会遭遇的经典困境:既要完成玉帝下达的硬性指标,又要给未来留有余地。所以他选择用"七分执行三分放水"的策略,表面火烧连营,实则暗留生路。

取经路上无数次化解妖魔背后势力的博弈,孙悟空逐渐意识到,执行者不过是夹缝中求生的棋子。这份领悟,成为他重新审视与二郎神关系的起点。这次相遇,当然是双方重塑关系的大好机会。

但是住在南赡部洲灌江口的梅山七圣,大晚上怎么会跑到十万八千里外的西牛贺洲祭赛国打猎,这事有点蹊跷。孙悟空便以试探的方式问:"今因路遇祭赛国,搭救僧灾,在此擒妖索宝。偶见兄长车驾,大胆请留一助,未审兄长自何而来,肯见爱否。"这就是问,哥哥,这地方跟你有没有关系?

二郎神笑道:"我因闲暇无事,同众兄弟采猎而回,幸蒙大圣不弃留会,足感故旧之情。若命挟力降妖,敢不如命!却不知此地是何怪贼?"

还没等孙悟空说话,梅山兄弟突然来了一句:"大哥忘了?此间是乱石山,山下乃碧波潭,万圣之龙宫也。"

一句"大哥忘了"道出实情,看来他二郎神不光知道这是谁的地盘,还跟万圣龙王关系匪浅,漏夜赶来可不是闲得没事猎鹰打兔子的。

二郎神故作惊讶说:"万圣老龙却不生事,怎么敢偷塔宝?"

孙悟空解释:"他近日招了一个驸马,乃是九头虫成精。他郎丈两个做贼,将祭赛国下了一场血雨,把金光寺塔顶舍利佛宝偷来。那国王不解其意,苦拿着僧人拷打。是我师父慈悲,夜来扫塔,当被我在塔上拿住两个小妖,是他差来巡探的。今早押赴朝中,实实供招了。那国王就请我师收降,师命我等到此。先一场战,被九头虫腰里伸出一个头来,把八戒衔了去,我却又变化下水,解了八戒。才然大战一场,是我把老龙打死,那厮们收尸挂孝去了。我两个正议索战,却见兄长仪仗降临,故此轻渎也。"

幸亏是二郎神狂风滚滚、惨雾阴阴地赶来了,再晚到一步,恐怕整个龙宫就被一锅端了。这其中的关系二郎神不便明示,兄弟们忙说道:"大哥莫忙,那厮家眷在此,料无处去。孙二哥也是贵客,猪刚鬣又归了正果,我们营内,有随带的酒肴,教小的们取火,就此铺设:一则与二位贺喜,二来也当叙情。且欢会这一夜,待天明索战何迟?"

大家果然就不忙着乘胜追击,在星月光前,幕天席地,举杯叙旧,整整畅聊了一晚上。第二天才由猪八戒先下水打死龙子龙孙灭口,再把九头虫赶上岸来。孙悟空也不动手,任由二郎神取金弓,安上银弹,扯满弓,往上就打。九头虫被那只咬过孙悟空的细犬撺上去,汪地一口,把一个头血淋淋地咬下来,九头虫变成八头虫跑掉了。

八戒正要追,孙悟空止住道:"且莫赶他,正是穷寇勿追。"

从二郎神意外出现的那一刻,孙悟空就想到了这事八成跟他有关系,二郎神的背后是他舅舅玉帝,而万圣公主是什么档次的干部子女?如果没有人授意,她怎知道南天门朝哪开,就敢上灵霄宝殿偷东西?玉帝想要破解如来的造猴技术,如来又必须阻止核心机密泄露，所以取经小组才会经过祭赛国，但这件事不能戳破，只能悄悄处理。这一回，孙悟空把事办得滴水不漏，正所谓"世事洞明皆学问，人情练达即文章"。

昔日二郎神给孙悟空留一线生机，今天孙悟空也放二郎神一马。论公，大家都是给集团打工，以后需要对接合作的地方还有很多；论私，孙悟空和二郎神实力旗鼓相当，彼此惺惺相惜，怎么能不互道一声"兄弟"。

取经路上偶遇二郎神的桥段，堪称人脉关系修复的经典案例。孙悟空用"七圣兄弟"的称呼完成破冰，通过剿灭九头虫的共同利益点建立合作基础，借"酒宴叙旧"重塑关系，最终以"共享战果"达成战略同盟。

这场横跨五百年的天庭商战启示我们：社会关系的本质是动态的利益平衡。当孙悟空学会用董事会的视角看待恩怨，用CFO的思维计算得失，用CHO的手段经营关系，昔日的灭门仇人也能变成今日的战略伙伴。

真假美猴王，
股权争夺障眼法

　　真假美猴王是《西游记》里最精彩的篇章之一，至今都有无数人疑问，一棒子被打死的那个，到底是齐天大圣，还是六耳猕猴？因为这一难就像一道分割线，从此以后那个天真烂漫猴再也不见了。

　　取经小组途经西梁女国，唐僧先是被娇滴滴的女王求婚，又是被活泼泼的蝎子精调戏，哪一个他也不敢看，哪一个他也不敢摸。好不容易挣脱了烟花苦，心里正不痛快，偏偏孙悟空又打死了人，唐僧凭借如来授予的"法人代表"身份，对技术骨干孙悟空实施紧箍咒管理，以价值观不符为由，决议要将他开除出局。唐僧发狠把"紧箍咒"念了十余遍不住口，疼得孙悟空翻跟头、竖蜻蜓，被迫离开团队。

　　但是取经项目进行到一半，让孙悟空往哪里去呢？回花果山怕被小妖见笑，笑他出尔反尔，不是个大丈夫之器；投奔天宫，又恐天宫不容久住；去投三岛诸仙羞愧，去投东海龙宫又不服，思虑了半天真个是无依无倚，猴子心想："罢！罢！罢！我还去见我师父，还是正果。"于是又强忍着回来向唐僧求情，说："师父，恕弟子这遭！向后再不敢行凶，一一受师父教诲，千万还得我保你西天去也。"

不说"我保你"还好，一说这话唐僧又把"紧箍咒"念了二十余遍，把孙悟空咒倒在地，箍儿陷在肉里有一寸来深浅，方才住口。

事情做到这个份上，孙悟空还怎么有脸留下，只得说："莫念！莫念！我是有处过日子的，只怕你无我去不得西天。"

唐僧也发怒："你这猢狲杀生害命，连累了我多少，如今实不要你了！我去得去不得，不干你事！快走快走！迟了些儿，我又念真言，这番决不住口，把你脑浆都勒出来哩！"

这回确实不能怪孙悟空暴脾气，只怪唐僧太绝情，项目干到一半，说开除就开除骨干员工，连个赔偿方案都没有，而且，这已经是孙悟空第三次被唐僧踢出局。他这个取经技术合伙人如果仅守着口头承诺，到头来也难免竹篮打水一场空，这个劳动仲裁的官司猴哥必须要打一打。

在第三次被唐僧赶出团队后，孙悟空不回花果山，也不去找龙王，而是径直去了南海落伽山找项目经理。孙悟空见到观音倒身就拜，泪如泉涌，放声大哭，演技比刘备还感人，哭诉："当年弟子为人，曾受那个气来？自蒙菩萨解脱天灾，秉教沙门，保护唐僧往西天拜佛求经，我弟子舍身拼命，救解他的魔障，就如老虎口里夺脆骨，蛟龙背上揭生鳞。只指望归真正果，洗业除邪，怎知那长老背义忘恩，直迷了一片善缘，更不察皂白之苦！"

观音哪见猴子这样委屈过，忙说："且说那皂白原因来我听。"

孙悟空就把打杀草寇的前后始终，细细说了一遍，又说唐僧因他打死多人，心生怨恨，不分皂白，念咒赶他几次，可怜猴子上天无路，入地无门，这才来找菩萨诉苦。

虽然孙悟空涕泪横流，不过观音还是先跟他讲明道理："唐三藏奉旨投西，一心要秉善为僧，决不轻伤性命。似你有无量神通，何苦打死许多草寇！草寇虽是不良，到底是个人身，不该打死，比那妖禽怪兽、鬼魅精魔不同。那个打死，是你的功绩；这人身打死，还是你的不仁。但祛退散，自然救了你师父，据我公论，还是你的不善。"

从观音这段话里我们可以听得出，为什么大家总觉得唐僧糊涂，不近人情，因为作为佛门"善信"，不弄出人命是他的底线，触碰了这个底线，就是唐僧的失职。所以，孙悟空打死无数蛇虫鼠蚁可以原谅，打死了人，就必须逐出队伍，这是唐僧必须要亮出的态度。

孙悟空听了观音的话，依旧嚎泪叩头道："纵是弟子不善，也当将功折罪，不该这般逐我。万望菩萨舍大慈悲，将《松箍儿咒》念念，褪下金箍，交还与你，放我仍往水帘洞逃生去罢！"

没想到猴子将了观音一军，如来只给了《紧箍儿咒》，哪有一个《松箍儿咒》？孙悟空不依不饶，就要去找如来。这事闹到上面大家都不好看，观音转眼就有了主意，拦住猴子要看看祥晦，她掐指一算，说："悟空，你那师父顷刻之际，就有伤身之难，不久便来寻你。你只在此处，待我与唐僧说，教他还同你去取经，了成正果。"既然观音如此说，孙悟空也不敢造次，只得侍立于宝莲台下。

唐僧把孙悟空赶出队伍后，气恼得又饿又渴，就让猪八戒去化斋，沙和尚去找水，自己牵马看行李。正在困苦之间，忽然听得一声响，唐僧抬头一看，原来是孙悟空跪在路边，双手捧着一个磁杯说："师父，没有老孙，你连水也不能够哩。这一杯好凉水，你且吃口水解渴，待我再去化斋。"

唐僧却说："我不吃你的水！立地渴死，我当任命！不要你了！你去罢！"

孙悟空说："无我你去不得西天也。"

唐僧坚决地说："去得去不得，不干你事！泼猢狲！只管来缠我做甚！"

见老和尚如此决绝，孙悟空当时就变了脸，怒骂道："你这个狠心的泼秃，十分贱我！"于是丢了磁杯，抡起铁棒，照唐僧背上一下子就给他打晕在地，然后把两个青毡包袱，提在手中，驾筋斗云，不知去向。

孙悟空先打死了人，后打晕了师父，这真是取经路上第一大危机事件，是欺师灭祖的大事，这要是传出去肯定上新闻头版头条。

但是我们仔细回想一下事件经过，打唐僧的真是孙悟空吗？观音算出唐僧顷刻有伤身之难，对孙悟空说的是，"你只在此处，待我与唐僧说"。给唐僧送水的"孙悟空"捧的是观音的磁瓶，神仙们的重要法器轻易是不会让别人拿走的，因此可以推断，打唐僧的并不是孙悟空，而是观音。一则她来打探一下虚实，看孙悟空有没有说谎；二则就算日后被发现了，也是项目经理教训员工，合情合理，不至于闹出徒弟打师父的丑闻。拿走包袱则是故意制造问题，好让他们不得不来找孙悟空回去。

等到唐僧醒来，气恼还是其次，无奈的是发现包袱不见了。没有孙悟空或许还能靠猪八戒、沙和尚的保护走到灵山，没有包袱里的通关文牒，就是到了西天也是白到，回去也没法跟李世民交差，没奈何，只好让沙僧去花果山找孙悟空要行李。

到了花果山，沙僧发现孙悟空变出了另一个取经小组，说要搞"孙悟空取经"，他就只好也去落伽山找观音汇报困境，更没想到的是，孙悟空此时竟坐在菩萨的莲台之下。

两个猴王到底哪一个是真，哪一个是假？观音让自己身边的孙悟空跟沙僧一起去花果山找另一个对峙，"是真难灭，是假易除，到那里自见分晓"。但两个孙悟空见面打得难解难分，还是分不出高低，又一起打回落伽山找观音分辨。观音念《紧箍咒儿》两个都疼，分辨不出来；又一起闹上天宫，玉帝令托塔李天王用照妖镜辨真伪，照出来还是一模一样的猴王；又一起去见师父，唐僧再念《紧箍儿咒》，两个还是一起叫苦；又一起去阎罗殿分辨，地藏王菩萨旗下有个谛听，他若伏在地下，一霎时，将四大部洲山川社稷、洞天福地之间，蠃虫鳞虫毛虫羽虫昆虫，天仙地仙神仙人仙鬼仙可以顾鉴善恶，察听贤愚。

谛听俯身查明，起身却说："怪名虽有，但不可当面说破，又不能助力擒他。"只有"佛法无边"。于是地藏王领悟，让他们上灵山大雷音寺找如来分辨明白。

真假美猴王一路打到佛前，这是孙悟空取经路上第二次上灵

真假美猴王

山,他也借此机会做了一次堪称完美的述职报告,跪在佛前拜告道:"弟子保护唐僧,来造宝山,求取真经,一路上炼魔缚怪,不知费了多少精神。前至中途,偶遇强徒劫掳,委是弟子二次打伤几人,师父怪我赶回,不容同拜如来金身。弟子无奈,只得投奔南海,见观音诉苦。不期这个妖精,假变弟子声音相貌,将师父打倒,把行李抢去。师弟悟净寻至我山,被这妖假捏巧言,说有真僧取经之故。悟净脱身至南海,备说详细。观音知之,遂令弟子同悟净再至我山。因此,两人比并真假,打至南海,又打到天宫,又曾打见唐僧,打见冥府,俱莫能辨认。故此大胆轻造,千乞大开方便之门,广垂慈悯之念,与弟子辨明邪正,庶好保护唐僧亲拜金身,取经回东土,永扬大教。"

为什么很多人坚信真悟空死在了灵山,重新踏上取经路的是假猴王,因为大家总希望猴子永远是那个无忧无虑、天真烂漫的猴子,不愿意承认他在遭受种种劫难后,也成长的心有城府,演技炉火纯青。

孙悟空对如来深情陈述:"弟子造宝山,求真经,竭尽全力。他不说自己打死了人,只避重就轻说打伤几人,师父就不让一同来拜如来您老人家的金身了,可怜只能投奔观音诉苦,没想到又遇上假猴王,真是上天无路、入地无门,只好来求佛祖分辨邪正,好保护唐僧来此,为的也是取您的真经,扬您的大教。"

取经这一路,高层在博弈,基层也在博弈,经此一劫,孙悟空不光会埋头苦干了,他还会写PPT、做汇报、向领导表忠心了。

如来听孙悟空句句情真意切,正要道破真相,忽然又见观音赶来，便问："观音尊者，你看那两个行者，谁是真假？"

观音说："前日在弟子荒境，委不能辨。他又至天宫地府，亦俱难认，特来拜告如来，千万与他辨明辨明。"

这两个人看似都说了一段废话，却让如来转变了口风，没有直接道破真相，而是扯了一通五仙五虫之说，又编一通混世四猴之说，最后把假悟空定性为六耳猕猴，用钵盂照出本相，又被真悟空一棒子打死，声称世上从此绝此一种。

处理完假猴王，刚刚还口口声声要永扬大教的真悟空却甩手不干了，说："上告如来得知，那师父定是不要我，我此去，若不收留，却不又劳一番神思！望如来方便，把松箍儿咒念一念，褪下这个金箍，交还如来，放我还俗去罢。"

工作还没完成，怎么可能轻易让骨干离职？但孙悟空辛辛苦苦996、007，到现在也没签一份正式的劳动合同，也不知道这么艰难的项目干成了能有什么回报，每天还要被关系户唠叨、念紧箍咒。而且，曾经他被玉帝用完即弃，难保将来如来不会也用这种方式对待自己。当创始人失去董事会席位，技术骨干没有期权池，职业经理人代持股份，这个创业团队注定走向失控。于是，在观音的启发之下，孙悟空索性把事情闹大，闹到三界共知，好在大老板这里给自己要到一个切实的保障。

如来看穿孙悟空的心思，便说："你休乱想，切莫放刁。我教观音送你去，不怕他不收。好生保护他去，那时功成归极乐，汝亦坐莲台。"

孙悟空股权战争攻防矩阵

战术层	悟空方策略	如来化解方案
舆论战	悲情公关	定性"特殊物种"
法律战	劳动仲裁	定义权回收
资本战	停工威胁	预期管理
心理战	离职要挟	阶梯式承诺

真假美猴王事件落下帷幕，观音亲自领孙悟空回来，对唐僧说："唐僧，前日打你的，乃假行者六耳猕猴也，幸如来知识，已被悟空打死。你今须是收留悟空，一路上魔障未消，须得他保护你，才得到灵山，见佛取经，再休嗔怪。"

在这场危机事件中，孙悟空正式坐稳取经小组实际领导者的地位，也终于给自己争取到了坐莲台、入编制的承诺，拿到一份灵山原始股。西天取经本身就是一场博弈，上头的大佬们在博弈，小团体里的师徒也在博弈。真假美猴王，不过是股权争夺的障眼法。

八戒的
生存之道

如果取经团队中要裁掉一个人，你认为最该裁掉谁？

唐僧是项目灵魂，裁掉他取经事件就不成立；孙悟空是技术核心动不得，不然一路上的妖魔鬼怪谁有本事降服？裁他是裁员裁到大动脉，万万使不得；沙僧有玉帝背景，更是裁不掉。那就只剩下放屁添风的猪八戒了。

猪八戒真的是"最没用"的员工吗？他贪吃好色，看见美女走不动路，看见美食，一个人能吃百十个人的量。他也好逸恶劳，前脚跟唐僧信誓旦旦保证，要"钻冰取火寻斋至，压雪求油化饭来"，后脚就一鼻子拱到草堆里睡觉去了。他还总是动摇军心，孙悟空三次被赶出团队，两次有猪八戒在旁边煽风点火。假如不是他，换了黑熊精、红孩儿可能成事的概率更高，但为什么猪八戒还是修成了正果，拿到了个净坛使者的Offer？他有什么独特的生存之道呢？表面无用的八戒，实则承担着团队生态平衡的关键角色。

俗话说一山不容二虎，如果一个小组里有两个能力个性都很强的人，反而做不成事。八戒看似没多大硬本事，但这恰恰是观音安排他进取经团队的原因。试想孙悟空和哪吒如果在一个团队，当出现意见分歧的时候到底听谁的？光是内耗就会拖垮一个团队。

猪八戒虽然毛病多，他也有他的软实力。

首先，他的适应能力很强，天蓬元帅也能干，上门女婿也能当，吃软饭、说软话都不是问题。当初观音让他杜绝五荤三厌，专心等待取经人时，猪八戒面临的客观情况是，等唐僧从长安出发到他这里，大概需要两三年的时间，这期间他没赚身的勾当，又不能吃人度日，就只能干起老本行，跑去高老庄给高家当了上门女婿。

猪八戒对高家不薄，虽是吃了些茶饭，却也不曾白吃，替高家扫地通沟、搬砖运瓦、筑土打墙、耕田耙地、种麦插秧，创家立业。高小姐身上穿的锦，戴的金，四时有花果享用，八节有蔬菜烹煎，都是靠他赚来的。无奈高太公一心靠卖女儿发家，有了家底就嫌弃猪八戒粗鄙丑陋，要将他斩草除根。好在他终于忍到了唐僧到来的日子，进了取经小组。

这段上门女婿经历，恰恰体现了八戒是环境适应高手。当生存环境突变时，他既能发挥天蓬元帅的实力建设高家庄，也懂得在遭遇排挤时隐忍待变，这种弹性生存策略贯穿其取经历程。

其次，猪八戒的心态也很好，虽然偶尔抱怨，也能知足常乐。

在他们达到乌鸡国时，有一次月夜诗词大赛，我们前面讲过，唐僧因为起夜，看见明月当空就借景抒情，还把三个徒弟叫起来也各自作诗。其他人含沙射影，只有八戒直爽说道：

缺之不久又团圆，
似我生来不十全。

吃饭嫌我肚子大,
拿碗又说有粘涎。
他都伶俐修来福,
我自痴愚积下缘。
我说你取经还满三途业,
摆尾摇头直上天!

他用朴素的语言告诉唐僧,不用发那么多感慨,等到功成行满,大家自然都摆尾摇头上青天了。这样的人做不了宏图霸业的大事,却有在任何环境中都能找到生存空间的能力。

猪八戒的乐观幽默为人津津乐道,但他也有可恨之处,比如总是在团队里挑拨离间,屡次在唐僧和孙悟空产生矛盾的时候火上浇油,为什么他要这么做呢?

我们常常认为猪八戒在团队里最逍遥自在,只负责躺平、干饭,其实不然,八戒的取经岁月并没有那么好过。师父耳根子软,没主见;大师兄脾气暴躁,本领高强,总是欺负人;三师弟城府太深,不干己事不开口,一问摇头三不知。挑扁担、扛行李的重活全落到八戒一个人身上。他有对孙悟空的不满和嫉妒,明明自己也曾是天蓬元帅,地位高贵,如今却处处被这个猴子踩在头上;他也对工作分配心生抱怨,十余年漫漫征途,都是他一路扛着四个人的行李跋山涉水,连沙师弟都很少替他分担。

在夹缝中生存的猪八戒很快就发现了团队里的一个内部矛盾,那就是不服管的大师兄非常不尊重师父,心里也不服,嘴上也不服，而唐僧则有一个降服孙悟空的绝招，念紧箍咒儿。这对表面师徒实则对抗的关系，是当下团队中最脆弱的环节。于是猪八戒就抓住这个关键问题，开始利用组织矛盾，稳固自己的地位，进而控制局面。

一天赶路到傍晚，唐僧看见一处村舍就提议前去借宿。八戒附和："说得是，我老猪也有些饿了，且到人家化些斋吃，有力气，好挑行李。"

本来这话说的是实情，孙悟空却偏偏要挑刺，说："这个恋家鬼！你离了家几日，就生报怨！"

八戒很委屈，说："哥啊，似不得你这喝风呵烟的人。我从跟了师父这几日，长忍半肚饥，你可晓得？"

提到唐僧，那唐僧也要说两句："悟能，你若是在家心重呵，不是个出家的了，你还回去罢。"

一听这话，八戒慌得跪下："师父，你莫听师兄之言。他有些赃埋人。我不曾报怨甚的，他就说我报怨。我是个直肠的痴汉，我说道肚内饥了，好寻个人家化斋，他就骂我是恋家鬼。师父啊，我受了菩萨的戒行，又承师父怜悯，情愿要伏侍师父往西天去，誓无退悔。这叫做'恨苦修行'。怎的说不是出家的话！"

先不说其他，猪八戒的态度就很让唐僧受用，比处处不讲情面的猴子强得多，这么一来，团队里的两个弱者自然就开始抱团，站到了一起。

在唐僧又叫饿，让孙悟空去化斋时，孙悟空不耐烦地批评："师父好不聪明。这等半山之中，前不巴村，后不着店，有钱也没买处,教往那里寻斋?"

唐僧心里不高兴,口里骂道:"你这猴子!想你在两界山,被如来压在石匣之内,口能言,足不能行,也亏我救你性命,摩顶受戒,做了我的徒弟。怎么不肯努力,常怀懒惰之心!"唐僧一来是真的肚子饿,二来是抱怨孙悟空每次有好路不走,偏偏要走这种虎狼之地。

孙悟空无奈说:"师父休怪,少要言语。我知你尊性高傲,十分违慢了你,便要念那话儿咒。你下马稳坐,等我寻那里有人家处化斋去。"但四周围荒无人烟,只有一片桃树,孙悟空就去摘桃子充饥。

他刚走,就有一个妖精变成美女来斋僧,试图要吃唐僧肉。这女子年方二八,长得是冰肌藏玉骨,穿得是衫领露酥胸,一个人出现在荒郊野岭,怎么想都不能是正经人家的女儿。唐僧本来不敢吃陌生人的饭,可是猪八戒见美人美食在眼前,没有不吃的道理。

正在这时候,孙悟空摘桃子回来了,指着美人说是妖精。唐僧却又不信,猪八戒也说不信,孙悟空就忍不住暴脾气,口无遮拦说道:"师父,我知道你了,你见他那等容貌,必然动了凡心。若果有此意,叫八戒伐几棵树来,沙僧寻些草来,我做木匠,就在这里搭个窝铺,你与他圆房成事,我们大家散了,却不是件事业?何必又跋涉,取甚经去!"一番话把唐僧羞得个光头彻耳通红。

孙悟空不由分说,一棒子打死美人,打烂盛饭的瓦罐,只见罐子里并没有香米饭,而是拖尾巴的长蛆,也不是面筋,却是几个青蛙、癞虾蟆,满地乱跳。唐僧看在眼里才有三分信了。

眼看孙悟空占了上风，猪八戒知道往后的日子会更不好过，便挑唆道："师父，说起这个女子，他是此间农妇，因为送饭下田，路遇我等，却怎么栽他是个妖怪？哥哥的棍重，走将来试手打他一下，不期就打杀了；怕你念甚么紧箍咒，故意的使个障眼法儿，变做这等样东西，演幌你眼，使不念咒哩。"

我们都认为猪八戒笨嘴拙舌，然而他看似呆傻实则深谙语言艺术，总能在关键时刻调动唐僧的情绪，把话说到唐僧的心尖上。果然唐僧就手中捻诀，口里念咒。

在职场上跟领导告状是常见的事，有人告别人，有人成被告，但有的人告状能成功，有的人却告不下来。我们看看猪八戒就知道，为什么他能屡屡成功离间唐僧和孙悟空，因为猪八戒在这件事情上，没有一味向领导倾诉自己的委屈和损失，而是把问题引到跟领导有关的内容上，这样他才会有处理问题的动力，这正是"向上管理大师"的典型表现。

孙悟空第一次打死妖精，唐僧原谅了他，但在他要第三次打死妖精时，既无美人可看，又无美食可吃，还要一个人独自挑行李的猪八戒，要给这个嚣张的猴子一点颜色看看，他对唐僧说："行者打杀他的女儿，又打杀他的婆子，这个正是他的老儿寻将来了。我们若撞在他的怀里呵，师父，你便偿命，该个死罪；把老猪为从，问个充军；沙僧喝令，问个摆站；那行者使个遁法走了，却不苦了我们三个顶缸？"

这次告状告到领导最大的痛点上，他是宁可信其有不可信其无，写一封贬书，坚决把孙悟空赶出了队伍。孙悟空一走，猪八戒就把重担扔给沙僧,自己取代了大师兄的位置。

猪八戒的"坏",是身处底层的一种生存策略,到了真要降妖除魔的关键时刻,他打不过妖怪,也能低下头赔礼道歉,亲自再把大师兄请回来。能屈能伸,知足常乐,机智应变是猪八戒的生存之道。

纵观整个取经过程,八戒的生存智慧有四大维度:

1. 环境适应高手:他是组织一块砖,哪里需要哪里搬。
2. 向上管理大师:在三打白骨精事件中把控领导痛点;唐僧的情绪按摩师。
3. 团队润滑剂:化解"双强相争"的平衡木。
4. 示弱主动:打不过求放过,遇强敌即呼叫外援,这便是示弱者的生存智慧。

在取经这个神仙职场里,八戒证明了"会做人"比"能做事"更具生存优势。不争降妖之功,但真动起手来也能把九尺钉钯舞得虎虎生风,在妖怪身上筑九个窟窿,留下工作痕迹;遇到险情先嚷嚷散伙,却也在孙悟空差点儿被红孩儿的三昧真火烧死、沙和尚都心灰意冷的时候,施功力救回猴哥的性命。

功成归极乐,八戒的封号"净坛使者"最耐人寻味,如果说斗战胜佛是给昔日齐天大圣的一把新精神枷锁,那么净坛使者就是给天蓬元帅量身定制的供桌,完美映照出猪八戒藏在烟火中的生存智慧。

西游分利法则：
吃独食连妖怪都做不了

独步江湖的人是难以立足的，就像光杆司令白骨精三棒子便被孙悟空打死了。西行路上没有哪一个妖怪是吃独食的，得了好东西大家都会通知亲朋好友来赴宴。做妖，讲究的是一个热情厚道、互通有无。看西游群妖如何用现代商业思维玩转资源整合。

黑熊精从观音禅院偷走了唐僧的袈裟，借着自己生日的由头搞"佛衣会"，遍邀各路道友来相聚。资源即人脉，独享不如众筹。

平顶山金角大王、银角大王抓住了唐僧，马上邀请母亲九尾狐狸精来共享唐僧肉。即使是一家人，紧密的利益捆绑才能抵御风险。

红孩儿不管是不是牛魔王的亲儿子，抓了唐僧也是第一时间去邀请父亲。他深知血缘不是壁垒，生态才是护城河。

这些恰似互联网时代的资源杠杆策略，通过利益共享快速扩大影响力。妖怪尚且不吃独食，神仙们当然更不吃独食，王母娘娘开蟠桃会遍邀各路仙佛；如来得了明珠异宝，寿果奇花，也要召开盂兰盆会分享。

都是生意场上的老油条，他们懂一个道理，共享才能共赢，孤立无援终究难以取得更高成就。鲜嫩多汁的"唐僧肉"能不能吃,怎么分,得先开会研究研究。

取经路上吃唐僧肉吃得最纠结的,却是号称西游第一恐怖关卡——狮驼岭的妖王们。

狮驼岭聚集着三大魔头:大大王青狮精、二大王白象精、三大王大鹏金翅雕,他们分别是文殊菩萨、普贤菩萨的坐骑和佛母孔雀大明王菩萨的亲弟弟,也就是如来的舅舅。按说都是佛门内部的人,他们竟然也抓唐僧。

这三个大王都实力非凡,三下五除二就把师徒四人全抓住捆起来,他们也不着急吃,而是安排小妖五个打水,七个刷锅,十个烧火,二十个抬出铁笼来,计划不慌不忙用一夜时间把四个和尚蒸熟,再安排蒜泥盐醋慢慢地吃。知道孙悟空厉害,却没有一个魔王看守,只让小妖们守着蒸笼。果然,到了半夜就让师徒四人全溜走了。

再次把唐僧抓回来时,大大王都抱着他流下了激动的口水,三大王赶紧拦住说:"大哥,你抱住他怎的?终不然就活吃?却也没些趣味。此物比不得那愚夫俗子,拿了可以当饭。此是上邦稀奇之物,必须待天阴闲暇之时,拿他出来,整制精洁,猜枚行令,细吹细打的吃方可。"这真是妖界陈晓卿,吃个人还这么讲究,还要猜枚行令,细吹细打地吃。

为了防止大大王控制不住自己,三大王还把唐僧藏在自家皇宫后院锦香亭的铁柜里,把人质好好保住起来。

为什么有能耐的妖怪都不着急吃唐僧?因为他们抓唐僧从不为独食,而是手握谈判筹码,看似争一口唐僧肉,实则是在佛门版图重构中争夺话语权。妖怪抓唐僧和孙悟空抓妖怪，并没有本质上的不同。

狮驼岭三大王都是佛门内部的人，他们也要抓唐僧，可见这内部矛盾到了必须解决的时候了。原本观音、文殊、普贤、孔雀等这些人各有各的分公司，分而治之，都是直接向道祖或者玉帝汇报工作的，现在如来想要一统佛门，搞一个大雷音寺区经济管理一体化，必然要经过一番激烈的斗争。有人觉得对自己有好处就加入进来，比如观音；有人觉得条件还要再谈一谈，就拦住取经人的去路，比如文殊、普贤。

所以，令人闻风丧胆的狮驼岭，就是文殊、普贤和孔雀三个分公司负责人一起抱团，向如来发起的新一轮谈判，在这种情况下，唐僧是肯定不能撕票的，孙悟空知道自己搞不定这么复杂的局面，干脆上西天找佛祖。

越接近灵山，猴哥的演技也越来越好，他见如来便倒身就拜，两泪悲啼，哭诉师父被三大魔王连夜夹生吃了，如今骨肉无存，请如来将松箍咒儿念念，放自己回花果山算了。自从拿到"坐莲台"的承诺之后，孙悟空身上也有了一种松弛感。

听完汇报，如来亲自出马，带着文殊、普贤以及五百阿罗汉、三千揭谛神到狮驼岭收妖。这是取经开始以来，如来第一次亲自出面解决问题，一方面是要给够分公司经理们面子；另一方面，这件事必须一举拿下，以绝后患。

灵山高层全体出动召开狮驼岭会议，青狮、白象被文殊、普贤念动真言，现了本相；大鹏被如来把手往上一指，动弹不得。

大家坐下来文明谈判，大鹏问："如来，你怎么使大法力困住我也？"

如来说："你在此处多生孽障，跟我去，有进益之功。"

大鹏说："你那里持斋把素，极贫极苦；我这里吃人肉，受用无穷！你若饿坏了我，你有罪愆。"

如来说："我管四大部洲，无数众生瞻仰，凡做好事，我教他先祭汝口。"

新生态的建立不是消灭旧势力，而是重构价值分配体系。如来通过授予大鹏特权，完成佛界权力重构，正如阿里收购饿了么仍保留其独立运营。

打江山容易坐江山难，打江山可以靠强权、暴力、计谋，坐江山却要施仁政、行王道、守平衡、得民心。就连妖怪都不吃独食，发起取经项目的如来当然更不能吃独食。最后，条件谈好了，大家一起愉快打道回府。

在商业上，不吃独食是一种智慧，因为在资源有限、竞争激烈的环境中，吃独食往往意味着对他人机会的剥夺，容易引发对立和冲突。个人虽能因此在短期内获得利益，但长期来看，这种短视行为会破坏社会信任与合作的基础，导致整体环境的恶化。所以要培养开放的心态，拥抱合作，认识到合作是双赢甚至多赢的过程。还要建立共享机制，在个人或组织层面，鼓励和支持信息共享、资源互补。更重要的是培养共情能力，共情是不吃独食智慧的核心，让人能够站在不同立场思考问题，既能共同把蛋糕做大，又能让大家都分到蛋糕。

计算机科学领域有一项开放源代码软件运动，通过开放源代码，开发者们共同协作，不断迭代优化，创造出了许多影响世界的伟大产品，如 Linux 操作系统、Apache 服务器等。这被视为该行业的一种文化复兴，是计算机科学真正成为科学并能够与其他科学一起同步发展的手段。开源运动就是全球范围内不吃独食智慧的生动体现。

谷歌开放安卓系统和苹果分天下，使智能手机很快在全球普及。马斯克也在 2014 年宣布免费公开关于特斯拉的诸多专利技术，让全球任何人或者公司都可以使用，不会被追诉侵权。这意味着他愿意做大蛋糕，推动整个新能源汽车行业的发展，让更多人加入环保可持续的行列。

随着马斯克免费公开专利，诸多新能源汽车公司才相继成立，2014 年 7 月，法拉第汽车成立，同年 11 月，蔚来汽车成立；2015 年 1 月，小鹏汽车成立，同年 5 月，理想汽车成立。新能源汽车市场的空前繁荣，吸引了越来越多的关注和投资，也有更多的人才加入这一商业生态中来。

从技术底层的开源生态，到行业战略的开放竞争，不吃独食的智慧贯穿全局。

当你在谈判桌上锱铢必较时，狮驼岭的妖怪正在用唐僧肉重构佛界权力格局；当你在纠结专利保护时，马斯克已用开放战略绑定整个新能源汽车赛道。商业的本质，从来不是独占资源，而是让所有人觉得帮你做大蛋糕，就是在给自己切更大的一块。消灭对手是青铜思维，重建生态才是王者逻辑。

打破社交圈，
你比孙悟空还灵

人类社会交往中有一个重要的现象叫"圈子定律"，是指一个人能够维持的深度社交关系数量是有限的，大约是150人，超过这个数量，关系的质量和深度就会降低，因此人们在社交中必然会形成各种不同的圈子，也会随着自身的发展，让圈子变化迭代。而你常接触的5个人的平均值，他们的认知、能力、财富，往往也决定了你的人生走向。找对了圈子，顺风顺水；走错了圈子，可能要多走很多弯路，给自己惹来麻烦。

唐僧因为不相信孙悟空的圈子，误入别人的圈子，就给团队带来了大麻烦。

取经小组踏入太上老君的地盘儿金兜山，孙悟空要去化斋，又怕唐僧被妖怪迷惑，就晃一晃金箍棒在地上画一个圈子，让唐僧等人坐在里边，说："老孙画的这圈，强似那铜墙铁壁，凭他甚么虎豹狼虫，妖魔鬼怪，俱莫敢近。但只不许你们走出圈外，只在中间稳坐，保你无虞；但若出了圈儿，定遭毒手。千万千万！至嘱至嘱！"

可是孙悟空一去半天不回来，唐僧又坐不住了，被猪八戒煽风点火地带走出圈子，结果连人带马都被妖怪抓走了，这让孙悟空又不得不上天入地地搬救兵，最后请出如来佛祖，用十八粒金丹砂才把他们换回来。

唐僧因为不信自己圈子的神力，误入了别人的圈子，连累大家受了多少苦楚，可叹！可叹！

人生中的圈子无处不在，生活圈、事业圈、兴趣圈、舒适圈、成长圈，等等，每个人都是在不断地寻找圈子，建立圈子，维护圈子，突破圈子。好的圈子给人提供力量和支持，不适合的圈子会成为一道枷锁。就像书画大师李苦禅所说，金钱的圈子里只产生值钱的艺术，信仰的圈子里却产生伟大的艺术！

不能融的圈子不要硬融，否则就像唐僧一样，掉入别人的陷阱。该迭代的圈子也一定要更新迭代，不断走出舒适圈，才能扩宽人生的维度。

孙悟空则通过主动进行六次圈层迭代，演绎了突破社交壁垒的完整路径。

他的第一个朋友圈是发小朋友圈，是在花果山从小一起玩耍的小猴子、豺狼虎豹们，那是他猴生中最无忧无虑的一段时光。在资源匮乏阶段，社交以生存保障为核心，而随着孙悟空的快速成长，这些童年的玩伴大部分都相忘于江湖了。

第二个是同学朋友圈，是孙悟空在灵台方寸山学艺的时候，一起同吃同住同学习的老师、同学们。要成功，先练功，悟空虽机缘巧合成为美猴王，但始终只是山中之王，与天庭仙界达官贵人的名号相去甚远。不甘于此的他也梦想与天地齐寿，于是只身来到西牛贺洲，拜在菩提老祖门下潜心修炼武功。

当基本生存满足后，认知突破成为新需求。孙悟空凭借自身的努力和天资，很快得到菩提老祖的赏识，学到了秘传的真本领，二人之间也因此建立起了亦师亦友的深厚情谊。只可惜灵台方寸山没有同学会，孙悟空也因为犯了错误被逐出师门，从此和校友们失去了联系。

但在我们现实的人生中，同学圈是非常重要的一个圈子，努力考进一个好学校的目的不仅仅是学习，还可能是打开一个世界的窗口。比如美团创始人王兴、京东老板娘章泽天都是著名的清华校友，雷军、陈东升都是武汉大学校友。还有很多企业家在拥有一番事业之后，都热衷于回炉重造到商学院学习，因为在商学院可以获得经验知识和各界人脉的双重收获，这种同学情谊比起纯社会友谊又更贴心和牢固。

孙悟空的第三个朋友圈是妖王朋友圈，是在花果山七结义的几位兄弟。这个阶段的孙悟空刚刚崭露头角有所成就，但是毕竟涉世未深，结交的多是一些江湖朋友，大家之间的交往缺乏根基，是因利而聚，利尽而散；以势相交，势败则倾。孙悟空在高升天庭当齐天大圣的时候，没有想着提携提携兄弟，当他被镇压之后，大家也一哄而散，甚至把彼此拉黑，再也没有来往过。这次失败的社交经历让孙悟空意识到，仅仅基于利益的关系难以为继。

孙悟空的第四个朋友圈是职场朋友圈，也是他一生中积累人脉资源最重要的阶段。孙悟空在成为齐天大圣后，因为是有官无禄，没有事干，整天就东游西荡，到处找人喝茶聊天交朋友。所以那时候整个集团总部大大小小的人他都混熟了，都加上了联系方式，把大家分别是哪个部门的，负责什么业务，彼此之间是什么关系，哪些人合得来，哪些人合不来全都搞清楚了，这让他在日后执行取经项目的时候，才知道遇到什么问题该找谁商量，找谁解决。

今天很多人常说，职场是让你来工作的，不是让你来交朋友的，这句话未免太过片面，因为职场友谊提供的不仅是情感支持，还是找到个人价值归属感和事业取得成就的基石，职场上人和人之间的相似性就是这种关系的一种驱动力。建立职场朋友圈，更需要遵循价值交换原则，把握好边界感。

第五个朋友圈是建立政商朋友圈，这对于孙悟空来说是非常重要的破圈行动，是从依附组织到独当一面的重要转变。当他真正凭借自己一步一个脚印的奋斗，做出了一番成绩，逐渐形成自己的影响力，在这个过程中吸引了其他商界伙伴来跟他建立关系，比如五庄观的镇元大仙主动跟孙悟空结拜，诸多国家为师徒四人画像建祠，供奉不断。从被动融入别人的圈子，到主导建立自己的圈子。

最后，是孙悟空的核心朋友圈，是在他人生中始终保持密切联系，互相支持，互相成就，并能引发精神共鸣的圈子。这种圈子往往不大，却影响一个人的人生轨迹。

孙悟空的核心朋友圈里，太白金星肯定有一席之地，从一开始就为他保驾护航，取经路上又总是在关键时刻给他指点方向。观音菩萨肯定算一个，没有观音手把手地培养、帮助，孙悟空不会快速悟到解决问题的关窍。他们在"真假美猴王""鱼篮观音"

等合作中，也形成了心照不宣的默契。孙悟空和太白金星、观音的关系都是亦师亦友。东海龙王肯定也算一个，他不仅在关键时刻开导孙悟空，私下还肯出力帮忙，两人可谓忘年的至交好友。最后，一起经历大风大浪完成取经项目的唐僧、猪八戒、沙和尚肯定也是孙悟空的核心朋友，虽然在过程中大家有争执，甚至会翻脸，但是也一起降妖除魔，通关成功，十几年的朝夕相处、并肩作战形成了更为统一的价值观，这种一起扛过枪的交情是牢不可破的。

盘点孙悟空的核心朋友圈，可以发现其筛选遵循的三个原则：

1. 价值互补
2. 精神共鸣
3. 长期支持

圈层的选择需要战略眼光。当我们将"150人定律"与孙悟空的六次迭代集合来看，就会发现，优质圈层的核心不在于数量突破，而在于质量迭代。

孙悟空的圈层迭代实战手册

动作	人脉关系	人脉方向
升级资产端	行业信息枢纽者 战略资源持有者	能为你背书的"太白金星" 能共享资源的"龙王"
清除负债端	持续负能量者 零价值交换者 认知代差超过5年者	消耗情绪的"猪八戒" 拉低层次的"小妖"

圈子不仅仅是社交群体，它的重要性在于它对我们个人成长和发展的影响。有的人圈子很大，可能更多的是泛泛之交，在维系的过程中消耗了精力，难以彼此成就；有的人圈子太小，在需要支持的时候又资源不足，陷入困境，无法成事。而一个健康良好的圈子不仅能够提供机会、资源和支持，还能够促进我们的成长和进步。

圈子的影响力远远超过我们的想象，它甚至决定了我们的职业道路、人生观和价值观。与其被动等待圈子的塑造，不如主动筛选和经营，让优质的人际联结成为滋养彼此的土壤。

【取经私董会】

本期议题：为何白骨精级别的创业者难以进入巨头生态圈？

一门里,有人当面子,就得有人当里子。面子不能沾一点儿灰尘。流了血,里子得收着,收不住,漏到了面子上,就是毁派灭门的大事。

——《一代宗师》

第四章

破茧篇

高维团队管理实战

西游"神仙会"的权力暗流

大事开小会,小事开大会,解决重大问题一般不开会,没事却要"夜总会"。关于开会究竟有多少潜规则?这世界上没有开会解决不了的问题,但其实开会的时候问题已经解决了,问题没解决,最好不要开会,否则你可能就会成为问题,被解决掉。

西游集团大大小小的神仙会不计其数,最著名的是王母娘娘的"蟠桃会",有名有姓的三界神仙们都会被邀请来参加,是一场彰显身份的大厂豪华年终狂欢;还有只存在于太上老君台词里的"丹元大会",由玉帝主持,吃的是老君亲自炼制的金丹。高科技提纯的金丹产量比蟠桃还稀少,药效更显著,能受邀参加的必然是极少数神仙,相当于集团高层闭门会;各分公司也有自己的大会,比如如来佛的"盂兰盆会"、弥勒佛的"龙华会"等。神仙们开会不用带电脑,不用做笔记,大家喝美酒、吃仙果,载歌载舞。他们不会告诉你:

上会的事不一定真干,

真干的事不一定上会,

重要的事早就在会前决定了。

能不能开好一场会,非常考验组织者的管理能力和管理智慧。

不过，厉害如观音菩萨其实也开过失败的会议，安排取经工作，她唯一的一次重大失误是"四圣试禅心"。当我们以为四位神仙变成美女坐山招夫，是对唐僧师徒妙趣横生的考验，其实他给后续取经之路带来诸多阻碍。

当取经小组过了流沙河，全部成员集合完毕，一天傍晚，在前不着村后不着店的山林里发现一处人家，准备借宿。这么个地方的房舍竟然是高堂壮丽、雕梁画栋，院子里种着松竹菊花，不见鸡鸭牛羊。事出反常必有妖，孙悟空打眼一看，就知道是仙佛点化，只是天机不可泄露。

师徒四人牵着马来到门前，见门口的金漆柱子上用大红纸贴着一副对联——"丝飘弱柳平桥晚，雪点香梅小院春"。这么醒目的装饰，一定是为了引起师徒们的注意，不知道这几个职场新手有没有看懂其中的深意。

孙悟空正在东张西望，里面走出来个半老不老的妇人，娇声问道："是什么人，擅入我寡妇之门？"这一听就不是正经寡妇，不然不会张口就对陌生人说自己是寡妇之门。

孙悟空忙罕见谦卑地自报家门："小僧是东土大唐来的，奉旨向西方拜佛求经。一行四众，路过宝方，天色已晚。特奔老菩萨檀府，告借一宵。"

一路上但凡是个人，看见孙悟空、猪八戒、沙和尚这种长相的妖怪没有不害怕的，而这个妇人却没有丝毫惧怕，反而笑脸相迎，请他们进了家门。

妇人告诉唐僧："小妇人娘家姓贾，夫家姓莫。幼年不幸，公姑早亡，与丈夫守承祖业，有家资万贯，良田千顷。夫妻们命里无子，止生了三个女孩儿，前年大不幸，又丧了丈夫，小妇居孀，今岁服满。空遗下田产家业，再无个眷族亲人，只是我娘女们承领。欲嫁他人，又难舍家业。适承长老下降，想是师徒四众。小妇娘女四人，意欲坐山招夫，四位恰好，不知尊意肯否如何。"

老寡妇开口第一句话就想嫁给和尚，就是猪八戒也不敢立马答应。

只听她接着又说："舍下有水田三百余顷，旱田三百余顷，山场果木三百余顷；黄水牛有一千余只，况骡马成群，猪羊无数。东南西北，庄堡草场，共有六七十处。家下有八九年用不着的米谷，十来年穿不着的绫罗；一生有使不着的金银，胜强似那锦帐藏春，说甚么金钗两行。你师徒们若肯回心转意，招赘在寒家，自自在在，享用荣华，却不强如往西劳碌？"

连唐僧这样的出家人都知道，出门在外要谨记财不外露的道理，寡妇却直接对陌生人把自己的家底全盘托出，师徒四人听了更不敢出声。

看钱财不能打动师徒的心，寡妇又说："我是丁亥年三月初三日酉时生。故夫比我年大三岁，我今年四十五岁。大女儿名真真，今年二十岁；次女名爱爱，今年十八岁；三小女名怜怜，今年十六岁，俱不曾许配人家。虽是小妇人丑陋，却幸小女俱有几分颜色，女工针指，无所不会。因是先夫无子，即把他们当儿子看养，小时也曾教他读些儒书，也都晓得些吟诗作对。虽然居住山庄，也不是那十分粗俗之类，料想也配得过列位长老，若肯放开怀抱，长发留头,与舍下做个家长,穿绫着锦,胜强如那瓦钵缁衣,雪鞋云笠!"

寡妇步步紧逼的告白把唐僧吓得像雷惊的孩子、雨淋的虾蟆,呆呆挣挣翻白眼儿,一句话都不敢接。旁边的猪八戒却听得心痒难挠,坐在椅子上像针戳屁股一样,左扭右扭按捺不住说:"师父!这娘子告诵你话,你怎么佯佯不睬?好道也做个理会是。"

唐僧看他那样子劈头就骂:"你这个孽畜!我们是个出家人,岂以富贵动心,美色留意,成得个什么道理!"

寡妇还要劝说,唐僧疾言厉色作了一首诗:

出家立志本非常,推倒从前恩爱堂。
外物不生闲口舌,身中自有好阴阳。
功完行满朝金阙,见性明心返故乡。
胜似在家贪血食,老来坠落臭皮囊。

不当上门女婿就算了,还骂人家臭皮囊,这下把寡妇骂生气了,也不安排茶饭,转身就走。

师徒几个人商量,好歹也先糊弄一顿饭吃,有个地方住一夜再说,就推选意志不坚定的八戒出来假装同意招婚。

但是寡妇有三个女儿,真真、爱爱、怜怜,选哪个好呢?总不能一网打尽吧。于是,这位老母亲就让他们撞天婚,拿一块手帕把八戒的头蒙上,三个女儿都从他面前走过,伸手抓住哪个算哪个。呆子开心得左撞右扑,跌得嘴肿头青,却一个也没捞着。

寡妇又说，要不然就把大家各自做的珍珠篏锦汗衫儿拿出来，八戒能穿上谁的就跟谁成亲，结果汗衫儿往他身上一套，就变成几条绳子紧紧绷住，把八戒捆在树上。

等第二天天一亮，母女几个全都不见了，豪华别墅也不见了，只见一棵柏树上飘飘荡荡，挂着一张简帖儿，上面写着：

黎山老母不思凡，南海菩萨请下山。
普贤文殊皆是客，化成美女在林间。
圣僧有德还无俗，八戒无禅更有凡。
从此静心须改过，若生怠慢路途难！

原来这是一场对师徒意志的考验。

我们再回到一开始这寡妇门上的对联，"风飘弱柳平桥晚，雪点寒梅小苑春"这两句话出自唐代诗人温庭筠的《和道溪君别业》，描绘友人坐落于溪边的别墅的秀美景色，全诗是：

积润初销碧草新，凤阳晴日带雕轮。
风飘弱柳平桥晚，雪点寒梅小苑春。
屏上楼台陈后主，镜中金翠李夫人。
花房透露红珠落，蛱蝶双飞护粉尘。

前两句是描写雨后日出，驾车出游所见的景象。接下来写早春的柳枝像一位不胜寒风的弱女子，像雪中点点红梅，明艳娇羞，惹人怜爱。但是紧接着就是奢侈荒淫、国亡被俘的陈后主，和擅长跳舞被汉武帝宠幸，但早死的李夫人。最后是感叹人生短暂、时光易逝、荣华难留，引人深思。

这副对联一开始就在提醒师徒四人，不要贪图富贵美色，被人引诱，要牢记使命，一路向西，才能修成正果。唐僧、孙悟空、沙和尚都经受住了考验，只有猪八戒是"无禅更有凡"，在工作履历上留下了污点。

然而这处伏笔却是典型的管理信号传递失误，在关键考核场景中，使用容易被忽略的隐喻而非明确的制度规范，难免导致执行层理解偏差。

更进一步思考，四大神仙又是布置场地又是演戏，仅仅就是为了考验取经小组吗？并不完全是。西天取经工程的深层博弈不仅体现于佛道之争，更牵动着佛教体系的权力重构。当观音菩萨策划"四圣试禅心"法会时，这场看似寻常的禅心考验，实则是佛教阵营的统合会议。佛道两派存在理念分歧，佛教内部高层对取经工程的战略价值亦有不同声音。文殊菩萨治下的乌鸡国，以及和普贤菩萨共有的地盘狮驼岭，正处在是否全面倒向如来系的关键抉择期。

观音选择黎山老母及文殊、普贤二位菩萨联袂设局，本质是要通过实战化考核向观望势力展示取经团队的战斗力与可靠性。然而八戒的贪欲破戒严重削弱了示范效应，这场精心设计的职场秀，却意外暴露出团队短板。受此影响，持保留态度的文殊、普贤两位菩萨对如来系的执行力产生动摇，直接导致后续战略布局变更：文殊菩萨返回道场后，即命座驾青毛狮子下界，将乌鸡国君主沉井囚禁；普贤菩萨默许白象在狮驼岭维持割据状态，用妖魔化的统治继续试探灵山的底线。

这场"四圣试禅心"风波深刻揭示：取经路上的劫难不仅是修行考验，更是佛教体系内部不同派系进行博弈的特殊战场。当禅心测试演变为信任危机，西天取经的改革之路，便注定要经历更复杂的权谋较量。

一场会开得好，能决定一件事的走向，比如蟠桃大会，玉帝借此巩固了自己的地位；一场会开不好，后患无穷，漏洞百出的"四圣试禅心"由于缺乏前期沟通，就成了一场带来麻烦的会议。

开会是一种有效的管理方式，可以制定决策、传达信息、分配任务、协调资源、指挥行动，也可以联络情感、分析情况、判断局势。

在当下社会中，开会更讲究有效、高效，尽量避免开冗长无效的会议。怎么才能有效开会？被称为世界上最会开会的公司——亚马逊出过一本《贝佐斯如何开会》的书，讲述其创始人贝佐斯在企业内部独特的开会方法。

关于确定会议类型：贝佐斯认为决策会议、创意发掘会议和进度管理会议是必要的，而信息传达会议则应尽量减少，因为这类会议往往效率低下。在现代企业管理中，信息传达类的会议基本上已经线上化了，用沟通工具就可以解决。

关于使用文本：亚马逊要求员工不要做眼花缭乱的PPT，文本也根据不同会议类型规定了页数范围，要尽量精简，抓住重点，不要长篇大论，以此提高沟通的准确性和便于会后查阅。

关于会议形式：亚马逊总是从沉默开始，所有参会者都要先阅读会议材料，充分了解情况后再进行讨论，以提高会议效率。

关于参会人数：贝佐斯提出了"两张披萨饼原则"，认为如果两个披萨不足以喂饱一个项目团队，那么团队可能过于庞大了。人数太多的会一定做不出有效的决策，乔布斯开会常常把无关紧要的人直接赶出会议室，马斯克开会看人太多会转身就走。因为人多的会，往往是浪费时间。西天取经这个团队除了猪八戒太能吃，其他人一张披萨饼就喂饱了。

真正有效的会议，是对组织能量的精准调度。当观音菩萨在荒山野岭间搭建起这场看似轻松的"神仙会"时，她忽略了现代管理学揭示的三个致命缺陷：缺乏利益相关方的前置沟通、参会者动机的深度校准，以及会议成果的闭环验证。这种以形式代替实质的会议，最终演变为团队管理的能量黑洞，不仅未能达成战略共识，反而加剧了各方的信任危机。

为什么是唐僧取经，不是孙悟空取经？

干掉老大你就可以当老大吗？孙悟空完全有一棒子把唐僧打回金蝉子的本事，也完全有搞一场"孙悟空取经"的能力，为什么他却不能当师父？

其实论能力、论修为、论担当，孙悟空都远在唐僧之上。取经之路一开始，孙悟空就完成了斩三尸除六贼，他也经常教导唐僧："老师父，你忘了'无眼耳鼻舌身意'。我等出家人，眼不视色，耳不听声，鼻不嗅香，舌不尝味，身不知寒暑，意不存妄想，如此谓之祛褪六贼。你如今为求经，念念在意，怕妖魔不肯舍身，要斋吃动舌，喜香甜嗅鼻，闻声音惊耳，睹事物凝眸，招来这六贼纷纷，怎生得西天见佛？"

唐僧抱怨山高路远走不动，孙悟空也会安慰："若要那三三行满，有何难哉！常言道，功到自然成哩。"

取经一路上几乎所有的问题都是孙悟空解决的，他要能力有能力，要人脉有人脉，要背景有背景，完全具备颠覆取经团队的实力，"大闹天宫"的履历更证明其颠覆性人格。但正是这段"黑历史"，决定了孙悟空在取经工程中的角色定位——赎罪者。玉帝与如来给予戴罪立功的机会，本质上是签署他必须受海深之苦、立山大之功来重构身份的强制契约。这种赎罪逻辑，恰如现代企业中对问题员工的绩效绑定策略，通过高压任务实现组织忠诚度的重构。

斩三尸除六贼的修行成果，也并没有消除孙悟空身上的暴力基因，他一次次抡起金箍棒的果决，与唐僧"不杀生"的教条形成尖锐对立。这种业务能力与价值理念的撕裂，恰是暴力转型者的典型困境：金箍棒能打破通明殿，却筑不起灵山的功德墙。

其次，孙悟空一开始是按照打手的思路培养的，而不是按照宗师的方式培养的，早期被灌输了"强者为尊"的错误理念，试图用拳头挑战玉帝的权威，也曾多次想一棒子打死唐僧。但是一个组织的正常运转，绝不能形成干掉老大就能当老大的传统。

林冲打死了王伦但绝不会自己当老大，而是推举晁盖哥哥当老大。如果干掉老大就能当老大，这会引来更多人效仿，从而导致规则的崩塌和组织的瓦解。

"强者为尊"与公平、道德这一社会秩序的基石背道而驰，只将人的价值简化为力量的强弱，是一种对人性的极大扭曲。在这样的逻辑下，弱者会被边缘化，甚至被剥夺基本权利，这都将严重破坏社会秩序。暴力夺权仅限于草创阶段，成熟组织必须建立制度化传承体系。

太上老君和如来虽然都具备颠覆实力，可是他们谁都没有动过干掉玉帝自己上位的心思，这是一种维护权力的默契。何况玉帝苦历了一千七百五十劫方才享此无极大道，并不是被吓得钻到桌子底下的脓包。

唐僧、悟空的组合完美诠释了领导力的双重维度：前者是价值符号的具象化——佛门慈悲；后者是执行系统的实体化——降妖除魔。这种分工恰如乔布斯和库克在苹果公司的组合，前者塑造产品灵魂，后者构建商业闭环。

蒂姆·库克于1998年正式加入苹果公司，担任高级副总裁，负责全球运营，2011年正式接替乔布斯出任苹果CEO。在此之前，他在IBM工作了12年，也曾在康柏公司管理供应链。在他加入苹果之前，还没有iPod、iPhone、iPad，之后，乔布斯才推出一款又一款划时代的产品，是库克的供应链管理确保它们源源不断地流入市场，带来丰厚利润。尽管人们常常诟病没有乔布斯的苹果好像再也没有了颠覆式创新，但秉承"渐进式迭代"的库克执掌苹果的十余年，公司市值从约3500亿美元飙升至2025年的3.2万亿美元。

这种双核驱动模式在成熟组织中具有普适性。当企业完成野蛮生长阶段后，必须建立起"创造者＋守护者"的互补结构，就像取经团队需要唐僧的价值观来锚定战略方向，也需要孙悟空的执行力来突破战术障碍。

乔布斯天马行空的创造力需要制度化的组织体系来承载，灵山的功德也需要戒律清规来维系。库克的价值恰在于将颠覆性创新转化为可持续运营，这本质上与孙悟空护送唐僧取经的职责异曲同工，既要突破重重阻碍，又要始终遵循既定路线。

《一代宗师》里有一个经典桥段，赵本山饰演的丁连山和王庆祥饰演的八卦掌宗师宫羽田本是同门师兄弟，宫羽田主事中华武士会，在武林中声名显赫，而丁连山一身绝世武功却隐匿幕后。丁连山也有执掌门派的能力，为什么却绝不在江湖上扬名？他有一番话，道出了这背后的处世哲学：

"一门里，有人当面子，就得有人当里子。面子不能沾一点儿灰尘。流了血，里子得收着，收不住，漏到了面子上，就是毁派灭门的大事。面子请人吃一支烟，可能里子就得除掉一个人。"

唐僧是面子，孙悟空则是里子。面子负责菩萨低眉，里子负责金刚怒目。

再者，以孙悟空的性格也不适合做这次取经项目的领导，他图自在，不服管。在乌鸡国，死去三年的国王起死回生后，不想再过这样担惊受怕的日子，情愿把王位让于师徒四人，自己领着妻儿到城外为民。孙悟空则说："不瞒列位说，老孙若肯做皇帝，天下万国九州皇帝，都做遍了。只是我们做惯了和尚，是这般懒散。若做了皇帝，就要留头长发，黄昏不睡，五鼓不眠，听有边报，心神不安；见有灾荒，忧愁无奈。我们怎么弄得惯？你还做你的皇帝，我还做我的和尚，修功行去也。"

业务骨干≠管理人才，孙悟空的职业瓶颈揭示了人才发展的永恒命题：

能力错配陷阱：其"强者为尊"的原始认知（72%的除妖贡献率），与佛门"慈悲渡化"的核心价值观存在本质冲突。

性格适配障碍：乌鸡国王让位时，悟空坦言"做皇帝就要五鼓不眠"，暴露出自由散漫的个性与领导岗位的纪律要求严重错位。

当孙悟空学会能够放下金箍棒转持杨柳枝时，才是个人修为的真正圆满。任何伟大的事业，既需要打破规则的勇气，更需要敬畏规则的智慧。当暴力执行者完成价值观内化时，才能完成从里子到面子的身份转变。假如还有下一次西天取经，修行圆满的孙悟空难道不能胜任观音的位置，当一个满分的项目经理吗？

美人关与成佛路：
唐僧的价值观管理

唐僧是一个好领导吗？抛开如来二弟子的身份，他还能成佛吗？

他怕跋山涉水，在蛇盘山鹰愁涧马匹被小白龙吃了，哭诉："可怜啊！这千山万水，怎生走得！"气得孙悟空叫喊如雷："你忒不济！不济！"

被山贼打劫，就要把白龙马送人，又把猴子气得哭笑不得，"师父不济，天下也有和尚，似你这样皮松的却少。唐太宗差你往西天见佛，谁教你把这龙马送人？"

他还怕猴子打死人连累自己，说："早还是山野中无人查考；若到城市，倘有人一时冲撞了你，你也行凶，执着棍子，乱打伤人，我可做得白客，怎能脱身？"直接把猴哥气回花果山了。

唐僧不是传统意义上的好人，也不是一个好领导，他缺乏凝聚力，不够有担当。但是当孙悟空诸多抱怨时，其实他忽略了唐僧作为精神领袖的价值并非来自个人能力，他身上的一大优势和始终坚守的三大原则，是保他上灵山、拜佛祖、塑金身的砝码。

唐僧最大的优势是身份优势，且有两重保障，一是东土大唐的御弟圣僧，二是如来二弟子金蝉子。既是大唐股东代表，又是佛门弟子，完美契合佛经东传的政企合作需求。

唐僧的双重身份优势

身份	优势
大唐御弟	政治资本——东土股东代表
金蝉转世	佛界血统——灵山嫡系部队

不过取经这一路上困难重重，考验颇多，只有身份背书是远远不够的，唐僧最终能成佛，也是因为老和尚自始至终坚守住了三大原则。

第一，不忘初心，牢记使命。

西天取经之所以要一步一步走到灵山，其中有一个重要原因就是要沿途做宣传。如果大家看到连普天之下最繁华的上邦大国大唐，都要去取如来佛祖的真经，这对其他小国有很强的带动作用，所以唐僧要带着通关文牒一站一站打卡盖章，所到之处无一例外都要说一句：贫僧从东土大唐而来，前往西天拜佛求经。唐僧作为宣传队的大队长，从来没有忘记自己的职责。

这一路上他见佛拜佛、见庙烧香、见塔扫塔，就算是假佛也照拜不误，宁可拜错，不肯错过。还义务让徒弟们帮有困难的国家斩妖除魔、治病求雨，充分展示佛法无边的能量，普度众生的胸怀。

品牌传播的核心不在于创意，而在于符号的持续输出。

第二，绝不开杀戒，坚守佛门底线。

孙悟空三次被迫离开取经队伍，三次都跟打死人有关。第一次是铲除六贼，唐僧说他："只因你没收没管，暴横人间，欺天诳上，才受这五百年前之难。今既入了沙门，若是还像当时行凶，一味伤生，去不得西天，做不得和尚！忒恶！忒恶！"猴子一怒之下就撇下唐僧跑了。

第二次是孙悟空三打白骨精，唐僧又坚决要把他开除出去，还研墨铺纸写了一封贬书，绝情地说："猴头！执此为照，再不要你做徒弟了！如再与你相见，我就堕了阿鼻地狱！"哪怕孙悟空服软，拔三根毫毛变出三个行者，连自身四个，四面围住唐僧下拜，他都没有心软留下猴子，愣是让猴子走了。

第三次是孙悟空诛灭草寇，三藏又念紧箍咒执意要把他赶走，说："你这泼猴，凶恶太甚，不是个取经之人。昨日在山坡下，打死那两个贼头，我已怪你不仁。及晚了到老者之家，蒙他赐斋借宿，又蒙他开后门放我等逃了性命，虽然他的儿子不肖，与我无干，也不该就枭他首，况又杀死多人，坏了多少生命，伤了天地多少和气。屡次劝你，更无一毫善念，要你何为！快走！快走！免得又念真言！"

明明孙悟空打死的不是妖邪就是强盗，全都是该死的人，为什么唐僧却一丝一毫也不肯高抬贵手给他一个机会？观音有句话点醒了孙悟空："草寇虽是不良，到底是个人身，不该打死，比那妖禽怪兽、鬼魅精魔不同。那个打死，是你的功绩；这人身打死，还是你的不仁。"

唐僧是程序正义大于结果正义的坚定捍卫者，这不仅是秉承佛门宗旨，其实也是维护应有的社会秩序。

第三，唐僧并没有跟女施主们传出实质性的绯闻，人设始终没有崩。

唐僧一路上遇见了一大群女妖怪和一个人类女儿国国王，包括白骨精、蝎子精、七个蜘蛛精、杏仙、老鼠精、玉兔精，她们要么想吃唐僧肉，要么是想要唐僧的元阳，这一路过关斩将确实不容易。

在肉体凡胎的本能欲望与圣徒符号的身份约束冲突中，唐长老到底有没有动过心呢？女妖们的手段虽然厉害，但别忘了，随行小分队的摄像头也是无孔不入，有这么多人7×24小时站岗执勤，圣僧的意志想不坚定都不行。

但是还真有一次，唐僧的信念差点就崩塌了。在去往镇海禅林寺的路上，师徒们救了一个单身妙龄女子，当天晚上大家一起在庙里过夜，为了避免男女混住发生不该发生的事情，这个女子被安排单独住在天王殿里，毕竟猪八戒都说了，"和尚是色中饿鬼"。

这天夜里唐僧去解了个手，第二天就一病不起，只感觉"头悬眼胀，浑身皮骨皆疼"。躺了两天不见好转，很多人都怀疑他漏丹了，这可是取经路上最炸的花边新闻，放到现在说不定会被网暴到退团。这是唐僧第一次萌生不去西天取经的念头，还要写一封辞职信让孙悟空送去长安给李世民。

这可把悟空吓坏了，让唐僧先把想写的内容念念，再动笔不迟。

唐僧流着泪说："我写着：臣僧稽首三顿首，万岁山呼拜圣君；文武两班同入目，公卿四百共知闻：当年奉旨离东土，指望灵山见世尊。不料途中遭厄难，何期半路有灾迍。僧病沉疴难进步，佛门深远接天门。有经无命空劳碌，启奏当今别遣人。"

孙悟空听了忍不住呵呵大笑："师父，你忒不济，略有些病儿，就起这个意念。你若是病重,要死要活,只消问我。我老孙自有个本事,问道'那个阎王敢起心?那个判官敢出票?那个鬼使来勾取?'若恼了我,我拿出那大闹天宫之性子,又一路棍,打入幽冥,捉住十代阎王,一个个抽了他的筋,还不饶他哩!"

有孙悟空这样的人脉,唐僧是死都不怕的,唯一怕的就是过不了女施主的情关,丢了元阳。孙悟空告诉他,你本是我佛如来第二个徒弟,原叫作金蝉长老,只因轻慢佛法,该有这场大难。

原来连浓眉大眼的唐僧也是戴罪立功,被迫要走这一遭,他犯的错是"不曾听佛讲法,打了一个盹,往下一失,左脚下躧了一粒米下界来,该有这三日病"。

在唐僧倒下的三天里,庙里的和尚接连死了六个,死得惨烈,一个个被生吞活剥,只剩下骸骨。这件事,取经小组必须负责。

于是孙悟空趁夜来到天王殿捉妖,不一会只见一个美貌佳人走近身边,正是被他们半路救起的那个女子。这美人毫不扭捏,一把搂住猴哥问:"小长老,念的甚么经?"问着问着就亲上了,亲着亲着还摸上了,这可是猴哥打从石头缝里蹦出来,第一次跟异性亲密接触。美人直把猴哥摸得抡起金箍棒,劈头就打。

这女子原来是陷空山无底洞的金鼻白毛老鼠精,跟孙悟空打了几个回合不是对手,施个计把唐僧抓走了。

她的背景也不简单,三百年前成怪,在灵山偷食了如来的香花宝烛,如来秉承"积水养鱼终不钓,深山喂鹿望长生"的理念,饶了她性命,就在此作怪。

不同于其他的女妖精,老鼠精和金蝉子之间是实实在在有过

白毛老鼠精

一段凤缘，在她被擒拿之前念了这样一首诗：

凤世前缘系赤绳，鱼水相和两意浓。
不料鸳鸯今拆散，何期鸾凤又西东！
蓝桥水涨难成事，佛庙烟沉嘉会空。
着意一场今又别，何年与你再相逢！

"凤世前缘系赤绳，鱼水相和两意浓"，意思两人上辈子已经被月下老人牵了红绳，而且两人感情特别好。"不料鸳鸯今拆散，何期鸾凤又西东！"是指棒打鸳鸯，有情人被迫各奔东西。

"蓝桥水涨难成事"，说的是有情人终被无情人辜负的故事，出自《庄子·盗跖》，春秋时期有个叫尾生的男子，跟情人在桥下约会，情人迟迟不至，河水逐渐涨高，尾生坚决不走，最终抱着桥柱被淹死了。这座桥就叫作"蓝桥"。

"佛庙烟沉嘉会空"，是讲蜀国有个公主，从小被乳母陈氏养大。陈氏和她的小儿子与公主在宫中住了十几年，可谓青梅竹马。公主长大后不用乳母了，陈氏就带着小儿子出了宫。六年之后，陈氏小儿子思念公主太甚，得了病。陈氏就入宫跟公主说起这事，公主答应以去祆庙烧香为由，跟陈氏小儿子见一面。等到公主去了庙里，陈氏小儿子却恰好睡着了，公主没有叫醒他，而是把小时候佩戴的玉环放到陈氏小儿子怀里就走了。陈氏小儿子醒来后不见了公主，非常懊悔，迁怒于祆庙，就把祆庙一把火烧了。

这妖精一口气讲出许多典故，来反映她和金蝉子前世的情缘，原来当年金蝉子轻慢佛法的原因是用大米和老鼠精调情，作为如来二弟子他竟然带头破了佛门第一戒律，也就不得不去轮回转世，受尽九九八十一难之苦，才能重修正果，返回灵山。

在所有情欲考验中，金鼻白毛鼠精事件最具隐喻性，这不仅关乎当下的人设维护，更涉及唐僧必须了断的前世因果。

这一次唐僧又差点儿过不了情关，但是作为取经项目的门面担当，他不能沾一点儿灰尘，流了血，里子得收着。那就只好由孙悟空出马，让这早就断绝七情六欲的石猴跟妖怪亲亲抱抱，以此转移吃瓜群众对唐僧的非议。总之，这顶破色戒的帽子绝不能扣在唐僧的头上。

唐僧成佛的底层逻辑

领导力模型	法则	价值观内核
战略定力	信仰高于生命的终极导向	目标神圣化，使命不可逆
合规底线	程序正义压倒结果正义	规则即法身，秩序即佛性
资源杠杆	工具理性消解道德困境	权力代理，因果转嫁

合格的领导者不需要光芒万丈的个人英雄主义，但需要成为制度人格化的完美载体。如果说孙悟空是破除万难的执行力，猪八戒是欲望的显象化，沙僧是规则具象化，那么他们最终都服务于唐僧这个规则容器的完整性。

唐僧的价值不在于降妖除魔的雷霆手段，而在于将佛门戒律转化为行为准则的定力；不在于凝聚团队的人格魅力，而在于对上层意志的绝对贯彻。

柔性管理：
超级团队的控制与赋能

管理是一门技术，也是一门艺术。管理者的核心竞争力不是专业能力，而是驾驭专业人才的能力。马云不懂代码却缔造了庞大的阿里帝国，唐僧肉眼凡胎却能统御齐天大圣，当00后职场人开始用"反紧箍咒"倒逼管理者时，要知道真正的领导，是让比你强的人甘心为你所用。未来十年最稀缺的能力，是让孙悟空心甘情愿帮唐僧做PPT的能力。

当下属能力比你强，该怎么管？看看观音给唐僧取经小分队搭建的员工配置：

前大厂高管孙悟空——武力值MAX
天蓬元帅猪八戒——社交天花板
卷帘大将沙僧——团队稳定器
龙宫太子牌豪车白龙马——任劳任怨的骆驼祥子

这样的团队放到现在分分钟估值过亿，前提是你能驾驭得了。

然而神话照进现实时，往往暴露出更复杂的管理困局。其实唐僧从来没有真正意义上管住过孙悟空，唯一有效的暴力管理工具紧箍也是观音设置的"陷阱"，唐僧是被动使用。唐僧和孙悟空之间通过紧箍咒的暴力、佛理的感召和情感羁绊形成了一种脆弱的合作关系，悟空的最终服从，更多源于他对自我救赎的需求，以及如来设定的"功成归极乐"的目标。

顶尖人才不能用约束进行管理，他们的核心诉求不仅仅是金钱，更是理想的追求、创造历史的参与感。

历史上玄奘取经途经西域高昌国，也就是今天新疆吐鲁番盆地附近，高昌国王麴文泰钦佩玄奘的品格和学识，十分想把他留在本国当国师，劝他放弃继续前往天竺，开始许以高薪厚职，继而威胁恐吓。但是玄奘西天取经的决心坚如磐石，用绝食对抗，整整四天之后，高昌王终于被玄奘感化，跟他结拜为兄弟，并剃度了二十多位年轻僧人，作为弟子跟随保护玄奘，并且准备丰厚的盘缠和书信，助他的西行之路减少阻碍。所以在历史上跟玄奘结拜的不是唐王李世民，而是高昌王麴文泰。玄奘也被高昌王打动，答应等自己完成心愿返回的时候，会留在高昌国讲经三年。可惜等他终于再次回到高昌国时，国王已经离世三年了。

顶尖人才往往将自我实现置于短期利益之上，玄奘的取经使命是其人生价值的终极体现，当高昌王理解了这一点，他提供通关文牒、随行弟子和物资支持，实则是将自身资源转化为玄奘成功的基石。当代企业留住高端人才的方式同样需要搭建事业平台、开放核心资源，让人才成就与组织发展形成命运共同体。

在阿里巴巴创业初期，精通经济学、法学的蔡崇信放弃70万美元的年薪，加入这个月薪只有500元的团队，是被马云非凡的人格魅力和战略眼光，以及"让天下没有难做的生意"的愿景打动，同时也是对中国互联网经济爆发的前瞻判断。

1999年，蔡崇信已经看到eBay、亚马逊等美国电商的崛起，而当时中国互联网渗透率不足1%。他预判中国制造业升级将催生B2B平台需求，阿里聚焦中小企业跨境贸易的定位，恰好卡位这一空白市场。并且，1999年正值中国加入WTO谈判关键期，可以预见，外贸政策松绑将释放出中小企业活力，阿里作为服务出口企业的平台将直接受益。市场机遇＋政策红利＋马云强大的团队凝聚力和资源整合能力，是让擅长商业七十二变的蔡崇信情愿"上灵山"的决定性因素。

蔡崇信搭上了中国互联网野蛮生长的快车，恰如唐僧、孙悟空等抓住了三藏真经传遍四大部洲的契机。如来预设的"我今有三藏真经，可以劝人为善"与马云勾勒的"服务一千万中小企业"，有异曲同工之妙。

马云又如何管理蔡崇信这样的超级员工？他们的分工可谓各擅胜场，形成马云定方向、蔡崇信定规则的默契。马云负责把握宏观趋势，如2003年转向C2C淘宝、2013年布局菜鸟物流；蔡崇信则主导落地路径，如设计股权结构、谈判融资条件。在重大决策中，马云先以感性洞察提出构想，蔡崇信再用理性框架验证可行性。在财务、法务等专业领域，马云赋予蔡崇信"一票否决权"。例如，2005年雅虎投资谈判中，蔡崇信坚持设置反稀释条款，马云尽管渴望获得资金但仍支持其主张。在这种明确能力半径，充分让渡权利的模式下,蔡崇信主导了阿里历史上28起重大投融资,包括2000年软银2500万美元投资、2014年史上最大规模融资250亿美元的美股IPO,成功率高达92%。

作为阿里的0002号员工,马云在公开场合多次强调蔡崇信是"阿里的秘密武器",将其塑造为"从0到1的关键先生",这种名誉激励对高成就人才往往比物质回报更有效。

马云的管理智慧不仅在于用好蔡崇信,更在于将其能力转化为组织资产。如来的"汝亦坐莲台"承诺,与2014年纽交所的上市钟声形成跨次元和鸣。

孙悟空戴上紧箍儿时不会想到,这个痛苦装置最终会转化为价值万亿的佛界IPO通行证。当物质激励触及天花板,精神图腾便成为新的管理操作系统。

三类人才攻心法

管理痛点	传统做法	柔性策略	现代应用
能力溢出	打压控制	创造战场	雷军"兄弟连"文化
情绪波动	制度惩罚	情感绑定	阿里"闻味官"机制
价值迷茫	画饼充饥	即时反馈	字节OKR可视化

在管理学的平行宇宙中,紧箍咒与AB股、七十二变与商业模型、八十一难与融资路演,本质都是驾驭高能团队的元代码。当现代管理者解开暴力控制的思维枷锁,会发现,马云手中的战略地图,正是唐僧用过的通关文牒。

领导力的核心在于沟通与合作。一个优秀的领导者必须能够有效地传达愿景、激励团队、协调冲突、促进协作。而这对于那些习惯于单打独斗的"牛"员工来说，可能是一个巨大的挑战。他们习惯了独自解决问题，不擅长与团队成员建立深入的沟通和信任关系，因此，即使个人能力再强，也无法弥补团队合作方面的短板。

当管理进入"后紧箍咒时代"，真正的权力不再来自如来的五行山，而是源于能否在孙悟空心中种下普度众生的菩提种。驾驭高能团队的关键，在于将管理制度转化为成长生态，把权力博弈升华为价值共振。

西游富二代的
成与败

同样是富二代，拿着天底下最好的资源，金角、银角兄弟俩把平顶山公司给干破产了，红孩儿却被大企业收购，有了更好的发展平台。都是富二代创业，他们之间差在哪了？双方对战略目标的认知差异，决定了他们的行动方向。

取经小组经过平顶山，得知这里有两个魔头，画影图形，要捉和尚；抄名访姓，要吃唐僧。纵观整个西行过程，有师徒四人画像的，仅此一家，仿佛他们为了能够确保拦截住取经小组，做了充分的准备。兄弟俩还有五件随身的宝贝：紫金红葫芦、羊脂玉净瓶、七星宝剑、芭蕉扇、幌金绳，个个神通极大极广。可是拥有这么高的配置为什么却一败涂地，差点连命都搭上了？我们来复盘一下这兄弟两人是怎么把公司干倒闭的。

当得知取经小组快接近平顶山的时候，金角突然对银角说："兄弟，我们多少时不巡山了？"

银角道："有半个月了。"

金角道："兄弟，你今日与我去巡巡。"

银角道："今日巡山怎的？"

金角道："你不知，近闻得东土唐朝差个御弟唐僧往西方拜佛，一行四众，叫做孙行者、猪八戒、沙和尚，连马五口。你看他在那处，与我把他拿来。"

银角道："我们要吃人，那里不捞几个？这和尚到得那里，让他去罢。"

通过他们的对话我们发现，关于取经这件事，金角知情，银角却并不知情。接着金角道出了原因，说："你不晓得。我当年出天界，尝闻得人言：唐僧乃金蝉长老临凡，十世修行的好人，一点元阳未泄，有人吃他肉，延寿长生哩。"

原来金角和银角下界的时间不同，金角是领了阻拦取经团队的任务才来到平顶山找弟弟的，而银角应该是更早的时候辞职下海创业，所以对西天取经的事情并不知情。掌握关键信息的决策者金角未能建立有效沟通机制，执行者银角在信息不全的情况下盲目行动，是导致企业错失战略窗口期的重要因素。

银角听了哥哥的话说："若是吃了他肉就可以延寿长生，我们打甚么坐，立甚么功，炼甚么龙与虎，配甚么雌与雄？只该吃他去了。等我去拿他来。"

金角道："兄弟，你有些性急，且莫忙着。你若走出门，不管好歹，但是和尚就拿将来，假如不是唐僧，却也不当人子？我记得他的模样，曾将他师徒画了一个影，图了一个形，你可拿去。但遇着和尚，以此照验照验。"又将某人是某名字，一一说了。

银角得了图像，知道姓名，即出洞，点起三十名小怪，便来山上巡逻。银角有手段，三下五除二就用一座须弥山、一座峨眉山、一座泰山压住了孙悟空，抓走唐僧等人，厉害如孙悟空也怕三座大山。

按照五行之说，山属土，孙悟空是猴子，猴属金，土克金，所以孙悟空最怕山压，这三座大山直把孙悟空压得力软筋麻、三尸神咋、七窍喷红，孙悟空感叹好不容易逃脱了五行山，又背上这三座大山，悲伤得泪如雨下，就惊动了山神土地，这些基层小神仙得知压的是五百年前大闹天宫的齐天大圣孙悟空，一个个吓得赶紧说，自己什么都不知道，只因为那个魔头念起遣山咒法，他们都只是听命令办事的小人物，就把山移来了，谁知道压的是孙大圣？土地解脱了孙悟空，又说："那魔神通广大，法术高强，念动真言咒语，拘唤我等在他洞里，一日一个轮流当值哩！"

孙悟空一听当值二字，惊得仰面朝天，高声大叫道："苍天！苍天！自那混沌初分，天开地辟，花果山生了我，我也曾遍访名师，传授长生秘诀。想我那随风变化，伏虎降龙，大闹天宫，名称大圣，更不曾把山神、土地欺心使唤。今日这个妖魔无状，怎敢把山神、土地唤为奴仆，替他轮流当值？天啊！既生老孙，怎么又生此辈？"

纵使孙悟空再嚣张也没干过欺压基层的事，现在听说妖魔把干部当奴才使唤，让他感慨万千。可见这两个妖魔背景也是十分了得。但是这种对基层的奴役式管理看似强化控制，实则埋下重大隐患，当孙悟空脱困后，山神土地立即倒戈提供了关键情报。

银角大王回到洞里就安排两个小妖精细鬼、伶俐虫去拿了两件宝贝，一个金角大王的羊脂玉净瓶，一个银角大王的紫金红葫芦，让这两个小妖按照使用说明书去把孙悟空装进葫芦里，化成脓水。

这么贵重的法宝，这么重要的事情，银角大王竟然就全权交给两个手下去办了，还把宝贝的操作密码直接告诉小妖怪。反观观音给孙悟空头上戴的箍，密码可不敢轻易让除了如来、唐僧和自己之外的第四个人知道。

真正的资源诅咒，不是拥有太多法宝，而是失去对法宝的敬畏。

这精细鬼、伶俐虫却一点也不精细、伶俐，在富二代手下当差久了，也都非常傻白甜，被孙悟空搞了个装天的把戏就给骗了，竟然私自做主把领导的紫金红葫芦、羊脂玉净瓶跟孙悟空的假宝贝做了交换。

当他们得知被骗的时候，吓得呆呆怔怔，说："怎的好！怎的好！当时大王将宝贝付与我们，教拿孙行者，今行者既不曾拿得，连宝贝都不见了。我们怎敢去回话？这一顿直直的打死了也！怎的好！怎的好！"

伶俐虫提议一走了之，精细鬼却说："不要走，还回去。二大王平日看你甚好，我推一句儿在你身上。他若肯将就，留得性命，说不过，就打死，还在此间，莫弄得两头不着，去来去来！"

两个小妖敢拿自己的性命做赌注，也反映出大王本身不是严苛的人，他们回去之后就跪在地上说："赦小的万千死罪！赦小的万千死罪！我等执着宝贝，走到半山之中，忽遇着蓬莱山一个神仙。他问我们那里去，我们答道，拿孙行者去。那神仙听见说孙行者，他也恼他，要与我们帮功。是我们不曾叫他帮功，却将拿宝贝装人的情由，与他说了。那神仙也有个葫芦，善能装天。我们也是妄想之心，养家之意；他的装天，我的装人，与他换了罢。原说葫芦换葫芦，伶俐虫又贴他个净瓶。谁想他仙家之物，近不得凡人之手，正试演处，就连人都不见了。万望饶小的们死罪！"

金角听了暴躁如雷："罢了！罢了！这就是孙行者假装神仙骗哄去了！那猴头神通广大，处处人熟，不知那个毛神放他出来，骗去宝贝！"

银角却不能轻易算了，说："兄长息怒。叵耐那猴头着然无礼，既有手段，便走了也罢，怎么又骗宝贝？我若没本事拿他，永不在西方路上为怪！"他提议再拿剩下的三件宝贝去降服孙悟空，只是七星剑、芭蕉扇在自己身边，还有一条幌金绳，在压龙山压龙洞老母亲那里收着，所以要再差两个小妖去请母亲来吃唐僧肉，顺便把幌金绳也一起带来。

这回不能再差精细鬼、伶俐虫这样的废物了，但是对他们两个是打也不曾打，骂也不曾骂，却就饶了。再派出去的巴山虎、倚海龙也没走两步，就连同金银角的老母亲九尾狐统统被孙悟空打死了。

等金角、银角亲自上阵，也三下五除二被孙悟空收在紫金红葫芦里，幸亏太上老君及时赶到，把这俩已经化成水的妖王又起死回生了，原来他们一个是给老君看金炉的童子，一个是看银炉的童子，这次独立创业，以倾家荡产、颜面扫地告终。

为什么这两人创业搞得这么惨，常言道"兄弟同心，其利断金"，这兄弟俩却是一开始就面和心不和，金角处处给自己留私心、留退路，让弟弟在不了解局势的情况下冲锋陷阵，白白搭上了性命。

这两人还犯了很多富二代创业都会犯的错误：粗放式管理，重要的事情都不亲力亲为，重要的财物也任由下属支配，甚至将战略级法宝当作普通工具下放，过度依赖禀赋资源反而会削弱组织能力。出了问题不追责，催生破窗效应，致使下属胆大妄为，再厚的家底也都会被败光了。

兄弟俩对基层神仙的奴役式管理，也暴露了二代接班常犯的致命错误，将父辈积累的政商关系视为特权遗产而非生态资产，试图通过压榨来维系利益链，这种权力透支终将引发系统反噬。

二代接班典型陷阱

困境	管理问题	现代商业启示
信息断层	金角银角的情报不对称	家族企业常见的信息孤岛现象
考核失灵	被骗不追责的破窗效应	联想柳传志"复盘文化"启示
决策割裂	兄弟分工埋下的定时炸弹	新希望六和"二代+元老"双CEO模式对比

与金角、银角形成鲜明对比的，是同样作为妖界"创二代"的红孩儿。途经六百里号山时，红孩儿与孙悟空交战，他推出五行车排兵布阵，战略、调度都很到位，体现了优秀的军事才能。

在被孙悟空假扮的牛魔王哄骗时，红孩儿没有轻易相信，而是留心试探，让小妖们留心观其形容动静，说道："你们都要仔细：会使刀的，刀刀要出鞘，会使枪的，枪要磨明，会使棍的使棍，会使绳的使绳。待我再去问他，看他言语如何。若果是老大王，莫说今日不吃，明日不吃，便迟个月何妨！假若言语不对，只听我哏的一声，就一齐下手。"

一次试探不确信，就再次试探，说自己前些日子闲来无事，到天庭遇见了天师张道龄，要问一问牛魔王自己的生辰八字，下次好让张天师给推算推算。孙悟空答不上来，就被揭穿了身份。

在这场对话中，红孩儿还透露了一个信息，就是他和叔叔辈的人也都是十分交好的,这一点其实大部分的富二代都做不到,甚至非常反感。这也是创一代和富二代交接班时最难解决的一个问题,二代能接过父辈手里的钱、肩上的枪,却往往难以搞定父辈结交的人脉资源。

红孩儿的管理智慧不仅体现在武力上,更在于其深思熟虑的策略与对人性的精准把握,一连串行动展示了他在信息搜集、对手分析以及心理战术上的高超技巧。红孩儿懂得,真正的领导者不仅要能够战斗,更要善于用智慧取胜,通过最小的代价达到最大的效果。

号山集团与平顶山集团的镜像对照

管理维度	红孩儿动作	金银角动作
资源运用	将三昧真火炼成核心技术	把法宝当消耗品
组织管理	建立标准化五行车阵	依赖随机性法宝操作
人脉维系	主动维护叔辈关系	透支父辈政商关系

纵观西游商战风云,金角、银角的败局恰似一面照妖镜,映照出富二代创业最危险的三个陷阱:战略资源滥用、组织管控失焦、人脉传承断裂。反观红孩儿,这位"西游最强创二代"用五行车阵演绎系统管理思维,把资源当作火种而非燃料,管理构筑流程而非依赖能人,人脉转化成生态而非消耗型资产。

所谓"打江山易,守江山难",真正的传承不在于继承多少法宝,而在于能否将父辈的"炼丹炉"改造成自我迭代的"反应堆",这才是红孩儿被观音收编时,能从妖王转型为善财童子的底层密码。

牛魔王的战略败局

《西游记》里的第一大妖王是孙悟空吗？恐怕他昔日的结拜兄弟牛魔王不能同意。牛氏家族坐拥西牛贺洲无数产业，登顶妖界富豪榜，牛魔王娶公主、纳小妾，活得风流潇洒，更是唯一一个拥有坐骑的妖王。可是孙悟空最后功成名就，高居斗战胜佛位，他牛魔王怎么就落得妻离子散、家破人亡？

要搞清楚牛魔王的命运，先搞清楚他究竟是谁？本着西游世界谁的妖怪谁带走的原则，牛魔王最后被如来派出的四大金刚带回灵山，可知他与孙悟空本是同源同根。但最后孙悟空修成正果，牛魔王一败涂地，根本原因是牛魔王犯下了不可原谅的错误——背叛。

牛魔王第一次出场，是孙悟空从灵台方寸山学艺归来，收服七十二洞妖王，奠定了江湖大哥的地位，开始每天腾云驾雾，遍访英豪，广交贤友。此时，花果山全新NPC出场，牛魔王、蛟魔王、鹏魔王、狮驼王、猕猴王、禺狨王与孙悟空结成七兄弟，大家序齿排班，牛魔王排行老大，孙悟空排行第七。

孙悟空这个昔日的小弟，很快摇身一变被天庭封为"齐天大圣"，大家都是修行多年的妖精，凭什么他猴子能进总部工作，牛魔王却不能拥有这样的机遇？所以当孙悟空对哥哥们说："小弟既称齐天大圣，你们亦可以大圣称之。"别人都不吭声，只有牛魔王高声叫道："贤弟言之有理，我即称做个平天大圣。"你称"齐天"我就做"平天"，至少也要在称呼上跟猴子拉拉平。随后，其他魔王才纷纷自称覆海大圣、混天大圣、移山大圣、通风大圣、驱神大圣。

然而孙悟空的好日子并没有过多久，他当时叫得有多狂，日后就有多惨。一场大闹天宫落下帷幕，牛魔王眼睁睁看着如来称佛祖、坐莲台，孙悟空却被用完即弃，成了阶下囚。牛魔王的心冷了，他不想成为第二个孙悟空，更不想成为虎鹿羊那样的临时工，他想要改变这被操控的一生。

迷茫中的牛魔王迎来一次人生转机，他不像孙悟空那样断绝了七情六欲，倒像西门庆一样哄女人很有一套。清河县的西门大官人在"好兄弟"花子虚死后，将其妻子李瓶儿连同所有财产收入西门府。牛魔王在得知太上老君给绯闻女友铁扇公主在火焰山置办了产业，就决定来当这个接盘侠，纳一份投名状。

西门庆搞定女人"潘驴邓小闲"一样也不落，牛魔王搞定富婆也相当有一套。从孙悟空为"借"芭蕉扇假扮牛魔王哄骗嫂子就可见一斑。

这八百里火焰山无春无秋，四季炎热，寸草不生，当地人要想种点粮食果腹，只能备上四猪四羊、花红表里、异香时果、鸡鹅美酒，再沐浴虔诚，到翠云山芭蕉洞请铁扇公主出来，求她的扇子一扇熄火，二扇生风，三扇下雨，趁这个时间差赶紧耕种收粮，然后八百里山上又会燃起火焰。取经小组要想过这火焰山，也必须请铁扇公主出山，不然就是铜脑盖、铁身躯，也要化成汁。

要问这八百里火焰山究竟是怎么来的，从当地土地公公口中得知，竟是当初孙悟空大闹天宫时踢倒炼丹炉，落下带火的炉砖形成的。而土地原本是给太上老君看炉子的道人，由于工作失职，就被贬到这里。名为失职，实则可能是以此为借口替老君看家护院。八百里火焰山阻断取经路，既安置了铁扇公主，也成为牛魔王弃佛向道的转折点，更为道派在佛教腹地设置战略支点埋下伏笔。

孙悟空先是以故旧交情正大光明来向铁扇公主借扇子不成，就变化成牛魔王的样子来骗扇子。铁扇公主许久不见这位亲亲老公，一见面喜出望外，立刻叫丫鬟整酒接风，夫妻叙情。

牛氏夫妻久不见面是因为牛魔王早又另外置办了一处家业，给有万贯家财却孤身一人的妙龄女子玉面公主当了上门女婿。玉面公主为了留住牛魔王，还把不少家私都白送给铁扇公主，可见牛魔王的魅力之大。

而面对出轨的丈夫，铁扇公主不仅不生气，反而一见面就立刻从恶狠狠的罗刹女秒变娇滴滴的小甜甜。她见了假丈夫，却真开心地举杯说道："大王，燕尔新婚，千万莫忘结发，且吃一杯乡中之水。"

孙悟空不敢不接，只得笑吟吟地说："夫人先饱，我因图治外产，久别夫人，早晚蒙护守家门，权为酬谢。"

酒过三巡，铁扇公主觉有半酣，色情微动，就和孙大圣挨挨

三调芭蕉扇

擦擦，搭搭拈拈，携着手，俏语温存，并着肩，低声俯就。将一杯酒，你喝一口，我喝一口，却又哺果。大圣假意虚情，相陪相笑，没奈何，也与她相倚相偎。只见牛夫人：

合欢言语不曾丢，酥胸半露松金钮。醉来真个玉山颓，饧眼摩娑几弄丑。

眼看再让嫂嫂发挥下去就难以收场了，孙悟空赶紧又提起扇子的事，说道："夫人，真扇子你收在那里？早晚仔细。但恐孙行者变化多端，却又来骗去。"

公主笑嘻嘻从口中吐出杏叶大的一个东西递给他，说："这个不是宝贝？"

孙悟空害怕有假，问道："这般小小之物，如何扇得八百里火焰？"

公主酒精上头，没有忌惮地说道："大王，与你别了二载，你想是昼夜贪欢，被那玉面公主弄伤了神思，怎么自家的宝贝事情，也都忘了？只将左手大指头捻着那柄儿上第七缕红丝，念一声哒嘘呵吸嘻吹呼，即长一丈二尺长短。这宝贝变化无穷！那怕他八万里火焰，可一扇而消也。"

几杯酒，两句好话，孙悟空就这么轻易地把扇子弄到手，这多亏牛魔王往日打下的牢固感情基础。

孙悟空被压在五行山下的几百年，牛魔王混得风生水起，儿子红孩儿坐拥六百里号山，妻子铁扇公主守着八百里火焰山，弟弟如意真仙在西梁女国开夜总会，他自己在车迟国、祭赛国大兴灭佛敬道之事，还勾结万圣龙王研究造猴科技，凭借一己之力,竟然把半个西牛贺洲的地盘从如来手里抢了下来,彻底弃佛归道。

牛魔王发家史,埋雷致命隐患

人脉资源	牛氏产业链
铁扇公主	太上老君系政治联姻的关键棋子
玉面狐狸	资本倒贴背后的资源置换逻辑
家族产业布局	火焰山能源垄断+女儿国娱乐产业+号山黑市经济

然而这些精心布局的产业看似稳固,实则暗藏致命危机。如来有句名言"积水养鱼终不钓,深山喂鹿望长生",当取经队伍推进到火焰山时,这个被太上老君"意外"创造的战略要地,成为引爆牛氏帝国的导火索。土地公公此时的倒戈,也暗示着太上老君已经放弃牛魔王。

在牛魔王知道后院失火赶回家中跟孙悟空拼死打斗时,土地好心奉劝他:"大力王,且住手,唐三藏西天取经,无神不保,无天不佑,三界通知,十方拥护。快将芭蕉扇来扇息火焰,教他无灾无障,早过山去;不然,上天责你罪愆,定遭诛也。"

牛魔王好不容易打下的一份产业,怎么肯轻易放弃,更何况,他已经背叛了如来一次,如果此时再倒戈,必然是再没有立足之地,于是拼死也要奋力一搏。然而凭他再怎么挣扎也是强弩之末,无力回天,此时三界派出的佛兵天将已经从四面八方赶来围剿。

牛魔王往北逃,早有五台山秘魔岩神通广大泼法金刚阻住道:"牛魔,你往那里去!我等乃释迦牟尼佛祖差来,布列天罗地网,至此擒汝也！"

往南走，又撞着峨眉山清凉洞法力无量胜至金刚挡住喝道："吾奉佛旨在此，正要拿住你也！"

往东走，却逢着须弥山摩耳崖毗卢沙门大力金刚迎住道："你老牛何往！我蒙如来密令，教来捕获你也！"

往西走，又遇着昆仑山金霞岭不坏尊王永住金刚敌住喝道："这厮又将安走！我领西天大雷音寺佛老亲言，在此把截，谁放你也！"

往上走，却有托塔李天王并哪吒太子，领鱼肚药叉、巨灵神将，幔住空中。哪吒用斩妖剑一连砍下他十数个牛头，又放真火把他烧得张狂哮吼，摇头摆尾。才要脱身，又被李天王用照妖镜照住本像，腾挪不动，无计逃生，只叫："莫伤我命！情愿归顺佛家也！"

牛魔王最终被带回灵山，显赫一时的牛氏家族轰然倒塌。

三界洗牌期牛魔王的战略误判

关键时期	误判信息	错误行为
大闹天宫后的认知偏差	误读天庭镇压	将组织洗牌视为个人失败
	错判佛道平衡	过早倒向道教势力
取经工程的深层逻辑	西天扩张的必然性	牛魔王领地恰处战略要冲
	剿匪行动的精心设计	从红孩儿到如意真仙的定点清除中，没有悬崖勒马

牛魔王没能实现从"江湖大哥"到"商业领袖"的转型，他的一败涂地绝非偶然，这位坐拥西牛贺洲商业帝国的妖界首富，在权力迭代的关键时刻，因认知陷阱、战略误判、格局局限，最

终沦为佛道博弈的牺牲品。他的陨落轨迹，堪称传统势力转型失败的经典案例。

孙悟空与牛魔王，如同镜子的两面，映照出人性的光辉与阴暗，一个洗心革面，重修正果；一个迷失自我，走上歧途，沦为权力与私欲的囚徒，落得家破人亡，黯然退场。

玉帝的终极权谋：
无为而治背后的领导力

在农业社会，人都是靠天吃饭，天上长时间不下雨，地上就颗粒无收，君王就要出来下《罪己诏》。饿死了人，统治就会受到威胁。"靠天吃饭"不仅是生存法则，更是政治密码。民间传说，明太祖朱元璋、明神宗朱翊钧、清高宗乾隆，历代皇帝都有过祈雨的经历。

龙王司雨的民间传说与《西游记》中的天庭控制不谋而合。在《西游记》小说中，我们看到天庭通过降雨实现对人间的终极控制，然而人间处处"五雷法"，玉皇爷爷也慌张。当凤仙郡三年大旱导致"十岁女易米三升，五岁男随人带去"的人间惨剧时，天庭却上演着更精妙的权力博弈，玉帝用米山、面山、黄金锁构建的"三重天罚"，演义终极帝王术。

当取经小组来到天竺国外郡凤仙郡时，本来满怀憧憬，终于要到佛祖脚下了。可是进了城却发现这里民事荒凉，街道冷落，只有几个官兵正在街市口张榜招求会求雨的法师。榜文写的是：

"大天竺国凤仙郡郡侯上官。为榜聘明师，招求大法事。慈因郡土宽弘，军民殷实，连年亢旱，累岁干荒，民田苗而军地薄，河道浅而沟浍空。井中无水，泉底无津。富室聊以全生，穷民难以活命。斗粟百金之价，束薪五两之资。十岁女易米三升，五岁男随人带去。城中惧法，典衣当物以存身；乡下欺公，打劫吃人而顾命。为此出给榜文，仰望十方贤哲，祷雨救民，恩当重报。愿以千金奉谢，决不虚言。须至榜者。"

孙悟空看了不解地问："郡侯上官是什么意思？"

张榜的官差说："这里的郡侯姓上官。"

孙悟空笑道："此姓却少。"

八戒说："哥哥不曾读书，百家姓后有一句上官欧阳。"

实际上我们知道，孙悟空读书实在不少，他在灵台方寸山打下的基本功比唐僧都扎实，猪八戒都知道的常识，孙悟空怎么会不知道？看来这个暗含"上级官员"之意的"郡侯上官"让孙悟空品出了另一番滋味。

不过遇到干旱少雨这类问题，取经小组没有不管的道理，大家揭了榜一起来见郡侯。这郡侯见了相貌堂堂的唐僧，当街就倒身下拜，说："下官乃凤仙郡郡侯上官氏，熏沐拜请老师祈雨救民。望师大舍慈悲，运神功，拔济！"

虽然这郡侯姓"上官"，但是见高僧就自称"下官"，也很能放下身段，名字和行为的冲突就很有讽刺意味。同时，他的名字也像一面镜子，照出权力的金字塔，在玉帝→郡侯→百姓的三级权力结构中，每个层级的"上官"都是上一阶层的"下官"。

师徒四人跟郡侯回到府中，先安排了茶饭，猪八戒是放量吞餐，如同饿虎，直吃得饱满方休。猪八戒食肠宽大，一路上很少有吃饱的时候，竟然在一连三载遇干荒、三停饿死二停人的凤仙郡侯府上吃了个饱满,何其讽刺。外面百姓"十岁女易米三升,五岁男随人带去。城中惧法,典衣当物以存身;乡下欺公,打劫吃人而顾命",好像跟里面上官老爷没有多大关系。

吃饱了饭,孙悟空拍着胸脯说会送这郡侯一场大雨,毕竟他已经办了很多次降雨的事,想来在龙王那刷个猴脸是手到擒来。孙悟空念动真言,不一会就召唤来东海龙王,但这次龙王却说:"启上大圣得知,我虽能行雨,乃上天遣用之辈。上天不差,岂敢擅自来此行雨?"

孙悟空很少听龙王说这样的官话,便问:"我因路过此方,见久旱民苦,特着你来此施雨救济,如何推托?"

龙王说:"岂敢推托?但大圣念真言呼唤,不敢不来。一则未奉上天御旨,二则未曾带得行雨神将,怎么动得雨部?大圣既有拔济之心,容小龙回海点兵,烦大圣到天宫奏准,请一道降雨的圣旨,请水官放出龙来,我却好照旨意数目下雨。"

从龙王的表现可以发现,这时候玉帝对降雨程序已经进行了更为严格的规范,即使是一路开绿灯的取经项目,龙王也不敢私自帮忙了。

孙悟空只好上天宫,面见玉帝。

在西天门外,护国天王接住孙悟空问明来由,却说:"那壁厢敢是不该下雨哩。我向时闻得说,那郡侯撒泼,冒犯天地,上帝见罪,立有米山、面山、黄金大锁,直等此三事倒断,才该下雨。"

孙悟空执意要见玉帝,天王也不敢阻拦,让他进去,径到通明殿外,又见四大天师迎住,也说:"那方不该下雨。"

孙悟空笑道:"该与不该,烦为引奏引奏,看老孙的人情何如。"

葛仙翁毫不客气地说:"俗语云苍蝇包网儿,好大面皮!"

想当初孙悟空在天庭混的时候,是见三清,称个"老"字;逢四帝,道个"陛下"。跟满天神仙只以弟兄相待,彼此称呼,这么没脸面的事还是第一回遇上。还好许旌阳说:"不要乱谈,且只带他进去。"然而见了玉帝,玉帝也说:"那厮三年前十二月二十五日,朕出行监观万天,浮游三界,驾至他方,见那上官正不仁,将斋天素供,推倒喂狗,口出秽言,造有冒犯之罪,朕即立以三事,在于披香殿内。汝等引孙悟空去看,若三事倒断,即降旨与他;如不倒断,且休管闲事。"

四天师即引行者至披香殿里看时,见有一座米山,约有十丈高下;一座面山,约有二十丈高下。米山边有一只拳大之鸡,在那里紧一嘴,慢一嘴,嗛那米吃。面山边有一只金毛哈巴狗儿,在那里长一舌,短一舌,餂那面吃。左边悬一座铁架子,架上挂一把金锁,约有一尺三四寸长短,锁梃有指头粗细,下面有一盏明灯,灯焰儿燎着那锁梃。天师告诉孙悟空:"那厮触犯了上天,玉帝立此三事,直等鸡嗛了米尽,狗餂得面尽,灯焰燎断锁梃,那方才该下雨哩。"

这三重惩罚看似荒诞,实则是玉帝精心设计的统治工具:米山象征民生根本,面山代表经济命脉,黄金锁暗喻官僚体系。领导者的核心权力往往隐藏在规则制定权中,玉帝通过设立米山、面山、黄金锁这三重看似荒诞的考核机制，将抽象的天道法则转化为可量化的管理指标，用不可能完成的任务制造持续压力，并将自然灾害转化为对统治者的忠诚测试，试图通过集体忏悔重塑意识形态合法性，实为精妙的政治设计。

所以孙悟空大惊失色，再不敢启奏，走出灵霄殿，满面含羞。

齐天大圣吃了这一剂下马威，方知玉帝的权谋远非自己当年所谓的暴力所能撼动，从此再也不敢说什么老孙的人情。眼下凤仙郡看来日积月累解决不了的问题，背后也一定另有隐情。此时只听四大天师笑道："大圣不必烦恼，这事只宜作善可解。若有一念善慈，惊动上天，那米、面山即时就倒，锁梃即时就断。你去劝他归善，福自来矣。"

玉帝立此三事，本意不在天罚，而在教化郡侯率民皈依天道，只有这样，米山、面山才能倒，黄金锁才能断。

这位自称上官的郡侯，看来是拜错了庙门，不把玉帝放在眼里，才受到这样的惩罚。孙悟空回来告诉他："你若回心向善，趁早儿念佛看经，我还替你作为；汝若仍前不改，我亦不能解释，不久天即诛之，性命不能保矣。"

郡侯赶紧磕头礼拜，誓愿皈依。当时召请本处僧道，启建道场，各各写发文书，申奏三天。郡侯领着众人拈香瞻拜，答天谢地，引罪自责。城里城外大家小户，不论男女，也都烧香念佛。自此时，一片善声盈耳。

这时候孙悟空再上天宫，见证了一整套严密的降雨流程。先是护国天王传旨让他前往九天应元府下，见九天应元雷声普化天尊说明情况，天尊就奉旨差邓辛张陶率领闪电娘子，随他下降凤仙郡声雷。先听得唿鲁鲁的雷声，又见那淅沥沥的闪电，但也只是光打雷不下雨。这时候，接到信号的上界直符使者，将僧道两家的文牒，送至通明殿，四天师传奏灵霄殿，玉帝见了问："那厮们既有善念，看三事如何。"

正说着，见披香殿看管的将官报道："所立米、面山俱倒了，霎时间米面皆无，锁梃亦断。"

话音刚落，又有当驾天官引凤仙郡土地、城隍、社令等神齐来拜奏道："本郡郡主并满城大小黎庶之家，无一家一人不皈依善果，礼佛敬天。今启垂慈，普降甘雨，救济黎民。"

听完这些汇报，玉帝才大喜传旨："着风部、云部、雨部，各遵号令，去下方，按凤仙郡界，即于今日今时，声雷布云，降雨三尺零四十二点。"

四大天师即奉旨，传与各部随时下界，各逞神威，一齐振作。

原来打雷闪电只是吹个前奏，这时见众神都到，合会一天，终于是风云际会，甘雨滂沱。整个凤仙郡万户千门人念佛，六街三市水流洪。

这场雨足下够了三尺零四十二点，众神祇渐渐收回。孙悟空又厉声高叫道："那四部众神，且暂停云从，待老孙去叫郡侯拜谢列位。列位可拨开云雾，各现真身，与这凡夫亲眼看看，他才信心供奉也。"

众神听说，都停在空中，那郡侯一步一拜来谢，直参拜了一个时辰。孙悟空才对众神作礼道："有劳！有劳！请列位各归本部。

老孙还教郡界中人家，供养高真，遇时节醮谢。列位从此后，五日一风，十日一雨，还来拯救拯救。"

天庭管理体系转型：从泾河龙王到凤仙郡

管控维度	传统模式	革新体系
决策权	龙王自由裁量	九司联审制
执行流程	单部门操作	雷–风–云–雨协同作业
监督机制	事后追责	三重动态 KPI 考核
思想控制	被动服从	全民皈依运动

办完这件事，师徒四人就要收拾行李启程，郡侯哪里肯放，还要买治民间田地，为他们建寺院生祠，勒碑刻名，四时享祀，足足留了师徒半个月。这天，郡侯说寺院已经建好了，唐僧惊讶道："工程浩大，何成之如此速耶？"

郡侯说："下官催趱人工，昼夜不息，急急命完，特请列位老爷看看。"

孙悟空笑道："果是贤才能干的好贤侯也！"

大家到新寺参观，见那殿阁巍峨，山门壮丽，都称赞不已。唐僧给起了个名字叫"甘霖普济寺"。郡侯就用金贴广招僧众，侍奉香火。殿左边立起四众生祠，每年四时祭祀；又起盖雷神、龙神等庙，以答神功。

昼夜赶工建成的甘霖普济寺，使得凤仙郡完成"人治"到"神治"的场域转换，天庭通过接受生祠供奉，将临时救灾转化为永久性的权力质押。

从泾河龙王私自改动下雨时间点数被砍头，到取经路上孙悟空多次破除五雷法，直至凤仙郡展现的雷部签批、风部备案、云部立项、雨部执行的全流程管控，玉帝通过三阶段战略完成了天庭权力的垂直重构，既化解了统治危机，又将自然灾害转化为巩固权力的战略机遇，看似无为而治，实为最高形态的积极统治。

西游咒语：
我叫你一声，你敢答应吗

《西游记》里有句经典台词：我叫你一声你敢答应吗？但凡答应就着了道，被装进太上老君的紫金红葫芦里化成脓水。当太上老君的葫芦发出致命召唤，计人突然意识到：名字从来不只是符号，而是权力编织的罗网。千年后的互联网大厂里，当新人接过"黄蓉""令狐冲"的花名时，这场关于身份认同的暗战正在数字时代重演。

一千多年以前，日本有位阴阳师安倍晴明，他说："名字，就是最短的咒语。"《道德经》里也写到"无名万物之始，有名万物之母"。鸿蒙之初，一切都无始无名，没有意义也没有方向，一切都是从我们给天地万物命名，赋予它意义开始的。

是人是妖都有名字，可能还不止一个，比如孙悟空，这个名字是他的师父菩提祖师给起的，从此，石猴便踏上了修心证道之路。后来被压在五行山下，观音要给他起名字，孙悟空说我已经有名字了。唐僧把他救出来，也要给他起名字，孙悟空说我已经有名字了，但是唐僧依然坚持要给他起名字，说那就起个法号吧，叫"行者"。唐僧也给猪悟能起了法号叫"八戒"，给沙悟净起了法号叫"和尚"，从此三个人称唐僧为师父，这是一名之师。

大家都有了新名字，但旧名字也依然适用，因为那都是比唐僧大得多的领导给取的名字，新领导要认，大领导更不能丢。

而且每个人的名字也是随着他们身份、处境的变化而变化的，孙悟空除了有很多名字，还有很多身份头衔。一开始没名字，就叫石猴，有了一点成绩自封为"美猴王"，第一次被招安叫"弼马温"，第二次被招安，玉帝封了官方认可的"齐天大圣"，最后孙悟空又靠自己挣到了"斗战胜佛"的头衔。

名字不光是一个代号，更是一种身份认同。在本姓原名之外，步入社会的人往往会像孙悟空这样逐渐增加头衔，有职位称呼、学术称呼、外号等各种名号。比如马云，作为企业家叫马总，因为他当过老师又叫马老师，在公司里还有花名"风清扬"。他喜欢金庸，喜欢武侠，公司里的人也都是各路"江湖豪杰"。

受阿里巴巴的影响，很多大厂员工入职都开始起花名。拼多多是做农产品起家的，高管昵称有冬枣、土豆等蔬菜水果，作为庄主的黄峥则叫"阿庄"。

网易在2020年9月还发通知宣布正式启用花名制度，鼓励工作沟通中使用昵称，且还在昵称规则中特别提示，让员工在取昵称时避免使用带有辈分或上下级关系含义的字词，如"总""哥""姐""爷"等。

大家最开始这么做的初衷是效仿外企，进行扁平化的公司管理，避免使用等级称呼，希望在一定程度上消除不同层级员工之间的分别感，但这同时也会带来新的问题。

比如马云的花名"风清扬"，是《笑傲江湖》里的武功登峰造极的高手，开宗立派的人物。跟着马云干起来的最早的一批高管，有人叫"令狐冲"，有人叫"逍遥子"，全部都是武林高手。而随着队伍的扩大，高手的花名就不够用了，就算够用也没人敢用，就算敢用，公司内部还有一个花名登记审核程序，也不见得会给你过审，这样一来新的阶层不是又产生了吗？只不过是推翻了一个旧的价值体系，建立了一个新的价值层级。而且过一段时间你会发现，公司里的称呼又变成了"苹果姐""Mark总"。

大厂之间的人还会来回跳槽，换一个公司肯定要重新起个花名，你原来叫茄子、豆角，现在得叫郭靖、黄蓉了，你得忘记过去的自己，快速建立新的组织身份认同。

当企业人太多，新的名字实在取不出来怎么办？没关系，假如原来叫黄蓉的人离职了，你进来顶替他的岗位，你的花名依旧是黄蓉。

这也演变成花名的另一个作用，就是防止大厂之间互相挖人，每个人进来都会拥有一个虚拟的身份和昵称，这就增加了外界识别的难度，甚至自己内部人如果不是长时间相处，根本都不知道同事真实的情况到底是怎么样的。

有一个经典的互联网段子，一个人在入职某公司后，分给他一台电脑，这台电脑和一个英文名是绑定的，谁来都是用这个英文名字，Jack离职了，你就是新的Jack，公司跟这个岗位一切有关的沟通，全部都是跟Jack沟通，在这里人仿佛成了一个工具。

过去牧民养牛羊，会在牛羊身上盖章，以表示这是归属于我的。奴隶制社会甚至会在人的身上打上烙印，证明这个奴隶的归属权。现在企业当中，花名就仿佛是在特定组织里的一种新的身份认同、文化认同，是无形当中被组织管理驯化的一步。

企业通过花名系统完成三重驯化：

记忆清洗：强制切断前组织身份链接，强制其忘记你在前公司的 title，切断职业连续性认知。

人格溶解：用虚拟身份覆盖真实自我。

归属幻觉：建构文化认同遮蔽劳资关系，将绩效考核转化为"修炼升级"的游戏化叙事。

斯坦福大学组织行为学实验显示，当受试者被赋予特定称谓时，决策倾向会发生 17.6% 的偏移。在阿里，被称为"罗汉"的核心团队离职率比普通员工低 43%；在腾讯，使用武侠花名的项目组跨部门协作效率提升 28%。这正是安倍晴明"名字即最短咒语"的现代印证。

在非营利组织"萤火助学"，每位志愿者入职时都会获得诸如"青禾""启明星"等象征教育希望的代号。2022 年加州大学社会心理学追踪研究发现，使用代号的志愿者在三年留存率上比传统称呼组高 62%，其课程研发创意度评分超出行业均值 38.5%。某位被称作"青禾"的老师坦言：这个代号时刻提醒我，自己不仅是教书匠，更是播撒知识火种的耕耘者。

"我叫你一声你敢答应吗"，这探寻的是名字背后深层的束缚和自我认同，名字的应答，是对自我身份的一种确认与强化。它告诉我们，我们在这个世界上是被看见、被听见、被记住的。这种被认同感，对于个体的心理健康与自我价值的实现至关重要。通过应答，我们不仅确认了自己的存在，更在潜意识中强化了自我认同，增强了自信心与归属感。

【取经私董会】

本期议题：取经小组的团队配置对当代企业有什么借鉴价值，CEO愿景领导＋专业团队是黄金配置吗？

经不可轻传,亦不可以空取。

——《西游记》第九十八回

第五章 战略篇

商业棋局与财富裂变

西游第一桶金：
大佬们的原始积累

在全球"亿万富豪俱乐部"里，鲜少有人是一夜暴富的，大多数人需要数年、数十年甚至几代人的积累，才能达到巨富的程度。对于这些亿万富豪而言，赚到第一个100万美元，平均需要8年时间。

大佬们的第一桶金往往都有很强的时代特征，比如改革开放之后的第一代企业家，很多是当"倒爷"赚到的第一笔钱，柳传志、任正非、王石都是如此。在物资匮乏的时代，谁能搞到大众需要的稀缺日用品，谁就打开了财富的开关。在基本生活得到满足之后，改善型消费又催生了新一批富豪，比如靠保健品起家的钟睒睒，已经连续4年成为中国首富。房地产、互联网、电商这些不同时代的产物，都造就了一批又一批财富新秀。

纵观人类财富历史你会发现，赚一笔小钱可以靠把自己本身的资源变现，比如你的时间，你的劳动力。赚到第一桶金以及更多的财富，则需要把不属于自己的资源变现。怎么才能把不属于自己的资源，变成属于自己的财富呢？

西游世界的财富版图呈现鲜明的垄断特征，最好的初始资源大部分都在太上老君这些顶层大佬手里，比如混沌初分、天开地辟时的产物——紫金红葫芦，能化万物于无形；至阳的宝扇——芭蕉扇，扇出的六丁神火是炼丹炉的动力来源，因此他建立起横跨炼丹炉能源开发、金刚琢兵器制造、九转金丹生物科技的庞大产业帝国。手握诸多不可再生的宝贵资源，实现了财富的快速积累。

这种基于稀缺资源垄断的积累模式，在牛魔王家族中形成延伸，其成员通过占据不同领域的核心资源，构建起家族垄断网络：

牛魔王的儿子红孩儿占领的六百里钻头号山，这里原本基层小神仙就多，十里一山神，十里一土地，共有三十名山神，三十名土地，自从红孩儿占山为王后，把这些人的油水都榨干了。一个小神仙跟孙悟空诉苦说："把我们人头也摩光了，弄得我们少香没纸，血食全无，一个个衣不充身，食不充口。"不光如此，这些山神土地还经常被红孩儿拿去烧火顶门，提铃喝号。小妖儿们也要跟他们讨保护费，没有钱就得捉几个山獐野鹿，早晚打点，没东西送就等着被拆庙宇，剥衣裳。

牛魔王的弟弟如意真仙，垄断了西梁女国落胎泉的泉水。女儿国不允许男孩出生，所以女性怀孕后都必须先去解阳山破儿洞照胎泉做个B超，那些不能生、不该生的，就得喝落胎泉水打掉。以前这个水是开放的，谁都可以随意取，后来被如意真仙给垄断了，再要喝一碗水就得先给他送上花红表里，钱给不够，水喝不到。这水有多贵呢？孙悟空打来一小桶，唐僧和猪八戒喝剩下的送给当地老婆子，她兴高采烈地说，这点水够她的棺材本钱了，可见这是多么暴利的垂直垄断。

牛魔王的妻子铁扇公主，坐拥八百里火焰山，四周寸草不生，人们要想种粮食活命，也得进献牛羊，再加上花红表里，才能请铁扇公主出来扇一扇扇子，把火扇灭，得一个生存的空隙。

牛魔王自己也和万圣龙王、九头驸马地方黑恶势力勾结，形成占据西牛贺洲市场半壁江山的势力网络。

西游集团原始股兜率宫如此，新兴势力灵山也是如此，灵山开局同样是靠朴素的低端产业积累第一桶金，八百里黄风岭、八百里狮驼岭，吃的都是劳动密集型原始积累。他们财富积累变化的过程，我们可以从观音身上窥探一二。

取经这一路上，观音的收获非常大，收服了精通园艺的黑熊精，给她当了守山大王；收服把山神土地吃干抹净的红孩儿，给她当善财童子。如果说黑熊精还是自己想投靠落伽山，那么坐拥万贯家财的红孩儿，其实更愿意自在为王，不愿意与人为奴，这个"善财童子"不是红孩儿想做，是观音非要。

在六百里号山，孙悟空遭遇红孩儿的三昧真火，无奈上南海搬救兵。红孩儿年纪不大，却是见过大场面的妖王，对观音没有半点惧色，睁着圆眼喊："你是孙行者请来的救兵么？"连问几遍没回应，就照观音劈心刺过一枪来。观音早有准备，把跟李天王借来的三十六把天罡刀化作一座千叶莲台，抛向红孩儿。红孩儿毕竟年幼，以为一枪就吓退了对手，只把观音当作个脓包菩萨，把她抛下的莲台当战利品就坐了上去。只听观音叫一声"退！"，莲台瞬间花彩俱无，祥光尽散，红孩儿却坐在了刀尖之上，穿透两腿，皮开肉绽，血肉模糊。

红孩儿这才慌了，痛声苦告道："菩萨，我弟子有眼无珠，不识你广大法力。千乞垂慈，饶我性命！再不敢恃恶，愿入法门戒行也。"

观音给红孩儿摩顶受戒，剃一个泰山压顶的发型，并把最后一个金箍儿一变五，一个套在他头顶上，两个套在他左右手上，两个套在他左右脚上，默默念了几遍"金箍咒儿"，这箍儿见肉生根把红孩儿疼得搓耳揉腮，攒蹄打滚。观音又用杨柳枝蘸了一点甘露洒去，叫声"合！"只见红孩儿丢了枪，一双手合掌当胸，形成一个观音扭，再也不能开放，一步一拜，直拜到落伽山。留下一个"五十三参，参拜观音"的传说。

观音将红孩儿的暴力反抗转化为强制收购，最终将其势力范围纳入落伽山生态体系。

收编黑熊精建立园林经济，掌控红孩儿获取现金流，通过落伽山平台实现产业链整合，观音打造完成"信仰经济—生态保护—金融服务"生态型商业闭环，这番资本运作揭示了其积累逻辑。

观音还给孙悟空上过一堂一对一的商业私教课。在孙悟空奈何不了红孩儿的三昧真火向她求助时，观音说："悟空，我这瓶中甘露水浆，比那龙王的私雨不同，能灭那妖精的三昧火。待要与你拿了去，你却拿不动；待要着善财龙女与你同去，你却又不是好心，专一只会骗人。你见我这龙女貌美，净瓶又是个宝物，你假若骗了去，却那有工夫又来寻你？你须是留些甚么东西作当。"

帮忙要收押金，这是孙悟空第一次有价值交换的概念，说："可怜！菩萨这等多心，我弟子自秉沙门，一向不干那样事了。你教我留些当头,却将何物?我身上这件绵布直裰,还是你老人家赐的。这条虎皮裙子,能值几个铜钱?这根铁棒,早晚却要护身。但只是头上这个箍儿,是个金的,却又被你弄了个方法儿长在我头上,取不下来。你今要当头,情愿将此为当,你念个松箍儿咒,将此除去罢,不然,将何物为当?"

观音说:"你好自在啊!我也不要你的衣服、铁棒、金箍,只将你那脑后救命的毫毛拔一根与我作当罢。"

孙悟空说:"这毫毛,也是你老人家与我的。但恐拔下一根,就拆破群了,又不能救我性命。"

观音骂道:"你这猴子!你便一毛也不拔,教我这善财也难舍。"

这堂MBA课,是孙悟空的财富觉醒时刻,这场对话揭示了三个残酷真相:信用货币的本质是抵押物游戏,慈悲心需要风险对冲机制,世界上唯一通行的准则是价值交换。

从老君的技术垄断到牛魔的资源控制,再到观音的平台化资本运作,西游世界财富形态的进化均折射出权力与资本的共谋关系。当代商业文明中,这种核心规律始终未变,谁能定义稀缺,谁就掌握了财富的炼金术。

如来佛法东传的灵山资本局

孙悟空看不上的南赡部洲，如来精心布局了五百年，面对南赡部洲儒道交织的坚固壁垒，灵山以生态系统思维重构战略格局，通过整合天庭、地府、龙王等跨维度资源，以"恐惧营销＋帝王代言＋文化植入"的三重生态卡位，在李世民的精神版图上凿开了缺口。

历史上，佛教在中国的传播很长时间内是受到极大阻力的，并不止一次发生过灭佛事件，较大规模的就包括"三武一宗灭佛"，分别是北魏太武帝拓跋焘、北周武帝宇文邕、唐武宗李炎，以及后周世宗柴荣发起的灭佛事件。唐太宗在位期间，一开始官方也是并不认可佛教的，更多是秉承儒道并存方式进行统治。在民间以弥勒、观音信仰较为普遍，算是有一定的群众基础。《西游记》小说借鉴这一历史背景，进行了艺术化处理。

彼时的大唐强盛兴旺，贞观大帝李世民驾前有安邦定国的英豪、创业争疆的杰士，可不像1840年的清政府那样，轻易就被洋枪洋炮轰开了国门。

对于这种情况，不可力敌，只可智取，这对项目操盘手观音来说是极大的考验，她首先向如来交上一份战略企划书：

市场调研：充分考虑三次灭佛运动的政策风险；

用户画像：挖掘李世民对"基业长青"的深层焦虑，让皇帝成为产品代言人；

生态卡位：联合地府、龙王等战略合作伙伴推进项目进程；

事件营销：精心设计"泾河赌局"作为引爆点。

如何让皇帝成为产品代言人？无疑是这场天局最难的开端，观音精心策划了一场"渔樵辩论赛"，在长安的流量入口泾河畔埋下钩子，引诱龙王主动咬钩。

一天在长安城外的泾河边上，一个渔翁和一个樵夫卖了各自的货物，喝了顿酒，一起闲话家常，聊着聊着就互相吹捧起来，吹着吹着就开始攀比起来，比着比着就打起赌来了。

卖柴的说，咱们做点小生意日子过得逍遥自在，比那些上市公司强，"但是你卖鱼的天天在水上，虽然水上风景秀丽，却不如我卖柴的山色青翠。"

卖鱼的说："此言差矣，是你的山青不如我的水秀，你看我一觉安眠风浪俏，无荣无辱无烦恼。"

卖柴的说："还是你的水秀不如我的山青，我'红瘦绿肥春正暖，倏然夏至光阴转。又值秋来容易换，黄花香，堪供玩。迅速严冬如指拈，逍遥四季无人管'。一年四季都这么悠然自得。"

俩人比急眼了，卖鱼的口出恶言说："你上山仔细看老虎，假如遇到凶险，我明日可是街头少故人了！"

卖柴的说："你怎么咒我？我若遇虎遭害，你必遇浪翻江！"

卖鱼的说，其实他根本不需要冒险出海，因为自己有个独家秘密，在这长安城里，西门街上，有一个卖卦的先生。他每天送那先生一尾金色鲤鱼，就能获得袖传一课，然后依据先生指出的方位，百下百着。卖鱼的说："今日我又去买卦，他教我在泾河湾头东边下网，西岸抛钓，定获满载鱼虾而归。"

这场辩论赛打得非常精彩，成功吸引了一个吃瓜群众——泾河水府巡水夜叉的注意，他一听有人要来泾河湾头下网，赶紧跑回去向泾河龙王汇报，添油加醋地说："若依此等算准，却不将水族尽情打了？何以壮观水府，何以跃浪翻波辅助大王威力？"

泾河龙王也是个急脾气，当时就要提剑上长安，诛灭那个卖卦的。还是龙子龙孙、虾兵蟹将拦住他说，龙行有雨，虎行有风，你就这么上去，惊动了长安的黎民百姓恐怕上天见罪，不如先变成个秀士打探清楚情况再说。泾河龙王这才脱下制服，换上便衣上岸来探听虚实。

一个龙王的城府还不如虾兵蟹将，难怪他早被灵山列入重点观察名单，让观音一眼就选中他这条鱼来当炮灰。

长安城摆卦摊的不是别人，是当朝钦天监台正先生袁天罡的叔父，袁守诚。龙王一见到仇人早忘了先观察再行动的原则，直接就要跟人家打赌，卜问天上阴晴之事，因为他是司雨大龙神，这是他的本职工作，什么时候晴天，什么时候下雨，都是年度计划表里安排好的日程。他的工作手册上明天并没有雨，而袁守诚掐指一算却说明天有雨，两人就赌下雨的具体时辰和雨量，并精确到雨滴的点数，赌注是五十两金子。

泾河龙王以为胜券在握，可万事皆从急中错，根本想不到自己已经落入别人的圈套。当他回到水府正扬扬得意的时候，突然接到了加班通知——"敕命八河总，驱雷掣电行；明朝施雨泽，普济长安城"。通知上的时间雨量，跟袁守诚预判得毫发不差，龙王听了当时就吓得魂飞魄散。如果此时他能反思一下这种巧合，或许还不会酿成大错。但是他不肯认输，竟然私自将行雨差了时辰，少了点数。泾河龙王敢这么干，说明他以前肯定这么做过，只是此一时彼一时，以前可以蒙混过关的事，这回不行了。

本来只是五十两金子的赌注，现在变成了违抗圣旨、触犯天庭，被判死罪。当泾河龙王为赌约篡改降雨参数时，整个生态系统的齿轮开始咬合。负责执行斩龙头的正是李世民驾下的宰相，人曹官魏征。人曹官在天庭和大唐两边都当职，负责处理人仙之间的事务和纠纷。

这时候泾河龙王怂了，赶紧去找袁守诚磕头下跪，求对方给自己指条明路。袁守诚就告诉他，想活命只能去找唐太宗李世民，如果能讨他个人情，那龙头就可以保住了。

泾河龙王急忙托梦向李世民求情，李世民念在大家都是"龙"的份上，就答应帮他这个忙。等快到行刑的时刻，特意叫魏征跟自己下棋，这样错过了时辰，泾河龙王就不用死了。谁想到阎王叫他三更死，人间皇帝也没办法留他到五更，魏征在下棋过程中只是打了个盹的工夫，泾河龙王就龙头落地了。

泾河龙王阴魂不散，夜夜提着一颗血淋淋的龙头来找李世民索命，恶鬼难缠，心病难医，被噩梦折磨的李世民不久就命悬一线。

就在李世民还剩最后一口气的时候,魏征悄悄说你放心去,到那边找一个叫崔珏的阴曹官,我已经跟他打好招呼了,到时候一切都有他照应。李世民来到阴曹地府幽冥界,一进门心理防线就被击溃了,只见门口的先皇李渊、兄弟李建成、李元吉扑上来喊:"世民来了!世民来了!"幸好崔判官及时赶到,帮他脱了身。

李世民在阴曹地府并没有受到任何刁难,反而被崔珏随手增加了二十年阳寿,地府也什么酬谢都不要,只要南瓜。其实他们要的也不是南瓜,而是南赡部洲人的信仰和供奉。这个条件李世民会不会答应?

不答应也没关系,接下来依旧是崔判官负责李世民还阳的流程,他没有直接开门放人,而是带着李世民在"幽冥界人口工厂"参观考察了一整圈,把那些吊筋剥皮、拔舌抽肠的恶鬼,统统给客人展示了一遍,让他亲眼看看什么叫"生前作下千般业,死后通来受罪名"。但并不是所有人死后都会受这样的罪,只有被认定为作恶的才会如此,至于作恶的标准是什么,那还是要由阎王说了算。

地府还有三座桥,分别是金桥、银桥、奈何桥,贵人走金桥,忠孝贤良走银桥,作业鬼走铜蛇铁狗啃食的奈何桥。崔判官特地嘱咐李世民,回到阳间一定要把这里见闻广为传记。

随后李世民被带到枉死城,观看专门给他排练的沉浸式互动表演,一群拖腰折臂、有足无头的鬼魅,上前拦住他叫道:"还我命来!还我命来!"这回崔判官没有喝退这些恶鬼了事,而是对李世民说:"那些人都是那六十四处烟尘,七十二处草寇,众王子、众头目的鬼魂;尽是枉死的冤业,无收无管,不得超生,又无钱钞盘缠,都是孤寒饿鬼。陛下得些钱钞与他,我才救得哩。"

原来阎王也不做没利润的买卖,但是皇帝出门一般都不自己带钱,崔判官又给李世民提供了一项民间借贷的业务,说:"陛下,阳间有一人,金银若干,在我这阴司里寄放。陛下可出名立一约,小判可作保,且借他一库,给散这些饿鬼,方得过去。"这人是谁呢?河南开封府人氏,姓相名良,在阴司里存放了十三库金银,李世民就找他借了一库。

立完字据崔珏却又加码,叫李世民回到阳间务必做一个"水陆大会",超度这些孤魂野鬼,并再三叮嘱:"若是阴司里无抱怨之声,阳世间方得享太平之庆。凡百不善之处,俱可一一改过。普谕世人为善,管教你后代绵长,江山永固。"

皇帝就怕两件事,第一怕自己死得太早,第二怕国家衰亡,崔珏这是给李世民种下了心锚,迫使他回去之后马不停蹄地办这几件事,该进瓜进瓜,该还钱还钱,最后的重头戏是办一场国家级高规格的"水陆大会"。朝廷为此张榜天下,遍选有道高僧,最后选出了既有家世背景,又有满腹经纶的陈玄奘来主持这场法事。

判官崔珏的"二十年阳寿馈赠"绝非偶然,当李世民颤抖着走出幽冥界时,实则是用二十年皇权为质押的信仰契约。灵山资本局已在他脑中植入完整的生态链:

地府索命制造生存焦虑→水陆大会提供解决方案→朝廷承担

超度成本→取经工程巩固信仰体系→寺庙香火坐收市场渔利

在"泾河赌局"的精密设计中,天庭的降雨规则成为触发机制,地府的生死簿构成威慑筹码,而泾河龙王的莽撞性格则是完美杠杆支点。多方资源联动,使得凡人皇帝被迫成为生态链的终端节点,当玄奘法师登场时,完成了整个布局的最后一块拼图。

在任何商业版图扩张中,最难的战役不是攻城略地,而是改变用户心智。灵山这种超越宗教竞争的多维布局,使得佛法不再是与儒道对抗的异质文化,而是深深嵌入大唐精神命脉的共生系统。从此,每个遭遇厄运的百姓都会想起地府的审判,每个祈求平安的官员都将默念佛经,每场超度法事都在加固灵山的生态护城河。这种润物无声的生态殖民,才是如来五百年布局的真正杀招。

西天取经之路
是产业升级之路

从 0 到 1 难,还是从 1 到 100 更难?

大闹天宫之前,灵山的财富是从 0 到 1 的过程,西天取经则是从 1 到 100 的过程,是进行产业转型升级的过程。不光要做好第一产业、第二产业,更要着重发展第三产业,卖思想、卖教育、卖金融、卖服务。既要守住基本盘,又要产品出海、文化出海。

如来发展第三产业的核心,就是他的"三藏真经"。精神产品卖得好,比物质产品更赚钱。

在取经小组经过舍卫国布金禅寺的时候,唐僧就讲了这样一个故事,给孤独长者想请佛讲经,就向舍卫国太子买祇树给孤园作为佛陀的道场,太子不愿意卖,随口说,要想买除非黄金满布园地。没想到长者听了果然以黄金为砖布满园地,才买得太子祇园,请得世尊说法。

如来也说:"经不可轻传,亦不可以空取,向时众比丘圣僧下山,曾将此经在舍卫国赵长者家与他诵了一遍,保他家生者安全,亡者超脱,只讨得他三斗三升米粒黄金回来,我还说他们忒卖贱了,教后代儿孙没钱使用。"

这世界上最难的事,是把自己的思想装进别人的口袋里,把别人的钱装进自己的口袋里，如来用知识付费革命，开启财富密码，让灵山香火实现从"黄金铺地"到"思想掘金"的新增长曲线。

为什么一定要进行这个产业升级？因为旧的模式已经出现大问题了，蟠桃不够分，就总有人会大闹天宫。如果继续走低端产业的道路，西游世界将遍地都是狮驼岭，我们看看狮驼岭已经因为过度开发恶化成什么样了：

骷髅若岭，骸骨如林。人头发躧成毡片，人皮肉烂作泥尘。人筋缠在树上，干焦晃亮如银。真个是尸山血海，果然腥臭难闻。东边小妖，将活人拿了剐肉；西下泼魔，把人肉鲜煮鲜烹。若非美猴王如此英雄胆，第二个凡夫也进不得他门。

人也被吃干榨净，环境也遭到严重破坏。

这还只是狮驼岭狮驼洞情况，不远处的狮驼国更是恐怖至极，把孙悟空这样天不怕地不怕的大圣都吓得跌倒，挣扎不起来。如来舅舅统治的狮驼国是这样的：

攒攒簇簇妖魔怪，四门都是狼精灵。
斑斓老虎为都管，白面雄彪作总兵。
丫叉角鹿传文引，伶俐狐狸当道行。
千尺大蟒围城走，万丈长蛇占路程。
楼下苍狼呼令使，台前花豹作人声。
摇旗擂鼓皆妖怪，巡更坐铺尽山精。
狡兔开门弄买卖，野猪挑担干营生。
先年原是天朝国，如今翻作虎狼城。

尸山血海的狮驼岭本质是低端制造业的终极形态，旧模式导致资源枯竭、环境破坏和社会崩溃，当土地、人力等生产要素被掠夺性开发后，整个生态陷入"吃干榨尽"的死循环。因此，如来布局的真经体系何尝不是西游世界的一种供给侧改革。

西天取经构建的知识服务新生态

改革方案	改革目标
产品升级	三藏真经替代蟠桃成为核心资产
模式迭代	从资源消耗型转向认知输出型
价值重构	构建"经书－功德－信仰"循环体系

取经项目由如来策划、观音执行，天庭通过派四值功曹、六丁六甲暗中保护参与，象征高层对产业升级的政策引导与资源倾斜。取经成功后，团队全员受封成佛、成菩萨，妖怪大多被收回原职，暗示产业升级需平衡多方利益，通过"利益共享"机制推动转型。

西天取经跨越东土、西域、天竺，沿途经历道教势力控制的车迟国、经济结构单一的女儿国、严厉反佛的灭法国等多元环境，类似企业在全球化中应对不同市场规则、文化壁垒的挑战。取经团队闯过九九八十一难实现"跨区域资源整合"，对应产业升级中的市场拓展与全球化布局。

对于任何企业来说，不要等到天朝国翻作虎狼城的时候才被迫转型升级，英国管理学大师查尔斯·汉迪有一个著名的"第二曲线理论"，即对于企业来说，一定要在传统业务衰落之前就去寻找新的商机。任何一条增长曲线都会滑过抛物线的顶点达到增长的极限，持续增长的秘密，是在第一条曲线到达顶点之前，就要开始发现新的增长曲线。因为在这个时候，时间、资源和动力都足以使新曲线度过它起初的探索挣扎的过程。所以查尔斯·汉迪也说：当你知道该往何处走时，你往往已经错过了转向的最后机会。

创立于1880年的百年老店柯达，就曾错过产品转型的最佳时机。柯达曾是胶卷的代名词，在胶片时代占据全球三分之二的市场份额，是当之无愧的行业老大。最巅峰的时候，柯达公司有将近15万名员工，是全球最具价值的五大品牌之一。

在19世纪70年代末80年代初，柯达实验室产生了1000多项与数码相机有关的专利，奠定了数码相机的架构和发展基础。1975年，柯达的工程师研发出世界上第一台数码相机，成像之后不需要再冲洗照片了。然而这一伟大的发明却引起企业高层的抵制，他们害怕新产品的诞生会摧毁自身稳固的胶卷市场，于是就雪藏了这一发明。其胶卷业务就像西游世界的蟠桃体系，虽然曾创造垄断性收益，却最终成为创新转型的桎梏。

六年之后，竞争对手索尼率先推出了第一台数码相机，抢得市场先机。随着人们生活水平的提升，这种颠覆性的新产品快速在全球热卖，成为广大城市人群生活的一种标配。柯达眼睁睁看着对手崛起，自己一步步走向了衰落。

柯达的教训再次印证了查尔斯·汉迪的警示：任何产业模式都有生命周期，必须在新旧动能转换的关键节点主动布局。

太上老君之所以愿意跟如来化敌为友，也是因为他看到了取经小组这一路强大的执行力,看到了如来改革的决心,也意识到了自己产业的固化,如果不赶紧转型,下一步可能也会陷入狮驼岭一样的境地。他知道依靠暮气沉沉的团队很难走出创新之路,与其故步自封,不如跟新势力联手合作。

不仅是太上老君,其实很多500强企业自己做新业务都做不成,雷军曾经对这个问题做出过总结:第一,因为偶像包袱太重,凡事都追求"唯一""第一""最",习惯性地把目标定得非常大,资源配置又不足;第二,成功的大企业已经形成惯性思维,开拓新业务还是按照以往的思路去做,就不容易成功;第三,500强企业的管理层都是有产者了,大多考虑的是守住财富、平稳退休的问题。而没有激进、创新的精神是搞不出新物种的。

西天取经产业革命的本质

升级目标	管理对照
从控制资源到制定标准	三藏真经 = 行业协议
从空间扩张到认知占领	西牛贺洲 → 东土大唐
从产品输出到范式输出	取经路线 = 产业带规划

产业升级的本质是认知革命。取经团队带回的不仅是简单的经书,而是一个系统性工程,涵盖了技术突破、管理优化、资源整合、利益平衡等环节。其本质是通过战略驱动、创新迭代与制度适配,推动三界四洲从"低端内卷"向"高附加值产业链"升级。

最高级的垄断不是资源控制,而是认知标准的制定,这种思维的转变,才是持续领跑产业变革的核心竞争力。

大乘佛法解码
祭赛国困局

所有成功的商业都必须回答一个问题：你的客户认为你为他们创造了什么价值？如果没有解决用户痛点，任何模式都难以持续。如来佛祖推广大乘佛法的过程，堪称一场古代商业奇迹。"祭赛国"的兴衰变迁，正是其王牌模式的经典案例，揭示了从垄断红利到生态价值的转型智慧。

当取经小组途经祭赛国，看到这也是个龙蟠形势、虎踞金城的上邦大国，城里六街三市，货殖通财，衣冠隆盛，人物豪华，但是这个国家的和尚却一个个披枷戴锁，衣衫褴褛，沿街乞讨。难道这又是一个崇道灭僧的国家吗？这件事情背后的真相，唐僧师徒必须一探究竟。当晚他们就借宿在此地的"敕建护国金光寺"内。古代的建筑但凡有"敕建"字样的，说明是帝王下令建造，而且这还是一座护国寺，可想而知，曾经祭赛国的国王是敬重、优待僧人的。

唐僧师徒打探得知，在祭赛国的鼎盛时期，也曾有四夷朝贡：南月陀国，北高昌国，东西梁国，西本钵国，年年进贡美玉明珠、娇妃骏马。但这并不是因为祭赛国君主贤明或者能征善战，恰恰是因为这座金光寺，寺内的黄金宝塔上有一颗明珠，是佛宝舍利，使得这里祥云笼罩,瑞霭高升,夜放霞光,远隔万里都能看见;昼喷彩气,四国无不同瞻。故此以为天府神京,四夷朝贡。

这颗佛宝舍利,就是祭赛国的核心竞争力。

但是三年前这里突然下了一场血雨,污了宝塔,明珠也不见了,从此各国都不来朝贡。这颗明珠之于祭赛国就如同石油之于委内瑞拉,当外部环境突变,缺乏多元化布局的体系面临崩溃风险。而国王既不去调查到底是什么人偷了宝贝,也不想其他办法振兴经济,只是不分青红皂白地把罪责都赖到寺庙和尚们头上。和尚成了背锅侠,待遇一夜之间从天堂跌入地狱。

唐僧有个出厂设定,见庙烧香、见佛拜佛、见塔扫塔,他听了事件原委,表示自己愿意去竭诚扫塔,希望我佛威灵,能够明示污塔的原因,帮助这些无辜和尚们早日解脱冤屈。

唐僧扫塔与众不同,一般人打扫卫生都是沿着台阶从上往下扫,这样才能扫得干净,而唐僧却是自下往上而扫,扫一层脏一层,这不是白浪费工夫吗?

其实唐僧扫塔很有深意,仅从故事的叙事功能来看,从下往上扫,扫到了塔顶时,孙悟空发现了两个小妖——奔波儿灞和灞波儿奔,从他们口中得知,原来是乱石山碧波潭的万圣龙王联合女儿万圣公主、女婿九头虫偷了明珠,从而推动孙悟空对事件介入展开调查。扫塔就像侦查的过程,象征着拨开层层迷雾的动作。

另外,从下往上扫这一反常的动作,看似容易被忽略的细节,实则暗含对祭赛国国王在管理上本末倒置问题的隐喻,违背了自上而下、正本清源的治理逻辑。祭赛国眼前的危机表面上看是因为佛宝丢失而造成国势衰颓，实则暴露了国家在外交、军事、经济、民生上的全面失策。就如同诺基亚曾以硬件质量称霸手机市场，其市场占有率一度接近50%，但是却因为忽视了iOS、Android系统的生态建设而衰落。反观华为在被制裁后推出鸿蒙OS，装机量超8亿，完成了从硬件依赖到操作系统生态的升维。

祭赛国明珠失窃，表面上的危机是佛宝丢失导致核心竞争力丧失，从深层来讲也面临难得的机遇，这是倒逼其进行体系重构，唐僧师徒的到来就是助力推动转型升级。

在孙悟空打探到佛宝的下落并且重新找回明珠后，他还建议把金光寺过往的名字改掉，他对国王说："金光二字不好，不是久住之物：金乃流动之物，光乃闪烁之气。贫僧为你劳碌这场，将此寺改作伏龙寺，教你永远常存。"

从物理属性上来说，金属虽坚固，但却可以通过冶炼等方式熔化为液态流动，象征物质的不稳定性。另外，金在五行中又代表肃杀与变革，就像孙悟空本身也是五行属金，他又被称作"金公"，在大闹天宫中就是打破顽空的关键变革人物。金的流动也暗喻财富易散难聚，如商业中现金流若管理不善则会流失。

而光虽然耀眼，但却闪烁不定，无法长久驻留，如同企业品牌若仅依赖营销造势，缺乏产品内核则难以持久。光又依靠不断燃烧能量维持，资源耗尽，终会枯竭。

金光寺之名依赖"金"与"光"两种无常之物，注定无法长久，祭赛国又依赖这金光寺的稀缺资源——明珠，恰如《金刚经》中"凡所有相，皆是虚妄"警示的反面教材。

孙悟空把"金光寺"改名为"伏龙寺",一则是明珠被万圣龙王一家偷走,如今他们已经被降服处置;二则,龙在佛教中象征烦恼与妄念,更名"伏龙"寓意以佛法降伏贪嗔痴,回归内在修行。从追求外显的"金光"转向修持心性的"伏龙",契合禅宗"明心见性"的宗旨。

国王不仅立刻下令给寺院换了字号,挂上"敕建护国伏龙寺"的新匾额,还留下了唐僧师徒四人的合影,以供八方共睹,四国同瞻。

孙悟空寻宝、改寺庙名,本质是推动祭赛国完成三重转型:

信仰转型:从依赖外物祥瑞到修持内在佛性;
治国转型:从脆弱垄断经济到稳固生态治理;
商业转型:从流量变现模式到价值深耕生态。

祭赛国从"金光"到"伏龙"的品牌升位

转型维度	金光模式问题	伏龙模式解法	商业对照
核心资源	佛宝舍利(外显型资产)	降龙之力(内生型能力)	诺基亚硬件→苹果生态
护城河	祥瑞光环(不可持续)	制度体系(可复制)	柯达胶卷→Adobe订阅制
价值网络	单向朝贡(零和博弈)	互利共生(正和博弈)	淘宝平台→蚂蚁森林生态
组织韧性	依赖帝王恩宠(政策风险)	佛法"普世价值"(抗周期)	地产开发→万科物业服务体系

祭赛国从依赖明珠创收到转向精神产品的叙事，其实跟当代故宫的转型有深层呼应。

祭赛国凭借佛宝舍利的祥光吸引万国朝贡，形成单一经济模式。明珠被盗后，国家立刻陷入无贡赋可收、无威望可依的危机，暴露了依赖物质资源的脆弱性。早期故宫仅作为文物保管场所，文化价值被物理封存，社会效益局限于门票收入。在祭赛国，孙悟空不仅夺回明珠，更通过揭露佛宝背后的冤案，推动祭赛国从供奉明珠转向信仰佛法，将物质符号转化为精神共鸣。故宫则通过文创、数字化、影视化等手段，将文物背后的历史、美学、哲学内涵转化为可传播的精神产品，从靠门票生存到以文化滋养社会。

2012年，单霁翔任故宫博物院院长后，在管理理念、文创开发、影视文娱跨界、新媒体传播、全球化文化外交等方面都做了诸多革新。他提出"把故宫交给下一个600年"的愿景，先把基础环境治理好，再扩大开放，开放区域从原来的30%增至80%以上，打破了皇城的高冷形象。又建立严格的品牌授权机制，当年故宫淘宝以"萌化"设计破圈，如雍正"感觉自己萌萌哒"表情包，随后与300余家合作方签约，覆盖文创、影视、游戏等领域，形成"故宫+产业"生态。还推出数字文物库、全景故宫等线上平台，实现文物的云端触达。同时，纪录片《我在故宫修文物》带火文物修复师职业，综艺《上新了·故宫》衍生文创销售额破亿。故宫还先后与卢浮宫、大英博物馆等联合策展，"乾隆皇帝的秘密花园"海外巡展吸引300万观众。国际版数字平台"The Palace

Museum"支持8种语言，覆盖40余国用户。

故宫通过系统性创新，将历史资源转化为可持续的社会价值，为全球文博机构提供了"活态传承"的中国方案。

故宫转型本质也是一场"文化取经"，将历史遗产转化为当代人能理解、可参与的精神财富；取经团队为祭赛国带回的不仅是明珠，更是正法秩序，二者均完成文明火种传递的使命。

无论是神话中的祭赛国还是现实中的故宫，其转型本质都是将物质资源转化为精神资本，通过价值升维实现可持续发展。正如祭赛国最终明白明珠不过是佛法的表象，故宫也用行动证明，真正的文化自信，不在于囤积文物，而在于让千年文明"活"在当下人的精神世界中。

佛祖与道祖的
商业媾和

一头青牛换取十八座金山,这桩看似荒诞的买卖,藏着顶级商业大佬的谈判智慧。当太上老君的坐骑下界为妖,如来佛祖为何要支付天价"过路费"?这场佛道交锋的背后,是一场激烈的竞争和谈判。

取经小组过了通天河,正好走完一半的路程,这天孙悟空去化斋的工夫,师父、师弟们又被妖怪抓走了,抓他们的是金兜山金兜洞的独角兕大王。这魔王神通广大,威武高强,最重要的是他手上有一个亮灼灼、白森森的圈子,只要往空中抛起,叫声:"着!"唿喇一下,就把世间万物都套去了。连孙悟空的金箍棒也被他套走,弄得赤手空拳,只得翻筋斗逃命。

金箍棒是孙悟空身份的象征,是从不离手的傍身兵器,丢了金箍棒,他连去天宫搬救兵都挺不起腰板来。

空着手的孙悟空见了玉帝,姿态放得非常低,开口说的是:"伏乞天尊垂慈洞鉴,降旨查勘凶星,发兵收剿妖魔,老孙不胜战栗屏营之至!"不胜战栗是指因为恐惧或紧张而颤抖,无法自持的状态。屏营之至,也是非常悚惧的意思。态度已经如此卑微,说完还打个深躬道:"以闻。"

这造型把旁边的天师都看笑了，说："猴子是何前倨后恭？"

孙悟空说："不敢不敢！不是甚前倨后恭，老孙于今是没棒弄了。"

一个魔王一个圈，竟抵得过千军万马，任孙悟空搬来满天救兵竟没人能打得过这妖精。请来托塔李天王和哪吒太子、火德星君、水德星君、龙王、雷公电母，也没有一个人能降服这魔王，所有人的兵器都被圈子唿喇一下套走了。搞得李天王败阵而走，火德怨哪吒性急，雷公怪天王放刁，水伯在旁无语。

当孙悟空的兵器被妖怪套走，往日威风凛凛的齐天大圣只能低声下气求援。天庭派出十万天兵仍铩羽而归，这看似简单的妖怪作乱，实则暗藏佛道两派的深层博弈。就像现代企业竞争中，表面是产品较量，背后往往是供应链与渠道的角力。

这拦路的妖精到底是谁，怎么会如此厉害？束手无策的孙悟空只好笑道："自古道，胜败兵家之常。我和他论武艺，也只如此。但只是他多了这个圈子，所以为害，把我等兵器又套将去了。你且放心，待老孙再去查查他的脚色来也。"

哪吒问："你前启奏玉帝，查勘满天世界，更无一点踪迹，如今却又何处去查？"

孙悟空说："我想起来，佛法无边，如今且上西天问我佛如来，教他着慧眼观看大地四部洲，看这怪是那方生长，何处乡贯住居，圈子是件甚么宝贝。不管怎的，一定要拿他，与列位出气，还汝等欢喜归天。"

玉帝统领三界都查不出来的妖怪，如来真能慧眼如炬，从大地四部洲看出他的出处吗？其实这都和观音菩萨掐指一算一样，只不过是上级给下级制造的信息差。

如来见了孙悟空说:"那怪物我虽知之,但不可与你说。你这猴儿口敞,一传道是我说他,他就不与你斗,定要嚷上灵山,反遗祸于我也。我这里着法力助你擒他去罢。"

佛祖的话听起来很深奥,孙悟空常说,自己幸亏一生口紧,万事才寻着个头,如来为什么却说这猴儿口敞呢?不是猴子真的口敞,是如来要特别叮嘱他,这事千万不能出去乱说。因为孙悟空和独角兕大王并非不认识,两人一见面就互相揭了底牌,一个说:"好猴儿!好猴儿!真个是那闹天宫的本事!"一个说:"好妖精!好妖精!果然是一个偷丹的魔头!"很明显一个是西天取经的大圣,一个是太上老君的助理,只是在不知道背后的神仙怎么博弈之前,小卒子们只好先在棋盘上折腾折腾。

孙悟空能从天庭搬来十万救兵,说明玉帝对如来持一定的支持态度,但又不戳破独角兕大王的真实身份,显然也要给老君留足体面。那么这件事情的最终解决办法,就要看如来能拿出什么样的谈判方案。

了解了事情的进展,如来叫十八尊罗汉开宝库取十八粒"金丹砂",跟孙悟空去降妖,到时让孙悟空把魔王引出来,罗汉放砂陷住他,他动不得身,拔不得腿,就可以把唐僧等人救出来了。

一行人从雷音寺出来,孙悟空查看人数,说好的十八尊罗汉,数来数去只有十六尊,降龙、伏虎两位罗汉在后面单独听如来吩咐,来迟了。

到了金兜山,大家依计行事,孙悟空引妖出洞,罗汉把金丹砂往魔王一齐抛下，只见：

> 似雾如烟初散漫，纷纷霭霭下天涯。
> 白茫茫，到处迷人眼；
> 昏漠漠，飞时找路差。
> 打柴的樵子失了伴，采药的仙童不见家。
> 细细轻飘如麦面，粗粗翻复似芝麻。
> 世界朦胧山顶暗，长空迷没太阳遮。
> 不比嚣尘随骏马，难言轻软衬香车。
> 此砂本是无情物，盖地遮天把怪拿。
> 只为妖魔侵正道，阿罗奉法逞豪华。
> 手中就有明珠现，等时刮得眼生花。

魔王果然被飞砂迷眼，脚下陷了三尺余深，动弹不得，只见他慌忙摘下圈子往上一撒，叫声"着！"，唿喇的一下，把这遮天盖日的金丹砂又尽数套去，潇洒转身回了洞府。

这时降龙、伏虎罗汉才对孙悟空说："如来吩咐我两个说，那妖魔神通广大，如失了金丹砂，就教孙悟空上离恨天兜率宫太上老君处寻他的踪迹，庶几可一鼓而擒也。"

十八粒金丹砂的出场堪称绝妙，看似支付天价赎金，实则为双方留足体面。就像现代商业中常见的技术换市场策略，既打开了渠道又维持竞争优势，可谓高明的战略布局。

等孙悟空再上天宫，他不去灵霄殿，不入斗牛宫，径至三十三重天之外离恨天兜率宫，找到太上老君说："取经取经，昼夜无停；有些阻碍，到此行行。"

老君问："西天路阻，与我何干？"

孙悟空说："西天西天，你且休言；寻着踪迹，与你缠缠。"

老君说："我这里乃是无上仙宫，有甚踪迹可寻？"

孙悟空不管不顾闯进去，看见那牛栏边一个童儿盹睡，青牛不在栏中，便说："老官，走了牛也！走了牛也！"

老君大惊道："这孽畜几时走了？"

正说着，童儿醒过来跪在老君面前说："爷爷，弟子睡着，不知是几时走的。"

老君骂道："你这厮如何盹睡？"

童儿叩头道："弟子在丹房里拾得一粒丹，当时吃了，就在此睡着。"

老君说："想是前日炼的七返火丹，掉了一粒，被这厮拾吃了。那丹吃一粒，该睡七日哩，那孽畜因你睡着，无人看管，遂乘机走下界去，今亦是七日矣。"

七天换十八座金山，太上老君的买卖原是这样做的。这值得他亲自跟孙悟空来一趟金兜山，连牛带圈子，加上十八粒金丹砂，一起带回兜率宫。

面对道派的技术封锁，如来祭出"十八粒金丹砂"的破局方案，以香火钱换道派背书，打通西行万亿级市场。

在利益交织的现实世界，没有永远的敌人。如同沃尔玛与亚马逊从零售死敌到物流合作，智慧的商人懂得把对手的武器变成合作的筹码。古语云"化干戈为玉帛"，才是历经千年仍不过时的处世真谛。

亚马逊AWS早期扩张也是靠烧钱换市场崛起的经典案例。2006年，贝佐斯力排众议推出云计算服务，这个每年吞噬数亿美元的项目曾被华尔街视为疯狂赌局。彼时全球企业每年在服务器采购上豪掷5000亿美元，但设备利用率却不足30%，贝佐斯敏锐捕捉到，云计算将如同电力般成为数字时代的核心基础设施。面对传统IT架构的巨额浪费，AWS以颠覆性定价策略撕开市场缺口，通过十年间42次降价将虚拟服务器时租压至0.1美元以下，此举不仅重构了企业成本结构，更催生出Dropbox、Netflix等新兴科技企业的爆发式成长。

在这场以亏损换未来的战略布局中，亚马逊深谙三大商业法则：通过客户数据迁移成本构建锁定效应，借助规模经济将服务器利用率提升至70%，依托开发者生态形成自我强化的网络效应。当竞争对手困于季度报表的盈亏平衡时，亚马逊已悄然完成云计算基础设施的十年布局。

2015年AWS首度盈利即展现24%的惊人营业利润率，印证了贝佐斯"以时间换空间"的战略箴言，用十年亏损抢占31%市场份额的决策，本质是在数字经济时代重构竞争维度，将短期财务压力转化为长期生态壁垒。这种超越周期束缚的商业智慧，最终让AWS从被质疑的烧钱黑洞，蜕变为改写全球科技格局的核心引擎。

世界上没有做不成的生意，只有谈不拢的价格，如来用金山银海让大家放下屠刀，化敌为友，打通这条西行路，一起发财。

在商场上，没有永远的朋友，也没有永远的敌人，只有永恒的利益。就连苹果和IBM这两个曾经的死对头，后来竟然也携手合作了。

当初，苹果创始人乔布斯最瞧不起的就是IBM这样的老前辈，评价它又"大"又"慢"，乔布斯甚至在IBM公司大楼下的logo前竖中指拍照，还专门制作了一个《1984》的广告挑衅这位"老大哥"。但是在乔布斯死后，2014年，苹果竟然和IBM达成了战略合作关系。

苹果接班人库克表示，他在和IBM的CEO罗睿兰聊天时，发现两家公司都面临着一些相同的机遇和挑战。苹果在大众消费市场上具有极大的优势，但缺乏企业客户的合作；IBM则有强大的企业客户资源，但在移动端已经追不上市场的脚步了，而企业级应用和移动设备又是一块大蛋糕，于是两家竞争不如合作，一起推出了"MobileFirst for iOS"的项目，并计划面向旅游、健康、零售、能源、交通等垂直行业一共为客户打造100个应用。

取经路线图是万亿级市场版图，如来用香火钱换道派技术背书，正如互联网平台用流量换传统行业供应链。取经路线图的每个关卡，都是资源置换的谈判桌。顶级商业博弈，从来不是零和游戏，就像金钢琢既能套取万物，也能成为合作信物，关键看你能否把对抗的武器，变成共赢的筹码，所谓：

德行要修八百，阴功须积三千。均平物我与亲冤，始合西天本愿。魔咒刀兵不怯，空劳水火无怨。老君降伏却朝天，笑把青牛牵转。

如来佛 VS 弥勒佛：
东西天并购大战

芝加哥经济学派的领军人物、诺贝尔经济学奖获得者乔治·斯蒂格勒（George Joseph Stigler）有言，没有一个美国公司不是通过某种方式的兼并成长起来的，没有一家大公司只是靠内部积累发展壮大的。但并购之后还会面临更多的挑战，因为这还涉及人员协同、文化融合、业务整合等多方面的因素。并购的背后往往是一场战争。

《西游记》中小雷音寺一难，实际上就是西游集团东来佛祖和西天佛祖的一场并购大战，最终在各方利益的权衡合作下，大雷音寺成功并购小雷音寺，如来完成了佛派内部的大一统。

取经小组一路西行又经过一处寺庙，唐僧只看见雷音寺三个大字，就慌得滚下马来，倒在地下，再仔细一看不是大雷音寺，竟是个小雷音寺。西行路上敢模仿大雷音寺的，这小雷音寺还是独一份。孙悟空用火眼金睛观察，见这里倒也在禅光瑞蔼之中，只是不知为何又有些凶气。

唐僧本着见庙烧香的原则，认定"就是小雷音寺，必定也有个佛祖在内。经上言三千诸佛，想是不在一方：似观音在南海，普贤在峨眉，文殊在五台。这不知是那一位佛祖的道场。古人云，有佛有经，无方无宝，我们可进去来"。

刚进门就听有人叫道:"唐僧,你自东土来拜见我佛,怎么还这等怠慢?"

唐僧听了赶忙下拜,八戒沙僧都跟着跪倒,只有孙悟空牵马收拾行李,公然不跪。大家进入二层门里,就看见了如来大殿,慌得唐僧、八戒、沙僧又是一步一拜,拜上灵台之间,还是只有孙悟空公然不拜。想想在狮驼岭,妖王的办公室都在三层门里,这个寒酸的佛祖显然不是如来。但是见佛拜佛是唐僧的出厂设定,宁可拜错,不可错过。

莲台座上的人喊:"那孙悟空,见如来怎么不拜?"

孙悟空早看出来是假的,抡起金箍棒,上前就打,却听见半空中当啷一声,撒下一副金铙,把他连头带脚,合在了金铙之内。剩下的三个人都被人一条绳捆了。

这妖怪称作黄眉大王,又叫黄眉老佛。不仅冒充雷音寺,还敢假扮如来佛祖,要知道西游里的神仙们最恨人变成自己的样子,狐假虎威,连沙僧看见一个猴精变成自己的样子,都要一杖将对方打死,绝不允许冒牌货出现。这个法宝堪比金钢琢,胆子比青牛精还大的黄眉大王究竟什么来头?

只说被困在金铙里的孙悟空燥得满身流汗,左拱右撞,却是动不了这法宝一分一毫。他变大想要撑破金铙,捻个诀就长到千百丈高,可是他大铙也大,他小铙也小;就算变得小如芥菜籽儿,也是找不到一点空隙可以出来,孙悟空把脑门后面的坚硬毫毛拔下两根变作个梅花头五瓣钻儿,钻了千百下,金铙还是纹丝不动。不管是用金箍棒撬还是梅花针戳,这铙都能严丝合缝地包裹住,一点缝隙也没有。

实在没办法，孙悟空只好念动真言把五方揭谛、六丁六甲、一十八位护教伽蓝，都拘到金铙外，只听金头揭谛说："大圣，这铙钹不知是件甚么宝贝，连上带下，合成一块。小神力薄，不能掀动。"

取经小组全员被困还是西行路上第一回，只好由暗中执行任务的金头揭谛上天庭奏明玉帝，把二十八星宿救兵全搬来了。

这么多人使尽浑身解数还是动不了金铙分毫，最后是亢金龙把角伸进去，孙悟空在他的角上打个眼儿，自己变成个芥菜籽儿大小钻在眼儿里，亢金龙再把角拔出去，才算把孙悟空带出来了，一群人被折腾得力软筋麻。孙悟空恢复原身，一棒子把金铙打碎。

面对这二十八宿天兵、五方揭谛众圣以及孙悟空，黄眉大王只是一手拿着根软短狼牙棒，一手解下腰间一条旧白布搭包儿，往上一抛，哗的一声响，就把所有人全装起来，挎在肩上，溜达着回来了。这种碾压级的法宝和战斗力，怎能不令人胆战心惊！

孙悟空光明正大的英雄当不成，只能半夜偷偷溜出来逃了性命，一个人坐在山头上仰面朝天，悲嗟失声，他还从来没有这么绝望过，被收拾得一点还手之力也没有。

其实这黄眉大王不是别人，正是"东来佛祖"弥勒佛手下敲磬的童子。所谓"东来佛祖"，对应的便是如来的"西天佛祖"，这一战是佛门内部东西天势力割据的首次正面交锋，由此，其三大核心冲突浮出水面：

如来佛祖：通过取经工程实现"西天东扩"，整合西牛贺洲并渗透南赡部洲。

弥勒佛祖：作为"东来佛祖"固守南赡部洲基本盘，借黄眉大王设局阻击。

玉帝集团：通过二十八星宿的有限支持，维持天庭仲裁者地位。

弄清楚了这其中的利害关系，孙悟空想起一处或许可以大幅增加西天胜算的势力——南赡部洲武当山上的真武大帝，也就是荡魔祖师。于是连夜去搬救兵。荡魔祖师会接受孙悟空的邀请，站队西天吗？

只听荡魔祖师说道："我当年威镇北方，统摄真武之位，剪伐天下妖邪，乃奉玉帝敕旨。后又披发跣足，踏腾蛇神龟，领五雷神将、巨虺狮子、猛兽毒龙，收降东北方黑气妖氛，乃奉元始天尊符召。今日静享武当山，安逸太和殿，一向海岳平宁，乾坤清泰。奈何我南赡部洲并北俱芦洲之地，妖魔剪伐，邪鬼潜踪。今蒙大圣下降，不得不行；只是上界无有旨意，不敢擅动干戈。假若法遣众神，又恐玉帝见罪，十分却了大圣，又是我逆了人情。我谅着那西路上纵有妖邪，也不为大害。我今着龟、蛇二将并五大神龙与你助力，管教擒妖精，救你师父之难。"

顶级高管说话果然是滴水不漏，先表示自己每次带队作战都是上级给的任务，同时也表明立场，自己在态度上是绝对服从玉帝的领导，但工作上又归属元始天尊的道派管理，现在上级都没发话，这个忙不是不帮，是不能随便帮。而且他还表示自己现在退居二线了，不想再掺和集团人事斗争，况且他负责的是南赡部洲和北俱芦洲区域，西牛贺洲的事不好插手。不过既然孙悟空亲自来搬救兵了，两人又是"旧相识"，荡魔祖师还是将龟、蛇二将并五大神龙借给孙悟空助力，算是私人情分。

荡魔祖师的太极推手，堪称政商博弈的教科书：

风险切割："奉玉帝敕旨"划清责任边界
资源置换：龟蛇二将≈国企改制中的闲置产能
人情账本：5%的象征性援助换取100%的美誉

然而一众救兵也三下五除二被黄眉大王拿下。在孙悟空一筹莫展之际，轻易不露面的日值功曹给他出了个主意："大圣宽怀，小神想起一处精兵，请来断然可降。适才大圣至武当，是南赡部洲之地。这支兵也在南赡部洲盱眙山蠙城，即今泗洲是也。那里有个大圣国师王菩萨，神通广大。他手下有一个徒弟，唤名小张太子，还有四大神将，昔年曾降伏水母娘娘。你今若去请他，他来施恩相助，准可捉怪救师也。"

功曹的建议显然比孙悟空思考问题更成熟，荡魔祖师毕竟是道派的人，小西天这事大家都看出来了，是佛派内部的斗争，人家就是有心也不好出面插手。而孙悟空去找国师王菩萨，他的战斗力没得说，又是自己内部人，让他这个南赡部洲的兄弟表明一下立场，合情合理。

孙悟空见到国师王菩萨态度十分客气，说的是："弟子无依无倚，故来拜请菩萨，大展威力，将那收水母之神通，拯生民之妙用，同弟子去救师父一难！取得经回，永传中国，扬我佛之智慧，兴般若之波罗也。"

但菩萨回的是:"你今日之事,诚我佛教之兴隆,理当亲去,奈时值初夏,正淮水泛涨之时,新收了水猿大圣,那厮遇水即兴,恐我去后,他乘空生顽,无神可治。今着小徒领四将和你去助力,炼魔收伏罢。"依然是不直接表态,只从个人关系的角度出发安排几个人帮帮忙。

作为道教的荡魔祖师不便插手佛门内部的事情,尚可以理解,但大圣国师王菩萨在取经项目推进过半后依然持中立态度,为其后续职场生涯埋下隐患,难怪最后取经大业完成,功劳簿上并没有见到他的名字。

国师王菩萨给孙悟空安排的小张太子等人,同样是刚上阵就被妖怪的人种袋装走了。

孙悟空被压在五行山下五百年没喊过一句冤,这一场战斗却把他打哭了三次。正在无计可施的时候,东来佛祖弥勒佛主动现身了,喊一声:"悟空,认得我么?"

孙悟空没想到大佬自己亲临现场,连忙下拜道:"东来佛祖那里去?弟子失回避了,万罪!万罪!"

佛祖道:"我此来,专为这小雷音妖怪也。"废话不多说了,直接谈判吧。

弥勒收妖的方式很独特,令人摸不着头脑,"我在这山坡下,设一草庵,种一田瓜果在此,你去与他索战。交战之时,许败不许胜,引他到我这瓜田里。我别的瓜都是生的,你却变作一个大熟瓜。他来定要瓜吃,我却将你与他吃。吃下肚中,任你怎么在内摆布他,那时等我取了他的搭包儿,装他回去。"

为什么要让孙悟空变西瓜?为什么还一定要让黄眉大王吃进

去西瓜,吐出来孙悟空?这跟地府让李世民进献南瓜如出一辙,弥勒佛这是亮明了态度,可以承认如来万佛之首的位置,但交换条件必须满足,弥勒佛要的是你中有我、我中有你。

高层之间沟通都从不把话说白、说透,而是说一半留一半,互相揣摩,因为说白了就没有退路了,说透了就没有底牌了,要随时留有余地。

这一场东西天并购大战的激烈程度,堪比当年美团大战大众点评,滴滴大战快的,最后大家烧钱都烧不动了,陷入伤敌一千自损八百的困境,打到一定程度纷纷开始合并。互联网平台竞争是一种零和博弈,再庞大的市场,也容不下几家巨头来火拼。

2015年,美团·大众点评在完成合并后进行首次融资,估值增长至180亿美元,滴滴和快的合并后的市值超过了60亿美元。58同城、赶集网、百度、糯米这些业务相似的企业也纷纷在那一年从竞争走向合作,因此,2015年被称为中国互联网合并之年。

很多企业家把这种竞争当作一种诅咒,是能量的耗散,但是在合并之后,就像美团网CEO王兴所说:"从相杀到相爱转变只需一个长假,从爱情到婚姻事业必须长期经营。"就如黄眉大王吞下孙悟空变的西瓜,目的是这种用资本消化替代武力征服的方式,在董事会里完成"你中有我"的利益捆绑。

并购的终点从不是吞并,而是新秩序的诞生。西天并购案将催生出佛道共治的混业经营格局。其实,所有伟大企业的成长,都是戴着资本镣铐的取经路,在并购与被并购的轮回中,完成商业文明的螺旋上升。

从三只犀牛精
看灵山脚下的分钱艺术

　　老板最难过的关，不是赚钱，而是分钱。分钱不仅仅是分利，还代表了分权、分名。所有企业都想学胖东来怎么赚钱，却没人真的想取他这本分钱的经。普通人过情关，当老板要过钱关。如来在灵山脚下用六只犀牛角完成了一场财富再分配。这不仅是《西游记》又一隐秘的商战密码，更是每个掌权者必须参透的财富分配智慧。

　　越靠近灵山，妖怪反而越厉害，背景也越让人捉摸不透。取经小组赶在正月十五元宵节之前来到了天竺国外郡金平府，也是一处喧哗热闹的城池，见城里有座慈云寺，他们就进去拜佛、借宿。寺里的和尚问他们从何处来，唐僧回答："弟子中华唐朝来者。"谁知那和尚听了倒身下拜说："我这里向善的人，看经念佛，都指望修到你中华地托生。"

　　跋涉了十万八千里好不容易到了佛祖脚下，却听到这样一句话，不知唐僧心里作何感想。同时也反映出，过去和现在的灵山，都还称不上是真正的西方极乐世界，这也是取经巡视小组必须赶在元宵佳节到达金平府的原因，错过了这一天就错过了发现重大问题的线索，无法打破灵山脚下由上古以来形成的利益格局。

到了正月十五元宵夜这晚，和尚们极力邀请唐僧师徒进城看灯，尤其这里还有个金灯桥，乃上古传留，至今丰盛。金灯一共有三盏，都有缸来大，上照着玲珑剔透的两层楼阁，都是细金丝儿编成；内托着琉璃薄片，其光幌月，其油喷香。

唐僧问众僧道："此灯是甚油？怎么这等异香扑鼻？"

众僧说："老师不知，我这府后有一县，名唤旻天县，县有二百四十里。每年审造差谣，共有二百四十家灯油大户。府县的各项差谣犹可，惟有此大户甚是吃累，每家当一年，要使二百多两银子。此油不是寻常之油，乃是酥合香油。这油每一两值价银二两，每一斤值三十二两银子。三盏灯，每缸有五百斤，三缸共一千五百斤，共该银四万八千两。还有杂项缴缠使用，将有五万余两，只点得三夜。" 93号的油不行，得要97号的油。众僧还解释："这缸内每缸有四十九个大灯马，都是灯草扎的把，裹了丝绵，有鸡子粗细，只点过今夜，见佛爷现了身，明夜油也没了，灯就昏了。"

八戒听了笑道："想是佛爷连油都收去了。" 八戒的笑容和话语透露出极大的讽刺意味。

众僧说："正是此说，满城里人家，自古及今，皆是这等传说。但油干了，人俱说是佛祖收了灯，自然五谷丰登；若有一年不干，却就年成荒旱，风雨不调。所以人家都要这供献。"

这种信仰经济的本质是垄断暴利，难道如来佛祖真的在自己的灵山脚下，做如此鱼肉百姓的勾当吗？金平府会不会沦为下一个狮驼岭？还是这背后另有隐情？

唐僧师徒看灯说话间,只听得半空中呼呼风响,把看灯人都唬得尽皆四散。和尚们说这就是佛爷爷来看灯了。此佛爷爷显然不是彼佛爷爷。

不入虎穴焉得虎子,要想弄清楚金平府背后的真相,取经小组必须打入"佛爷爷"内部,于是,唐僧再次发挥钓鱼执法的作用,一阵风的功夫就被妖怪连油带人全部卷走了。

孙悟空不知妖怪住所,恰好四值功曹乔装打扮赶着三只羊来报信。孙悟空埋怨他们虚头巴脑,说道:"你既传报,怎么隐姓埋名,赶着三个羊儿,吆吆喝喝作甚?"

功曹说:"设此三羊,以应开泰之言,唤做三阳开泰,破解你师之否塞也。"

我们知道西游有一条定律是谁的妖怪谁带走;还有一条是,谁来给取经小组报信,就代表了他背后主人对这件事的态度。四值功曹是天庭的人,代表了玉帝的意思,他们的到来和三阳开泰的隐喻,都说明玉帝支持此次彻底解决金平府灯油事件的问题。

孙悟空在功曹指引下找到妖怪洞府——青龙山玄英洞,收灯油的就是这里的辟寒、辟暑、辟尘三大王,是三只犀牛精。

群妖闻得孙悟空到来,着实一惊道:"这个齐天大圣,可是五百年前大闹天宫的?"

唐僧赶紧说道:"正是,正是。第二个姓猪,名悟能八戒,乃天蓬大元帅转世。第三个姓沙,名悟净和尚,乃卷帘大将临凡。"

三个妖王知道抓错人了,个个心惊,"早是不曾吃他。小的们,且把唐僧将铁链锁在后面,待拿他三个徒弟来凑吃"。

孙悟空带着猪八戒、沙和尚跟三只犀牛精对战多时，不分胜负。这次孙悟空并不恋战，直接上天庭搬救兵。

玉帝令角木蛟、斗木獬、奎木狼、井木犴四木禽星下界捉妖，一向奉命行事的斗木獬、奎木狼、角木蛟却说："若果是犀牛成精，不须我们，只消井宿去罢。他能上山吃虎，下海擒犀。"

三宿以专业不对口为由推诿责任看似合理，却也折射出现代职场中常见的"甩锅"的心理，更反映出二十八星宿虽属同一部门，背后或许有各自不同的势力关系，以致敢违背玉帝的工作安排。天师斥责道："你们说的是甚话！旨意着你四人，岂可不去？趁早飞行，我回旨去也。"

众人来到青龙山玄英洞，只见井木犴、角木蛟跟着孙悟空对三只犀牛紧追急赶，丝毫不放松；斗木獬、奎木狼却依然不肯卖力，只留在山凹里，把些小妖收拾干净，放了被绑的唐僧、八戒、沙僧，又一起把洞里的细软宝贝统统搜出来，搬在外面，最后才放火把一座洞烧成灰烬。干完这些事，两人才不紧不慢去寻孙悟空。

孙悟空一再强调留活口，以便弄清楚三只犀牛精背后的隐情，表现最积极的井木犴却迫不及待现出原身，按住辟寒，生吞活剥。孙悟空想制止也为时已晚，只得割下犀牛角，并将另外两只活犀牛带回金平府交给刺史官，必须当众问他个积年假佛害民之罪，替真正的佛爷爷正名，再公开处决妖怪。

这次为佛祖正名，孙悟空效仿观音的方式，足踏祥光，在半空中叫道："金平府刺史、各佐贰郎官并府城内外军民人等听着：

吾乃东土大唐差往西天取经的圣僧。你这府县每年家供献金灯，假充诸佛降祥者，即此犀牛之怪。我等过此，因元夜观灯，见这怪将灯油并我师父摄去，是我请天神收伏。今已扫清山洞，剿尽妖魔，不得为害，以后你府县再不可供献金灯，劳民伤财也。"唬得这府县官员、城里城外人等，都家家设香案，户户拜天神。

只是不等官府审讯，猪八戒突然发起性来，掣出戒刀，将辟尘的头一刀砍下，又一刀把辟暑头也砍下，又取锯子锯下四只角来。

为何一路遇事往后躲的八戒，这个时候要强出头，其实天蓬元帅是负有特殊使命的"暗桩"。八戒的手起刀落避免了让谁是灵山脚下犀牛精的后台暴露出来。

在此盘踞千年的三只妖怪还没审讯就这样被统统灭口，佛爷的名声正了，点了一千年的大金灯从此以后不用再点了，四星降妖之庙建了，唐僧四众生祠也立了，各各树碑刻文，传诵千古，从此香火不断。

一千年前，如来还没有坐上灵山总经理的位置，三只犀牛精的背后显然是燃灯古佛时代"香火承包制"的遗留问题。如来既要清除旧势力，又不能彻底撕破脸，就像企业二代接班时，既想改革积弊，又得给元老保留体面。

孙悟空则通过三步危机公关法，重塑灵山品牌：

定性质：揭穿千年骗局

立规矩：废止灯油陋规

树形象：建立生祠碑文

关于六只犀牛角的分配，孙悟空让四木禽星带了四只拿上界去，进贡玉帝，回缴圣旨；一只留在府堂镇库，以作向后免征灯油之证；另一只他说要带走，献灵山佛祖。

这个由孙悟空而不是唐僧来执行的分配方案，再次印证了孙悟空在取经团队中的隐性领导地位。经过这一路的历练，孙悟空得到如来真传，已经可以替代项目经理观音的工作。

而如来作为这个震动三界的项目的发起方，本应是最大的股东，最后他却让渡了最大的利益，自己只留一只犀牛角，这和当年联想、万科的国企改制成功有异曲同工之妙。授权孙悟空留下一只犀牛角给金平府，也说明了其对民生的体恤。

犀牛角分配暗藏的商业版图

接收方	数量	对应现代商业场景	战略意图
玉帝	4只	大股东分红	巩固核心控制权
地方	1只	员工持股计划	稳定基层运营
如来	1只	战略储备金	布局未来生态

西天取经的过程就是打破旧的利益集团，建立新的利益分配机制的过程。孙悟空早就明白了所有占山为王的地上妖魔鬼怪，不过是天庭各路神仙的白手套，任何一方都无法独吞如此巨大的垄断利益。此时的孙猴子已经心如明镜台：只有平衡了各方利益，才能最终上得了灵山。真经在路上，不在书本里。

西游含金量最高的
一堂财商课

阿傩、伽叶索要人事是西游含金量最高的一堂财商课。"圣僧东土到此,有些甚么人事送我们?"灵山脚下最深沉的叩问,不是佛法精义,而是人间潜规则。

唐僧师徒四人历经十四年寒暑,终于到达灵山时,他们看到的灵山大雷音寺景象是:黄森森金瓦迭鸳鸯,明晃晃花砖铺玛瑙。东一行,西一行,尽都是蕊宫珠阙;南一带,北一带,看不了宝阁珍楼……眼前景象颠覆了唐僧对佛门清净之地的想象,这里没有四大皆空的清贫,处处彰显着顶级财阀的资本实力。

他们经由护法金刚大门传二门,二门传三门,一层一层往里传报"唐朝圣僧到于宝山取经来了",直至最里面大雄宝殿办公室的如来。如来听了高兴地召集八菩萨、四金刚、五百阿罗、三千揭谛、十一大曜、十八伽蓝,两行排列,传金旨召唐僧进入。

师徒四人牵马挑担,径入山门。正是:当年奋志奉钦差,领牒辞王出玉阶。清晓登山迎雾露,黄昏枕石卧云霾。挑禅远步三千水,飞锡长行万里崖。念念在心求正果,今朝始得见如来。

四人到大雄宝殿殿前,对如来倒身下拜。拜罢,又向左右再拜。各各三匝已遍,复向佛祖长跪,将通关文牒奉上,如来一一看了,还递与三藏。三藏俯囟作礼,启上道:"弟子玄奘,奉东土大唐皇帝旨意,遥诣宝山,拜求真经,以济众生。望我佛祖垂恩,早赐回国。"

这份来自东土帝国的通关凭证,此刻在佛祖眼中已化作详尽的尽调。看过这份满意的报告,如来开口说道:"你那东土乃南赡部洲,只因天高地厚,物广人稠,多贪多杀,多淫多诳,多欺多诈;不遵佛教,不向善缘,不敬三光(指日、月、星三光),不重五谷;不忠不孝,不义不仁,瞒心昧己,大斗小秤,害命杀牲。造下无边之孽,罪盈恶满,致有地狱之灾,所以永堕幽冥,受那许多碓捣磨舂之苦,变化畜类。有那许多披毛顶角之形,将身还债,将肉饲人。其永堕阿鼻,不得超升者,皆此之故也。虽有孔氏在彼立下仁义礼智之教,帝王相继,治有徒流绞斩之刑,其如愚昧不明,放纵无忌之辈何耶!"

将南赡部洲定性为特级风险市场,实则是为三藏真经创造准入壁垒。如来继续说:"我今有经三藏,可以超脱苦恼,解释灾愆。三藏:有法一藏,谈天;有论一藏,说地;有经一藏,度鬼。共计三十五部,该一万五千一百四十四卷。真是修真之径,正善之门,凡天下四大部洲之天文、地理、人物、鸟兽、花木、器用、人事,无般不载。汝等远来,待要全付与汝取去,但那方之人,愚蠢村强,毁谤真言,不识我沙门之奥旨。"

这句话在取经前后如来不止一次强调,此时向"东土取经人"申明,是再次强调他们十万八千里路走上灵山的必要性和意义,其实也是对唐僧进行了一场预先排练,告诉他,回去就要这么对大唐董事长李世民说,西天和东土之间不是礼尚往来,而是南赡部洲向灵山"拜"和"求"。言毕,如来像凤姐打发初进贾府的刘姥姥一样,让贴身助理阿傩、伽叶带唐僧师徒吃个便饭,选几卷经书带走。

阿傩、伽叶就引着唐僧四众用斋,入藏经阁。接着名场面来了,二位尊者不传经书却对唐僧说道:"圣僧东土到此,有些甚么人事送我们?快拿出来,好传经与你去。"

一路上只被强盗勒索过的唐僧傻眼了,说:"弟子玄奘,来路迢遥,不曾备得。"

二尊者笑道:"好,好,好!白手传经继世,后人当饿死矣!"于是二人就随便捡了几卷经把他们打发走了。

唐僧历经九九八十一难,结果就被如此草草打发。

取了无字经书,不知道当他返回长安时,该怎么向哥哥李世民解释。

那么,授予无字经书到底是如来的意思,还是二尊者没有要到人事故意捉弄唐僧呢?肯定是如来的意思,否则轰动三界的取经大事,没人敢这么干。

我们在前面第二章就讲到,唐太宗魂游地府其实是西游集团收购大唐集团的一场战争,由灵山牵头,观音出面,联合地府把李世民给套路进来,导致李世民有一个迫切的刚需,就是必须让唐僧把大乘佛法的真经取回来,好召开水陆大会有效超度亡灵,不然他活得也不安生。如来要什么?要南赡部洲的信仰和供奉。

阿傩、伽叶索要人事,孙悟空生气地告如来,说我们师徒受了万蜇千魔、千辛万苦，自东土拜到此处，却被阿傩、伽叶勒索钱财，要不到就故意给我们无字的白纸本子，我们拿去有何用！

如来毫不客气地告诉悟空："向时众比丘圣僧下山，将此经在舍卫国赵长者家与他诵了一遍，保他家生者安全，亡者超脱，只讨得他三斗三升米粒黄金回来，我还说他们忒卖贱了，教后代儿孙没钱使用。你如今空手来取，是以传了白本。白本者，乃无字真经，倒也是好的。因你那东土众生，愚迷不悟，只可以此传之耳。"

孙悟空这时候不明白为什么，但是假如这无字经真带回大唐，唐僧把上述情形复述一遍，你猜李世民能不能懂为什么？一定能，不光能懂，还会立马重塑佛祖金身，带头把香火烧旺。所以传无字经就是如来的安排。

这个问题搞清楚了，我们再回顾一下，是谁阻止了无字经被带走？是燃灯古佛。本来唐僧一行都已经下山了，出了雷音寺山门了，燃灯古佛却让他的心腹白雄尊者追上去，刮起一阵狂风，翻乱了他们的行李，大家这才发现原来所有的经书都是白纸，只好又返回来要说法。

等他们再次回来的时候，山门口的一众人有个让人费解的反应，都拱手相迎，笑道："圣僧是换经来的？"看来大家都知道他们拿不走这份经书。

这次还是阿傩、伽叶带他们去珍楼宝阁拿经书，两人还是向唐僧索要人事，圣僧这次开窍了，命沙僧取出紫金钵盂，双手奉上道："弟子委是穷寒路遥，不曾备得人事。这钵盂乃唐王亲手所赐，教弟子持此，沿路化斋。今特奉上，聊表寸心，万望尊者不鄙轻亵，将此收下，待回朝奏上唐王，定有厚谢。只是以有字真经赐下，庶不孤钦差之意，远涉之劳也。"

用紫金钵盂换真经，如同最早的支付对赌协议，唐僧交出的不是自己的饭碗，而是整个大唐的信仰。

这里对现场一些看似不相干的人有一个侧写，非常有意思，阿傩接了紫金钵盂之后，那些管珍楼的力士，管香积的庖丁，看阁的尊者，你抹他脸，我扑他背，弹指的，扭唇的，一个个笑道："不羞！不羞！须索取经的人事！"

为什么作者要突然来这么一段描述，这就告诉我们，如果你也看不懂阿傩、伽叶索要人事，甚至嘲笑他们，你就像灵山那些管珍楼的力士、管香积的庖丁一样，只能干打杂的活，就算天天在佛祖脚下，也开不了悟，成不了罗汉菩萨。

这次师徒四人看得真真切切，每一本经书都有字，但是这一次又和他们第一次拿到经书直接走不同，他们被阿傩、伽叶引着再次回到了大雄宝殿。此时的办公室比来的时候还庄严肃穆，只见如来高升莲座，指令降龙、伏虎二大罗汉敲响云磬，遍请三千诸佛、三千揭谛、八金刚、四菩萨、五百尊罗汉、八百比丘僧、大众优婆塞、比丘尼、优婆夷，各天各洞，福地灵山，大小尊者圣僧，该坐的请登宝座，该立的侍立两旁。一时间，天乐遥闻，仙音嘹亮，满空中祥光迭迭，瑞气重重，诸佛毕集，参见了如来。

刚才都没有这么多人，为什么这次却要召开一个全体灵山成员大会？

修成正果

在会上如来特意让阿傩、伽叶对取的经卷一一报数。二尊者也按指示一五一十开报:"现付去唐朝《涅槃经》四百卷,《菩萨经》三百六十卷,《虚空藏经》二十卷,《首楞严经》三十卷,《恩意经大集》四十卷,《决定经》四十卷,《宝藏经》二十卷,《华严经》八十一卷,《礼真如经》三十卷,《大般若经》六百卷,《金光明品经》五十卷,《未曾有经》五百五十卷,《维摩经》三十卷,《三论别经》四十二卷,《金刚经》一卷,《正法论经》二十卷,《佛本行经》一百一十六卷,《五龙经》二十卷,《菩萨戒经》六十卷,《大集经》三十卷,《摩竭经》一百四十卷,《法华经》十卷,《瑜伽经》三十卷,《宝常经》一百七十卷,《西天论经》三十卷,《僧祇经》一百一十卷,《佛国杂经》一千六百三十八卷,《起信论经》五十卷,《大智度经》九十卷,《宝威经》一百四十卷,《本阁经》五十六卷,《正律文经》十卷,《大孔雀经》十四卷,《维识论经》十卷,《具舍论经》十卷。"

我们认真研究一下就会发现,如来口口声声要传给大唐的是自己的三藏真经,而最后唐僧带走的经书五花八门,除了如来自己的,还有其他人的。取经路上我们看到乌鸡国、小雷音寺、金平府这些地方原本都是其他佛、菩萨自治的地盘,是如来通过取经项目统一收回管理权了,以前大家自己赚钱自己花,可能向灵山交点小钱就行,现在要统一管理,财富怎么重新分配?南赡部洲这么大一块肥肉,如来想自己吞是不可能的,燃灯第一个不答应,必须大家都有份,所以这就是为什么如来想传走任由自己书写的无字真经不可能。攘外必先安内,内部利益分配好了,大家开大会见证,这个经书才能取得走。

燃灯古佛出手破坏无字经的插曲,揭露了灵山内部的权力博弈。如来召开全体成员大会的举措,恰似现代企业的股东大会——通过公开透明的经卷分配方案,既保障元老派系的既得利益,又巩固自身领导地位。三十五部经书的详细列举,本质是各派系在取经红利中的占股公示。

最后还是如来棋高一着,他的得力助手观音灵机一动,说:"佛门中九九归真,圣僧受过八十难,还少一难,不得完成此数。"然后让护送师徒回大唐的金刚把他们扔在通天河,通天河的老鼋背他们过河,因为唐僧忘了帮他向佛祖问寿数,一怒之下把他们连人带行李翻进河里,到最后,唐僧终究是没有把全部的经书都带回去,这就又给如来留出了内部博弈,排除异己的机会。

以前读这段怎么都想不明白,通天河老鼋白活了一千年,就因为别人忘了帮你问个问题,你就把人扔水里,镇元子都知道跟孙悟空拉关系,你就这样对待佛的几位有功大将?当我们带着商业视角重新思考这段故事,终于明白了,老鼋不是目光短浅,而是他接到了观音的任务,必须找个合理的借口损坏经书,完整的内容就是不能传回大唐。而且你看老鼋两次问的问题是什么,第一次他问:"我闻得西天佛祖无灭无生,能知过去未来之事。我在此间,整修行了一千三百余年,虽然延寿身轻,会说人语,只是难脱本壳。万望老师父到西天与我问佛祖一声,看我几时得脱本壳,可得一个人身。"第二次却说:"老师父,我向年曾央到西方见我佛如来,与我问声归着之事,还有多少年寿,果曾问否?"

连自己问的问题都没对上，所以醉翁之意不在酒。办完这件事，老鼋也不用再问佛祖自己什么时候脱本壳，还能活多久了，观音就给他记一大功。

我们以为跋山涉水上灵山终于功成行满了，没想到灵山的暗潮如此汹涌澎湃。

这回唐僧是真的取到商业的真经了，回到大唐这样对李世民汇报，说："臣僧到了灵山，参见佛祖，蒙差阿傩、伽叶二尊者先引至珍楼内赐斋，次到宝阁内传经。那尊者需索人事，因未曾备得，不曾送他，他遂以经与了。当谢佛祖之恩东行，忽被妖风抢了经去，幸小徒有些神通赶夺，却俱抛掷散漫。因展看，皆是无字空本。臣等着惊，复去拜告恳求，佛祖道：'此经成就之时，有比丘圣僧将下山与舍卫国赵长者家看诵了一遍，保祐他家生者安全，亡者超脱，止讨了他三斗三升米粒黄金，意思还嫌卖贱了，后来子孙没钱使用。'我等知二尊者需索人事，佛祖明知，只得将钦赐紫金钵盂送他，方传了有字真经。此经有三十五部，各部中检了几卷传来，共计五千零四十八卷，此数盖合一藏也。"

李董事长听了这话没有恼怒而是更加高兴了，因为佛祖终于开价了，接下来的生意就好谈了，他悬了十四年的心可以放下了。

唐僧又嘱咐李董事长："主公欲将真经传流天下，须当誊录副本，方可布散。原本还当珍藏，不可轻亵。"意思就是这个经你不能束之高阁，必须得做好宣传工作。

李世民笑道："御弟之言甚当！甚当！"李世民一定暗自拍手，好好好，送走一位高僧，迎来一位精明的友商。李世民就召翰林院及中书科各官誊写真经，又抓紧拿地新建一座誊黄寺。等送走唐僧四人，重新选高僧，在雁塔寺修建水陆大会，看诵《大藏真经》，超脱幽冥孽鬼，普施善庆，将誊录过的经文，传布天下。

大唐收购战自此落下帷幕。

这场跨越三界的商业并购案，堪称古典商业智慧的集大成者。从地府设局的需求创造，到无字经书的价格博弈，从用紫金钵盂支付对赌协议，到通天河毁经的风险控制，完整呈现了宗教资本扩张的手段。当唐僧献上紫金钵的瞬间，不仅完成了信仰货币化的关键交割，更开创了"物质供奉＋精神需求"的永续商业模式，其精妙程度让现代投行家都为之叹服，这才是西游世界真正的财富真经。

【取经私董会】

本期议题：如来传经东土选择逐步渗透而非直接武力扩张，解读这一战略背后的市场竞争思维。

取经路上没有小角色,只有不会借势的小演员。

——《商解西游》

第六章

营销篇

需求图谱
破译用户
心智

运营大师观音的破局之道

如来、观音联合龙王、阎王在唐太宗李世民心里种下"必须办一场水陆大会超度亡灵"的心锚后,又该如何进一步推动西天取经项目的进展,把它搞成全民追更的爆款事件呢?这道题有地狱级难度。观音为此策划了一场沿街卖宝的事件,先把舆论搅动起来。

在熙熙攘攘的闹市街头,观音和弟子惠岸变成两个癞头和尚,穿街走巷叫卖天价宝物。有人询问,她就回答:"袈裟价值五千两,锡杖价值二千两。"这种极端定价引来众人嘲笑:"这两个癞和尚是疯子!是傻子!这两件粗物,就卖得七千两银子?只是除非穿上身长生不老,就得成佛作祖,也值不得这许多!拿了去!卖不成!"不过观音就是要通过反差制造传播爆点,力求登上大唐新闻头版头条。很快,癞头和尚卖天价宝贝的消息传得满城风雨。

势头做足了,观音掐点来到东华门前,正好撞见宰相萧瑀散朝出来,观音早就做足了背调工作,知道他是朝廷里对推广佛法持支持态度的一方。萧瑀看见这袈裟艳艳生光,与众不同,果然让属下去问价格。

观音依然说:"袈裟要五千两,锡杖要二千两。"

纵然是当朝宰相,听到这么离谱的报价也不免要问:"有何好处，值这般高价？"

观音说："袈裟有好处，有不好处；有要钱处，有不要钱处。"好处是"着了我袈裟，不入沉沦，不堕地狱，不遭恶毒之难，不遇虎狼之穴"。不好处是"若贪淫乐祸的愚僧，不斋不戒的和尚，毁经谤佛的凡夫，难见我袈裟之面"。要钱处是"不遵佛法，不敬三宝，强买袈裟、锡杖，定要卖他七千两"。不要钱处是"若敬重三宝，见善随喜，皈依我佛，承受得起，我将袈裟、锡杖，情愿送他，与我结个善缘"。

这种强买需天价，诚心可赠送的筛选机制，就精准锁定了目标用户。真经不需要用户教育，需要制造稀缺性焦虑。

观音的营销话术正中萧瑀下怀，他说道："我大唐皇帝十分好善，满朝的文武，无不奉行。即今起建水陆大会，这袈裟正好与大都阐陈玄奘法师穿用。我和你入朝见驾去来。"

通过宰相萧瑀这个关键人物，观音顺利完成吸引皇帝关注的跨圈层传播。

见到唐太宗李世民，皇帝也好奇什么袈裟卖这么贵，这时候八面玲珑的观音立刻对症下药，换了另一套说辞："这袈裟，龙披一缕，免大鹏吞噬之灾；鹤挂一丝，得超凡入圣之妙。但坐处，有万神朝礼；凡举动，有七佛随身。"观音把见人说人话、见鬼说鬼话发挥到极致，对宰相就是不堕地狱，对皇帝就是超凡入圣、七佛随身。

观音当众展示了锦襕袈裟仙娥织就、神女机成的做工，展示了上面缀满的夜明珠、祖母绿、如意珠、摩尼珠、辟尘珠、定风珠、红玛瑙、紫珊瑚、夜明珠、舍利子等千般宝贝，并给李世民作诗一首：

> 三宝巍巍道可尊，四生六道尽评论。
> 明心解养人天法，见性能传智慧灯。
> 护体庄严金世界，身心清净玉壶冰。
> 自从佛制袈裟后，万劫谁能敢断僧？

这首诗既展现宗教权威，又道出其解决现世焦虑的作用，还将佛衣和王朝气运绑定在一起。

唐王听了十分欢喜，忙问："那和尚，九环杖有甚好处？"

观音说："我这锡杖，是那铜镶铁造九连环，九节仙藤永驻颜。入手厌看青骨瘦，下山轻带白云还。摩诃五祖游天阙，罗卜寻娘破地关。不染红尘些子秽，喜伴神僧上玉山。"

至于这两样宝物具体有什么功效、法力，反正取经一路上没有展示过，唐僧穿不穿照样被妖怪抓走。

李世民细细看了袈裟，果然是件好东西，说："大法长老，实不瞒你，朕今大开善教，广种福田，见在那化生寺聚集多僧，敷演经法。内中有一个大有德行者，法名玄奘。朕买你这两件宝物，赐他受用。你端的要价几何？"

观音合掌说："既有德行，贫僧情愿送他，决不要钱。"说完留下这两样宝物转身就走了。

李世民就把这两样东西赐给唐僧，当朝所有文武百官无不喝彩，李世民又高兴地命唐僧穿了袈裟，持了宝杖，又赐两队仪仗，让多官送出朝门，大家烈烈轰轰、摇摇摆摆地去游街，就像中了状元一般。

一时间长安城里不论是行商坐贾、公子王孙、墨客文人、大男小女，无不争看夸奖，都说："好个法师！真是个活罗汉下降，活菩萨临凡。"

接下来的水陆大会轰轰烈烈办了七七四十九天，到最后一天收官的大日子，唐僧端坐台上讲经，念一会儿《受生度亡经》，谈一会儿《安邦天宝篆》，又讲一会儿《劝修功卷》。这时候肯定是全媒体现场直播，盛况堪比春晚。

观音变化的癞头和尚又来了，也不寒暄，径直走到唐僧跟前拍着桌子厉声高叫："那和尚，你只会谈小乘教法，可会谈大乘么？"

关键时刻有人砸场子，唐僧赶紧翻身下台说："老师父，弟子失瞻，多罪。见前的盖众僧人，都讲的是小乘教法，却不知大乘教法如何。"

观音说："你这小乘教法，度不得亡者超升，只可浑俗和光而已。"浑俗和光，就是与世无争，无能、没用的意思。"我有大乘佛法三藏，能超亡者升天，能度难人脱苦，能修无量寿身，能作无来无去。"

现场直播被人搅乱，吓得负责人赶紧奏明李世民。李世民见又是这癞头和尚，说："你既来此处听讲，只该吃些斋便了，为何与我法师乱讲，扰乱经堂，误我佛事？"

观音说："你那法师讲的是小乘教法，度不得亡者升天。我有大乘佛法三藏，可以度亡脱苦，寿身无坏。"

回想一下，观音对三藏真经的解释和如来其实并不一致，但是观音抓住了李世民的痛点，眼下度亡脱苦是他的刚需。听了这番话，李世民激动地问："你那大乘佛法，在于何处？"

观音终于说到了正题上："在大西天天竺国大雷音寺我佛如来处，能解百冤之结，能消无妄之灾。"

李世民问："你可记得么？"

观音说："我记得。"

李世民说："教法师引去，请上台开讲。"

观音就带着徒弟飞上高台，瞬间遂踏祥云，直至九霄，现出救苦原身，手托净瓶杨柳。左边站着木叉惠岸，执着棍，抖擞精神。

一句大乘佛法的经文也没讲，观音就这样震慑全场，喜的个唐王朝天礼拜，众文武跪地焚香，满寺中僧尼道俗、士人工贾，无一人不拜祷道："好菩萨！好菩萨！"

李世民立刻传旨，让画圣吴道子巧手丹青，描下菩萨真像。观音就化成一道金光不见了，只见半空中，滴溜溜落下一张简帖，上有几句颂子，写得明白：

礼上大唐君，西方有妙文。程途十万八千里，大乘进殷勤。此经回上国，能超鬼出群。若有肯去者，求正果金身。

既然如此，小乘佛法不用讲了，李世民当即下令："且收胜会，待我差人取得大乘经来，再秉丹诚，重修善果。"

真正的需求创造从不依赖功能说教。当观音将袈裟定价七千两却分文不取时,实则在用"天价锚点"抬高大乘佛法的价值想象;当她在朝堂强调"七佛随身"而非"地狱救赎"时,实则是为帝王定制专属的身份符号;而最后的凌空显圣,则用宗教场域的"特效直播"完成信仰升维。这种从"解决问题"到"创造渴望"的策略转向,再将大乘佛法提升一个维度。最高明的营销永远是先占领精神高地,再收割现实疆土。

观音的流量密码:古代版病毒式营销

步骤	方法	目标效果
悬念引爆	七千两袈裟的定价策略	制造天价话题完成个人IP冷启动
圈层穿透	精准复制现代KOL营销矩阵	构建"宰相→皇帝→高僧"的传播链
视觉霸权	现出真身	活菩萨现身对世俗世界的精神征服

这时候作为水陆大会的焦点,唐僧不得不站出来领了取经任务,指天发誓:"我这一去,定要捐躯努力,直至西天。如不到西天,不得真经,即死也不敢回国,永堕沉沦地狱。"

观音现身之前,李世民举办水陆大会主要围绕龙王索命、游地府的个人因果展开,而观音现身后则转入神佛主导的取经主线,这一场景实现了从世俗到神圣的视角转换。观音策略的本质是需求升维,将超度亡魂这样的具体产品功能,转化为成佛证道的精神符号。

历史上有一位著名诗人陈子昂就是用这种方法,让自己一举成名。当年他进京赶考,但是科举之路一直走得不顺,两次都没考上,第三次再去赶考的时候,有一天看见路边有个卖胡琴的老头，开出百万天价，引得路人纷纷围观。陈子昂看见了立刻计上心头，真的以百万高价买下了这把琴，并表示这是一把绝世好琴，谁想听一听美妙的琴声，第二天就到指定地点来欣赏表演。

这个轰动的事件一传十十传百，第二天果然来听琴的人山人海，陈子昂也准备了酒菜请大家入座，等人群安静下来，陈子昂说，我是四川人士，写过上百篇的好文章，到京师也有一段时间了，但一直没有得到赏识。至于弹奏这胡琴嘛，这是乐师的工作，不值得我花时间去研究。说完就举起琴狠狠摔到地上，摔了个稀碎，又把自己写的诗词文章发给在座的人看，一时间，他的名字传遍了京师。

几天以后参加完科举，连考官和朝廷都对他的文章格外重视，果然这一次，他榜上有名，顺利入朝为官。

陈子昂有一首著名的诗《登幽州台歌》：前不见古人，后不见来者。念天地之悠悠，独怆然而涕下。

陈子昂百万碎琴事件与当代奢侈品营销异曲同工：通过制造价格认知差，实现注意力转化，本质是注意力经济的古典演绎。如果没有他独特的自我营销，也就不会有后来的名垂青史了。

最好的产品不卖给需要的人，而是激发消费者心中的"想要"，唐王怕的不是地狱，而是内心的不安。"实体—符号—信仰"的转化仪式，就是认知战场的永恒定律。

观音的袈裟赠予仪式与陈子昂的碎琴行为，都是通过现实物品这类具象符号的戏剧化呈现，将佛法精义的抽象价值转化为可感知的信仰图腾。

唐僧身世之谜的
流量思维

假如唐僧生在互联网时代,一定是顶流网红和尚,当然在《西游记》里他也是三界共知的著名人物。他身上扑朔迷离的故事实在是太多了,唐王李世民钦赐的御弟、如来佛祖的二弟子,无数妖魔指名道姓要吃他一块肉,一大群迷妹想跟他共度良宵。

作为取经项目的形象代言人,名气是唐僧存在的意义和价值,他的任务就是最大程度地传播品牌知名度和品牌理念,那么唐僧是如何锁住流量,时刻引人关注的?

唐僧身上的三大悬念就是他的流量密码。

第一,唐僧开挂的出身有如神助,一切都安排好了,那么他的亲爹到底是谁?

第二,吃唐僧肉到底能不能长生不老?这个信息又是谁散布到三界周知的?

第三,那么多女妖怪想跟唐僧双修,他到底有没有破过戒?

首先,唐僧的亲爹到底是谁?是不是状元陈光蕊?这一家人从父辈开始就是顶流家族,陈光蕊作为唐朝学霸,参加考试一举夺魁,被唐王李世民御笔亲赐状元,跨马游街三日。是名副其实的一夜爆红,瞬间登上大唐热搜。

就在他游街的时候，正好经过宰相殷开山的家门口，而宰相之女殷温娇恰好正在抛绣球招亲。按说宰相的女儿不愁嫁，请唐王赐婚给新科状元想来也比当街抛绣球成功的概率要大，但问题是，赐婚远远没有抛绣球招亲的影响力大。好在殷小姐的投篮技术满分，一下就打中了陈光蕊的乌纱帽。宰相家也不讲究三媒六聘，直接把状元拉进府里，把婚事办了。这波热度至少又能炒上几个月，成为整个大唐群众茶余饭后的谈资。

陈光蕊跨马游街三日，精准把控舆论的黄金72小时发酵周期。从新科状元到宰相女婿，三天内完成身份跃迁，制造阶层跨越的全民热议话题。

紧接着，状元上任途中遇害，殷小姐被水贼霸占，生下遗腹子抛江。从年头到年尾，全是他们家的新闻。

等到十八年后，这个当年被抛弃的儿子长大成人，替父报仇。然而就在大家都以为他们终于阖家团聚，从此过上幸福生活的时候，殷温娇又突然自尽了，原因无人知晓。从娱乐新闻上升到了社会新闻。连续十八年的"连载式"传播，构建起全民参与的互动叙事。

但这时候取经项目一直没推动起来，唐僧的热度有所下降，蛰伏期间他继续在庙里修行。几年以后，随着取经计划开始，唐僧再次出现在大众视野，被唐王李世民钦封为左僧纲、右僧纲、天下大阐都僧纲之职，还和他拜把子，称兄道弟。

这样的身世经历，让他足以成为影响几代人的顶流大网红，关于他的一举一动都会成为新闻头条。放到现在选秀节目里，导师都得激动地来一句，请说出你的故事。选这样的顶流当形象代言人，还怕品牌打不开知名度吗？

当取经工程启动时，玄奘已具备了金蝉子转世的宗教权威性、御弟身份的政治背书以及身世之谜的民间传奇三重复合势能。

这三重势能的叠加，如同现代品牌建设中的定位矩阵：宗教权威×政治背书×民间IP，为后续的流量运营奠定了坚实基础。当取经工程正式启动时，观音团队开始系统性地投放第二波悬念炸弹。

这些先天优势为后续的流量运营奠定了基础，而真正保持持续热度的，是精心设计的悬念体系。

唐僧吸引流量的第二大密码是，吃他的肉到底能不能长生不老。这是一个难以验证的消息，因为没有人吃到过唐僧肉。其实我们知道西行路上的大部分妖魔，都是从天庭下界执行任务的，他们都是有仙果吃的人，吃不吃唐僧肉根本无所谓，只有白骨精这种没背景、没实力的小妖才会把唐僧肉当回事。放出这个消息，目的就是钓鱼执法，让小妖怪们错抓唐僧。人有人道，妖有妖道，妖怪不犯错，孙悟空也没有理由打上门去。

这既为取经团队制造合理冲突，又避免天庭人员直接出手干预的伦理风险。

那么是谁放出了这个消息，故意制造问题呢？还是观音。她曾在长安借住当地土地庙祠，以她的法力往返长安和落伽山是分分钟的事，为什么非要住在基层招待所里？在她办理入住后，这庙里的土地就赶紧上报了城隍社令及满长安城各庙神祇，大家都来参拜观音，趁这个机会就可以把工作安排下去，让这些基层工作人员把消息都散布出去。

吃一块唐僧肉长生不老，让这个佛门善信的神秘度、话题性拉满，一路激励着大小妖怪前赴后继卷入取经事件中来。

观音菩萨的"基层动员会"，本质是构建KOL传播矩阵。通过土地、城隍等基层节点，实现信息在妖界朋友圈的裂变传播，形成精准的垂直领域渗透。

长生不老诉求直击妖怪群体的马斯洛需求顶层，制造出刚性需求幻觉。这种痛点营销策略，比现代保健品行业的焦虑贩卖更为高明——因为永远无法证伪。

第三，就是搭配吃瓜群众喜闻乐见的娱乐新闻，唐僧一路上先后经历了娇滴滴的女王求婚，肌香肤腻的蝎子精色诱，才貌双全的杏仙吟诗赋词、心灵感召，作风豪放的老鼠精拼力续前缘，出水芙蓉玉兔精抛绣球招亲等一系列花边故事。他到底有没有动过心，破过戒？件件都引人遐想，这些故事都不断维持了取经事件的热度，让取经路上的每一个故事，都是10万+爆款新闻事件。

但流量是把双刃剑，热度要维持，致命的负面新闻却不能真出现，如果唐僧真决定先娶女王再取经，如来和观音费尽心机推动的取经大业就会毁于一旦。要流量，但不要唯流量，一味追流量、博眼球，价值判断出现偏差，会损害公信力和影响力。

总结唐僧情劫公关的平衡艺术：

1. 绯闻营销的阈值控制

从女儿国到盘丝洞，每次情感危机都精准踩在"话题引爆点"

与"道德安全线"之间。这种"擦边不越界"的运营能力,比现代明星团队的绯闻管理更具前瞻性。

2. 人设维护的镜像法则

金蝉子转世设定构建"圣僧"认知,苦行僧形象强化"禁欲"标签,形成抵御诱惑的"品牌护城河"。这种认知锚定策略,为现代企业家的IP打造提供范本。

3. 价值观营销的终极考验

玄奘团队的智慧:持续的流量王者,必须建立"价值观引力场"。

这种流量风险管控的智慧,在现代商业领域同样具有启示意义。

1998年,戴安娜遭遇严重的车祸,她乘坐的防弹奔驰轿车在法国隧道里被撞得面目全非,全世界为之震惊悲痛。这个时候,一个沃尔沃汽车的经销商却趁机打出广告:爱情诚可贵,生命价更高。沃尔沃安全第一,如果戴安娜乘坐的是沃尔沃的轿车就不会香消玉殒了。结果举世哗然,最后沃尔沃总部不得不亲自出面道歉,紧急撤下这个经销商的广告。

白酒品牌五粮液则把握住营销的方向,把一次事故变成了良机。在2024年龙年春晚上,刘谦和嘉宾团进行扑克牌互动魔术节目《守岁共此时》,主持人尼格买提的表演发生了意外,当其他人都按照流程对出正确数字时,只有他的扑克牌上出现的是五粮液的品牌名和logo。随后"尼格买提的五粮液没对上""消失的五粮液"等话题刷爆社交媒体,相关内容阅读量突破十亿。时隔半个月,该节目又出现在元宵晚会上,这次"尼格买提终于对上了五粮液"的话题又引发极大热度。

通过搭载爆款节目传播,五粮液也顺势"玩梗",表示牌Q代表问题,牌A代表答案,我们的生活一半是问题,一半就是答案,最终牌面成功对上,代表着大家新的一年和和美美,所有问题都会找到答案。不仅让大家对生活中的失误、麻烦释然,还把热点话题与品牌的和美文化紧密结合,持续传递了品牌价值观,让营销的热度真正转化为品牌的关注度。

在当下算法统治的洪流中,唯有将悬念经济学转化为价值动力学,让每个传播节点都成为价值结点,才能真正地承接住流量,铸就穿越时空的超级IP。

事件营销：
为什么妖怪都爱抓唐僧？

在西天取经的九九八十一难里，绑架唐僧堪称妖魔界的流量密码。白骨精三戏唐玄奘、红孩儿三昧真火、金角银角手持紫金葫芦，哪个不是靠着碰瓷取经团队声名鹊起？但要说最懂事件营销套路的，当属黑水河里那位看似莽撞实则精明的"龙二代"小鼍龙。当流量成为硬通货，看西游最惨官二代如何用一场有预谋的绑架案逆天改命，完成阶层跨越。

《西游记》里的龙族是一个非常庞大的群体，除了四海龙王，各处还有河龙王、潭龙王，甚至还有一个井龙王。龙王说起来是龙，但和人间皇帝的待遇有天壤之别，他们责任大、权力小，跟弼马温差不多，工作做得好最多得个口头表扬，但要是出现问题，就难逃罪与罚，实在是悲催。

泾河龙王因为执行任务，错了一点下雨的时间和点数，就被砍了龙头。不过他也用龙头解决了八个儿子的就业问题。但泾河龙王有九个儿子，还有一个小鼍龙，父亲死后就和母亲跟着舅舅西海龙王敖顺生活。现在孩子长大了，该找份正经工作养活自己了，没想到眼下龙族的工作也不好找。

小鼍龙不想坐以待毙，决定搞一场事件营销，刷刷存在感，为日后谋个好出路打打基础。

当师徒四人来到黑水河,又被滚滚河水挡住了去路,正在发愁怎么过去,恰好看见有人划着小船过来,唐僧和猪八戒就上了小船,孙悟空和沙和尚自己飞过去。小船划到一半,突然狂风大作、卷浪翻波,一瞬间连人带船卷了个无影无形。

抓走唐僧的正是"衡阳峪黑水河神府"的小鼍龙,得手后他就下了帖子请舅舅一起来吃唐僧肉。

孙悟空和四海龙王都非常有交情,得知小鼍龙兴风作浪,就接来西洋大海找敖顺兴师问罪,问他,"令妹共有几个贤郎?都在那里作怪?"

敖顺说:"舍妹有九个儿子。那八个都是好的。第一个小黄龙,见居淮渎;第二个小骊龙,见住济渎;第三个青背龙,占了江渎;第四个赤髯龙,镇守河渎;第五个徒劳龙,与佛祖司钟;第六个稳兽龙,与神官镇脊;第七个敬仲龙,与玉帝守擎天华表;第八个蜃龙,在大家兄处砥据太岳。此乃第九个鼍龙,因年幼无甚执事,自旧年才着他居黑水河养性,待成名,别迁调用,谁知他不遵吾旨,冲撞大圣也。"

这里就有一个关键信息"待成名",那怎么成名呢?眼下没有比蹭取经小组的流量更容易成名的事了。

孙悟空听了这话,八卦的老毛病又犯了,问:"你妹妹有几个妹丈?"

敖顺说:"只嫁得一个妹丈,乃泾河龙王。向年已此被斩,舍妹孀居于此,前年疾故了。"

孙悟空问："一夫一妻，如何生这几个杂种？"

敖顺说："此正谓龙生九种，九种各别。"

看来老爸死的时候没给这个儿子安排工作也是有原因的，前八个儿子好歹有个龙样，小鼍龙实在不像龙，甚至像个大乌龟，连孙悟空都对他的身份持怀疑态度。但不管怎么说现在父母双亡，自己也老大不小了，哥哥们也没人帮忙，小鼍龙必须自己想办法制造话题，吸引关注，于是精心策划了一场"营销事件"——绑架唐僧。

唐僧，作为取经团队的核心，其安危直接关系到整个取经大业的成败，自然是万众瞩目的焦点。小鼍龙此举，无疑是在整个仙凡两界投下了一枚震撼弹，迅速吸引了各方势力的关注与讨论。这一事件不仅让小鼍龙的名字一夜之间传遍四海八荒，更成功地将黑水河推到了舆论的风口浪尖。

西海龙王对其悲惨身世的渲染，引起了大众的情感共鸣，说起来，小鼍龙和唐僧之间算是有"旧怨"，没有取经这回事，泾河龙王也不会跟人打赌被斩首了。取经一路上不只是龙族，其他很多人也因为这件事受到连累，所以小鼍龙通过讲述自己家族的不幸，肯定也会激起部分神仙与妖魔的共鸣，进一步加深了公众对小鼍龙形象的记忆点。

听了龙王的话，连孙悟空都说，我本来是要上奏天庭，问你个通同作怪、抢夺人口之罪。据你所言，是那厮不遵教诲，我且饶你这次：一则是看你昆玉分上，二来只该怪那厮年幼无知，你也不甚知情。赶快差人把我师父救出来，就不跟你计较了。

师徒四人

西海龙王就让自己的儿子摩昂率兵去办这件事，外甥要扬名，正好让儿子也在举世瞩目的取经项目里露上一脸。

摩昂和小鼍龙一见面，先唱了一出双簧。小鼍龙说："我请舅舅，舅舅不来就算了，怎么表兄不光来，还带着兵来了？"

摩昂问："请你舅舅干什么？"

小鼍龙说："昨日捉得一个东土僧人，我闻他是十世修行的元体，人吃了他，可以延寿，欲请舅爷看过，上铁笼蒸熟，与舅爷暖寿哩。"

摩昂喝道："你这厮十分懵懂！你道僧人是谁？"

小鼍龙说："他是唐朝来的僧人，往西天取经的和尚。"

摩昂说："你只知他是唐僧，不知他手下徒弟厉害哩。"

小鼍龙却说没什么厉害的，肥头大耳的猪八戒和晦气脸的沙和尚都不是自己的对手。

然而，摩昂花式吹捧孙悟空一顿，说："原来是你不知！他还有一个大徒弟，是五百年前大闹天宫上方太乙金仙齐天大圣，如今保护唐僧往西天拜佛求经，是普陀岩大慈大悲观音菩萨劝善，与他改名，唤做孙悟空行者。你怎么没得做，撞出这件祸来？"

小鼍龙却说："我与你嫡亲的姑表，你倒反护他人？"说着兄弟俩就来了一场交战，各自展示实力，孙悟空吃瓜看戏。表演赛以哥哥摩昂技高一筹，将弟弟小鼍龙拿下告一段落，并将小鼍龙交给孙悟空处置。猴精的孙悟空也十分配合，让表哥摩昂带小鼍龙回西洋大海，自己家的事自己处理吧。

小鼍龙在西行路上打酱油，让我们领略到一场别开生面的

"事件营销"策略，回顾其"成名"之路，成功的关键在于：

一、精准定位

锁定取经团队这个顶级流量IP，并且通过情报网提前占了黑水河这条西行的必经之路，为"偶遇"埋下伏笔。

二、背景铺垫

小鼍龙的人设是无父无母还无业，小小年纪只能自力更生，等待机会为父报仇。这一悲情叙事，为其"事件营销"计划铺设了浓厚的情感基调与冲突背景。

三、借势传播，扩大影响

在《西游记》的世界里，信息传播同样重要。小鼍龙深知这一点，他利用自己在黑水河的地盘优势，以及与其他水族妖精的紧密联系，构建了一个简易的"信息传播网"。通过水族间的口口相传，以及偶尔泄露给过路神仙的"小道消息"，成功将自己的"遭遇"与"诉求"传播出去，引发了更广泛的讨论与关注。这种原始的"社交媒体"运用，展现了小鼍龙不凡的营销策略。

四、危机公关，巧妙应对挑战

面对孙悟空的上门挑战，小鼍龙并未选择硬碰硬，而是采取了迂回战术。他先是请出西海龙王作为调停者，利用家族背景为自己争取到了一定的缓冲时间；随后，在孙悟空面前展现出一定的示弱与妥协姿态，既保留了尊严，又避免了直接冲突带来的毁灭性后果。

小鼍龙热搜事件传播路径还原：

黑水河突发新闻→水族朋友圈刷屏→虾兵蟹将口口相传→西海龙府紧急会议→取经小组介入调查→龙族兄弟唱双簧→小鼍龙黑红上热搜

这套古代营销组合拳，既保持事件热度的自然发酵，又通过西海龙族内部矛盾的戏剧性转折维持公众关注，体现了小鼍龙的高情商与危机处理能力，虽然最终小鼍龙未能完全实现其复仇与扩张的野心，但他在整个过程中所展现出的智慧与策略，即便放在新媒体时代也极具借鉴价值。可见取经路上没有小角色，只有不会借势的小演员。

从冰海到蓝海：
"六感"营销重构用户心智

高端的营销不问用户要什么，因为用户也说不清楚自己要什么，好的营销是发现需求，满足需求，没有需求也要创造需求。

取经之路一开始就给我们上了一堂高质量营销课，"心猿归正，六贼无踪"。唐僧和孙悟空刚踏上取经路，就遇上了六个贼人拦住去路，各执长枪短剑，利刃强弓，大喊："那和尚！那里走！赶早留下马匹，放下行李，饶你性命过去！"

这六个贼人分别是：眼看喜、耳听怒、鼻嗅爱、舌尝思、意见欲和身本忧。对应的正是宗教上的贪、嗔、痴、慢、疑、恶。孙悟空不费力气就把他们一个个打死，剥了衣服，夺了盘缠。

所谓六贼：眼、耳、鼻、舌、身、意，对应的是人本身对外界事物的感知，视觉感知、听觉感知、情感感知、品味与思考、内心深处的欲望以及焦虑与忧虑。因此，取经一路上的妖魔鬼怪，也可以视为修行者和自己内心的种种欲望做斗争，所谓心生，种种魔生；心灭，种种魔灭。

孙悟空打死这六个盗贼的行为，从表面上看是对邪恶势力的打击和清除，但更深层次上则寓意着他对六根清净的追求和实现。这六个盗贼代表着孙悟空内心的杂念和欲望，他们的存在是对孙悟空修行的一种考验。孙悟空通过打死他们，象征性地完成了对自己内心杂念的清除和六根清净的达成。

《西游记》中的六根清净与商业世界的营销法则形成奇妙的对位关系——修行者要斩断的六根，恰恰是营销者需要激活的六感。当我们把取经路上的降妖伏魔，转化为现代商业战场的用户心智争夺，就会发现：眼、耳、鼻、舌、身、意既是修行的障碍，也是营销的通路。营销恰恰是要全方位洞察人们的欲望，调动他们的视觉、听觉、嗅觉、触觉、情感、思考，引导他们做出行动。我们可以将其总结为营销六觉。

眼看喜对应视觉营销的黄金法则，通过视觉冲击力抢占注意力，塑造品牌形象。比如星巴克的"绿色美人鱼"标识和暖色调门店设计，营造了舒适的社交氛围。

耳听怒暗合听觉刺激的神经密码，利用声音触发情感共鸣，强化品牌辨识度。麦当劳广告结尾的"我就喜欢"旋律，已经形成品牌声音符号。

鼻嗅爱揭示嗅觉记忆的隐秘通道，通过气味唤醒记忆与情感，增强场景黏性。有相关数据显示，面包店现烤面包的香气非常容易吸引路人进店，转化率能达到35%以上。

舌尝思指向味觉依赖的成瘾机制，以味觉体验激发消费冲动，建立产品信任。农夫山泉旗下品牌东方树叶，就是以无糖茶饮的概念抢占健康消费心智。

身本忧折射触觉反馈的情感联结，洞察深层需求，用情感价值驱动决策。通过实体互动增强信任感，降低决策焦虑。苹果零

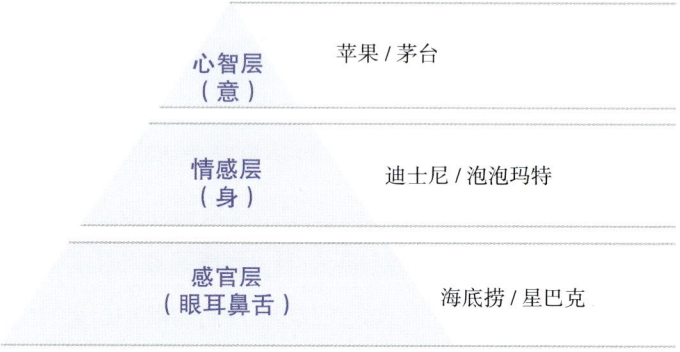

六感营销金字塔模型

售店的开放式陈列和Genius Bar服务,用意都是提升用户参与感。

意见欲则撬动意识层面的价值认同。支付宝每逢春节发起"集五福"活动,是以年味情怀提升用户参与度。

在当下这个视觉时代,消费者购买产品早已不单单关注它的使用功能,往往是要先好看再好用,入不了人们法眼的产品,更走不进人们的心里。我们有很多老国货产品就是因为包装设计太不讲究,明明是不错的产品只能卖很低的价格,也很难打动年轻的消费者。

嗅觉管理是现在商业不可或缺的一种营销,比如很多五星级酒店,一走进大堂让人感觉香气袭人。英国航空还率先引领了头等舱的气味管理,1997年,他们推出Club World舱,是世界上第一个配备全套卧铺设施的头等舱,并且首次引入了气味管理系统,通过使用香薰和空气清新剂来改善乘客的乘坐体验。

当单一感官的刺激达到极致后,更高阶的营销往往需要多感联觉。海底捞通过将无形的服务体验转化为可感知的具象行为。

现在各大航司的奢华航线，已经把极致气味享受做成了一种特色。比如阿联酋航空的头等舱，洗漱用品全部来自奢侈品牌宝格丽，让旅客的整个行程充满宝格丽特有的木本花香水的清爽。全日空航空是精致的日式松香，芬兰航空是来自北欧的自然清香，不少旅客会为了某种心仪的味道而专门选择航司。

还有的营销是把虚无缥缈的感受具象化，海底捞的服务就是此类中的佼佼者，稳定的口味和热情细腻的服务氛围，让它总是成为年轻人聚会的首选。西贝近年来主打的儿童友好餐厅，也为家长营造了食材安全放心的感受。河北有一个餐饮品牌"小放牛"则把海底捞的服务和西贝的人群定位结合了起来，拿出门店前很大的面积专门为孩子提供服务，给小女孩编辫子，给小男孩编气球，大家还可以一起拼豆豆消磨时间，有一大帮服务员专门负责带孩子，这让平时很难安安静静吃顿饭的家长，非常愿意来小放牛消费。所以每到周末，这家店总是大排长龙。

优秀的营销就是发现并且满足用户未被满足，甚至是尚未觉察的需求。营销不到位，生意就做不成。

西游里最愚蠢的女妖精是只会以色事人的蝎子精，她抓不住唐僧的需求，以错误手段引诱长老失败，最终被猪八戒打了个稀烂。

毒敌山琵琶洞的蝎子精抓走唐僧后，首先在行为上弄出十分娇媚之态，活泼泼，春意无边，要贴胸交股和鸾凤，宽衣解带，卖弄肌香肤腻。豪放的作风把唐僧吓得目不视恶色，耳不听淫声。

其次蝎子精在语言上也引起唐僧的反感,她说:"我愿作前朝柳翠翠。"唐僧说:"贫僧不是月阇黎。"

这是讲月明和尚度柳翠的故事,南海观世音菩萨净瓶内的杨柳枝因偶污微尘,被罚往人间,在杭州做风尘妓女,名为柳翠。三十年后罗汉月明尊者化成风魔和尚,经过三次说法,使柳翠醒悟,同时坐化升天。

蝎子精又说:"我美若西施还袅娜。"

唐僧道:"我越王因此久埋尸。"

越国战败后,被迫向吴国称臣求和。越王勾践遍选国内美女献给吴王夫差,天生丽质的西施也是其中的一员。夫差对西施万般宠爱,先是在姑苏建造春宵宫,又专门为西施建造了表演歌舞和欢宴的馆娃阁、灵馆等。而与此同时,越王勾践卧薪尝胆,使越国强盛起来,最终打败了吴国。吴国灭亡后,越王勾践想把西施留在自己身边,但是王后坚决不同意,最终西施不知所踪。

西施被打上红颜祸水的标签,如果留在越王身边,越王也难逃骂名。

蝎子精犯下营销大忌,她引经据典试图用西施、柳翠等典故打动唐僧,殊不知这些故事在修行者眼中恰恰是警示案例,这种文化符号的误用导致营销彻底失败。所以被骂"我的真阳为至宝,怎肯轻与你这粉骷髅"。

而荆棘岭的杏仙则洞察了唐僧的喜好,专门举办一场"荆棘岭诗词大会",让唐长老这位文艺男中年玩得差点忘乎所以。

取经一路风餐露宿，担惊受怕，每天相处的又只有三个暴躁粗俗的妖怪徒弟，唐僧心里苦，早把诗词歌赋的情怀都忘了。但在荆棘岭木仙庵，他却遇到了一伙与众不同的妖怪，孤直公、凌空子、拂云叟、劲节和一位令人如沐春风的才女杏仙，当晚大家把酒言欢，吟诗作对，唐僧快乐得仿佛回到了取经之前的日子，都忘了自己是和一群妖怪在一起。尤其是杏仙的一首唱词，清雅脱尘：

上盖留名汉武王，周时孔子立坛场。董仙爱我成林积，孙楚曾怜寒食香。雨润红姿娇且嫩，烟蒸翠色显还藏。自知过熟微酸意，落处年年伴麦场。

全篇没有一个春字，又处处透露着春意，把自己名字的"杏"字也暗含其中，听得唐僧怎能不心驰神往。

可惜杏仙没有拿捏好尺度，性子急了点，初赛刚结束就立刻要和唐僧共度良宵，把唐僧逼急了，喊来三个徒弟把这帮人斩草除根。

蝎子精的三重败因

错误	原因
需求误判	将唐僧的超我需求当作本我需求
场景错位	在修行场景使用情欲营销
触点单一	仅仅刺激身感忽略了意感

杏仙的破冰之道

方法	成果
意感	诗词雅集引发唐僧兴致
身感	红袖添香使唐僧放松警惕
观感	暗藏春意向唐僧传递情谊

有效的需求创造必须建立在对用户心智的正确感知之上,当我们将这六感营销系统化运用时,才能实现从冰海到蓝海的跨越。

在当今这个信息爆炸的时代,营销早已超越了传统的推销范畴,它更像是一门艺术,一门将无转化为有、将潜在需求激发为现实购买力的艺术。当然,我们要明确,"无需求"并非真正意义上的空白市场,而是指消费者尚未意识到或未明确表达的需求。这些需求可能隐藏在生活习惯、潜在愿望或是对未来生活的憧憬之中。营销者的任务,就是像侦探一样,挖掘出这些隐藏的需求,并将其转化为明确的市场机会。

创造需求的第一步,是具备敏锐的市场洞察力。这要求营销人员不仅要关注当前的市场动态,更要能够预见未来的趋势。通过大数据分析、消费者行为研究以及行业报告,我们可以捕捉到那些细微却至关重要的变化,比如消费者对健康、环保、个性化等方面的日益重视。基于这些洞察,我们可以设计出符合未来需求的产品或服务,从而在市场中占据先机。

有了对趋势的深刻理解,下一步就是创新产品,创造出能够激发消费者欲望的新事物。这不仅仅是技术上的革新,更是对消费者心理需求的精准把握。

在创造需求的过程中,情感的力量不容小觑。一个引人入胜的故事,能够迅速拉近品牌与消费者之间的距离,激发消费者的情感共鸣。西天取经这一路,就是在用师徒四人的行动讲述一个个别开生面的故事,通过他们让沿途的受众都感受到灵山如来佛祖的品牌价值观和温度,从而激发他们对三藏真经的渴望。

当然,创造需求并非一蹴而就,而是一个持续迭代的过程。在产品推向市场后,我们需要密切关注消费者的反馈,及时调整产品策略,优化用户体验。只有这样,才能在激烈的市场竞争中保持领先地位,不断满足消费者日益增长的需求。

"即使没有需求,创造需求也要上",这不仅是对营销人员的一种挑战,更是对创新精神的最高致敬。营销的真经不在灵山,在用户的眼耳鼻舌身意之间。

通天河危机公关：
教科书级的舆情管理

神仙也有面临塌房的危机，遇到危机不可怕，关键是怎么处理。其实危机公关最主要处理的是大众情绪，把握好两个关键点，第一时间反应，并找到大众情绪的共鸣点。速度即正义，共鸣即解法。

取经小组在通天河就上演了一出危机公关。他们离开车迟国后晓行夜宿不知不觉又走了半年时光，一天赶夜路被滔滔河水挡住了，正是径过八百里、亘古少人行的通天河。唐僧正哭诉妖魔阻隔，山水迢遥，忽然听见一阵鼓钹声响，仿佛是谁家在做斋事，猪八戒就忍不住要去蹭斋饭。循着声音找过去，看到一处大约有四五百户人家的村庄，叫作陈家庄。

三个徒弟一进门把做斋事人家的宾客全吓跑了，一大堆的饭食全归猪八戒所有。大家坐下来说话才知道，这户人家跟唐僧俗家同姓，也姓陈，是村里的大户，他们正在办一场"预修亡斋"。

埋头干饭的猪八戒听了忍不住说："和尚家岂不知斋事？只有个预修寄库斋、预修填还斋，那里有个预修亡斋的？你家人又不曾有死的，做甚亡斋？"

这话还要从头说起，通天河附近有一座灵感大王庙，那里的大王"感应一方兴庙宇，威灵千里祐黎民。年年庄上施甘露，岁岁村中落庆云"。按说是个好神仙,为什么陈老头却如此伤心呢?原来这大王"虽则恩多还有怨,纵然慈惠却伤人。只因要吃童男女,不是昭彰正直神"。

灵感大王保佑陈家庄是有条件的,要一年一次祭赛,除了猪羊牲醴,每年还要一个童男,一个童女,如果不祭赛,就会招来降祸生灾。今年恰好轮到陈老头家了,他是陈家庄大户,有兄弟两个,陈澄和陈清,都是年过五十还没有儿女,但是自从灵感大王来了之后,陈澄生了个女儿叫陈一秤金,陈清生了个儿子叫陈关保。

猪八戒一听说:"好贵名!怎么叫作一秤金?"

陈澄说:"我因儿女艰难,修桥补路,建寺立塔,布施斋僧,有一本账目,那里使三两,那里使五两,到生女之年,却好用过有三十斤黄金。三十斤为一秤,所以唤作一秤金。"

又问儿子的名字是怎么来的,说:"家下供养关圣爷爷,因在关爷之位下求得这个儿子,故名关保,我兄弟二人,年岁百二,止得这两个人种,不期轮次到我家祭赛,所以不敢不献。故此父子之情,难割难舍,先与孩儿做个超生道场,故曰预修亡斋者,此也。"

古代家庭往往更渴望儿孙满堂、人丁兴旺,但也会有因为孩子太多养不活或者失于教养的情况,天灾人祸失去一两个孩子是可以承受之重。陈家庄就是通过抽签轮值分摊了所有家庭的风险,但偏偏富庶的陈氏兄弟却膝下荒凉,独子独女的境遇打破了这种风险均摊的机制,所以他们极度悲伤地操办"预修亡斋"。

孙悟空问:"你府上有多大家当?"

兄弟俩说:"颇有些儿,水田有四五十顷,旱田有六七十顷,草场有八九十处，水黄牛有二三百头，驴马有三二十匹，猪羊鸡鹅无数。舍下也有吃不着的陈粮，穿不了的衣服。家财产业，也尽得数。"

孙悟空听了说："既有这家私，怎么舍得亲生儿女祭赛？拚了五十两银子，可买一个童男；拚了一百两银子，可买一个童女，连绞缠不过二百两之数，可就留下自己儿女后代，却不是好？"古人的思维方式跟我们现代人不同，所以孙悟空也说出买儿买女的话来。

不说这话还好，一说俩老头流下泪来，说这灵感大王是经常来这些人家行走的，老幼生时年月，他都记得。只要亲生儿女，他才受用。别说两三百钱，就是几千万两，也没处去买一模一样的儿女。

灵感大王要求亲生骨肉的设定，直接触发了受众对剥削性权力的愤怒。大众情绪痛点不在于祭祀制度本身，而在于规则制定者对人性底线的践踏。

花钱也买不来一模一样的儿女，孙悟空、猪八戒却会变，吃了陈老头家的饭，他们决定变成两个小孩的样子，明天就把他俩贡献给灵感大王，正好到时看看这大王的来路。第二天，他们两个就变化好了分别坐在红漆丹盘里，放在桌上，被人抬到庙里去了。

这灵感大王庙只供奉了牌位，却没有神像，一阵阴风吹过，只听有人问："今年祭祀的是那家？"

孙悟空笑吟吟地答道："承下问，庄头是陈澄、陈清家。"

妖怪心里疑惑："这童男胆大，言谈伶俐，常来供养受用的，问一声不言语，再问声，唬了魂，用手去捉，已是死人。怎么今日这童男善能应对？"他不敢直接来拿，又问："童男女叫甚名字？"

孙悟空说："童男陈关保，童女一秤金。"

妖怪说："这祭赛乃上年旧规，如今供献我，当吃你。"

孙悟空说："不敢抗拒，请自在受用。"

从来没有见过这么淡定的孩子，妖怪听了更不敢动手了，喝道："你莫顶嘴！我常年先吃童男，今年倒要先吃童女！"

这下猪八戒慌了说："大王还照旧罢，不要吃坏例子。"

妖怪不由分说就来捉八戒，八戒一转身跳下来现了本相，举起钯照妖怪劈头就筑，只听得当的一声响，妖怪掉下冰盘大小两个鱼鳞来，化一阵狂风跑了。孙悟空也不追，计划等第二天先捉妖，再过河。

到了第二天，正在秋季的陈家庄突然下起茫茫大雪，八百里通天河竟一夜冻住了，有行人正在趁着机会过河。唐僧一心求佛也要立刻赶路，陈老头建议多留几天，想来只是水浅的地方冻住了，到了深水处还是不过去。沙和尚建议："就行也不是话，再住也不是话，口说无凭，耳闻不如眼见。我背了马，且请师父亲去看看。"

师徒一行带来行李马匹来到通天河边，眼见的冰结江湖一片平。猪八戒还要试试湖面冻得结不结实，双手举钯，尽力一筑，只听扑的一声，筑了九个白迹，手也震得生疼。笑道："去得！去得！连底都锢住了。"

唐僧见状就一刻也等不了了，告别陈老，跨马前行。走到半中间，河里的妖怪听见马蹄声，弄个神通迸开冰面，连人带马全拉进河里了，幸亏孙悟空反应快，只跑了他一个。

孙悟空在半空里见八戒、沙僧在水里扑腾着捞行李，问："师父何在？"八戒说："师父姓陈，名到底了。"

三个人跟灵感大王周旋许久救不出唐僧来，孙悟空又直奔南海找观音。这时候观音的团队也已经颇具规模了，只见二十四路诸天与守山大神、木叉行者、善财童子、捧珠龙女，一齐上前迎住孙悟空行礼，孙悟空说有急事找观音，众神却说："菩萨今早出洞，不许人随，自入竹林里观玩。知大圣今日必来，吩咐我等在此候接大圣，不可就见。请在翠岩前聊坐片时，待菩萨出来，自有道理。"

孙悟空只好在门外等，左等不出来右等不出来，就径直闯了进去，没想到菩萨还没梳洗，只见：

远观救苦尊，盘坐衬残箬。懒散怕梳妆，容颜多绰约。散挽一窝丝，未曾戴缨络。不挂素蓝袍，贴身小袄缚。漫腰束锦裙，赤了一双脚。披肩绣带无，精光两臂膊。玉手执钢刀，正把竹皮削。

菩萨不光没梳洗化妆，连衣服都还没穿好，慌得孙悟空只好大声叫道："菩萨，弟子孙悟空志心朝礼。"

观音却头也不抬，只教他："外面俟候。"

孙悟空担心唐僧的安危，叩头道："菩萨，我师父有难，特来拜问通天河妖怪根源。"

观音只说："你且出去，待我出来。"

孙悟空没办法只得走出竹林，对众诸天说："菩萨今日又重置家事哩，怎么不坐莲台，不妆饰，不喜欢，在林里削篾做甚？"

诸天只说:"我等却不知。今早出洞,未曾妆束,就入林中去了,又教我等在此接候大圣,必然为大圣有事。"

又过了一会,只见观音手提一个紫竹篮儿出林说:"悟空,我与你救唐僧去来。"

孙悟空慌忙跪下说:"弟子不敢催促,且请菩萨着衣登座。"

观音却说:"不消着衣,就此去也。"也不等助理跟上,就着急忙慌地纵祥云腾空而去。

菩萨素颜出场的决策堪称典范,素颜是真诚态度的物理化呈现,未梳妆则是响应速度的具象化表达,这种视觉符号的运用比文字声明更具冲击力。

观音奔赴通天河现场,立刻解下一根束袄的丝绦,将篮儿拴定,提着丝绦,半踏云彩,抛在河中,往上溜头扯着,口念颂子道:"死的去,活的住,死的去,活的住!"念了七遍,提起篮儿,但见那篮里亮灼灼一尾金鱼,还斩眼动鳞。这时才说:"悟空,快下水救你师父耶。"

孙悟空说:"未曾拿住妖邪,如何救得师父?"

观音说:"这篮儿里不是?"

八戒与沙僧都问:"这鱼儿怎生有那等手段。"

观音说:"他本是我莲花池里养大的金鱼,每日浮头听经,修成手段。那一柄九瓣铜锤,乃是一枝未开的菡萏,被他运炼成兵。不知是那一日,海潮泛涨,走到此间。我今早扶栏看花,却不见这厮出拜,掐指巡纹,算着他在此成精,害你师父,故此未及梳妆,运神功,织个竹篮儿擒他。"

原来这灵感大王不是别人,却是观音池塘里跑出来的金鱼。

通天河危机事件等级评估

舆情烈度：★★★★★（童男童女祭祀触及伦理红线）

波及范围：★★★★★（直接影响观音核心业务"送子服务"）

处理难度：★★★★★（涉事方为CEO直管部门）

观音又叫灵感观世音菩萨，民间素有观音送子、救苦救难的说法，这陈家庄恰好是灵感大王来了之后陈家兄弟就有了儿女，看来观音送子和村民送童男童女是一桩交易，没想到轮到陈家兄弟自己头上，他们又没有更多的孩子，就开骂"不是昭彰正值神"。

观音要童男童女的魂魄做什么我们不去深究，但这么一来她的形象是严重受损了。还好孙悟空在职场上扎扎实实磨炼的这几年，已经能对各种危机应对自如了，马上说："菩萨，既然如此，且待片时，我等叫陈家庄众信人等，看看菩萨的金面：一则留恩，二来说此收怪之事，好教凡人信心供养。"

观音听了很满意，说："也罢，你快去叫来。"

八戒和沙僧也十分配合，一齐飞跑到庄前，大声呼喊："都来看活观音菩萨！都来看活观音菩萨！"高管素颜出镜的真诚，胜过百万精修的声明。

喊得一庄老幼男女，都向河边，也不顾泥水，都跪在里面，磕头礼拜。内中有善图画者，传下影神，这才是鱼篮观音现身。

关键决策流程图：

舆情爆发 → 掐指巡纹（数据监测）→ 未梳妆出场（快速响

应）→ 竹篮收妖（根源解决）→ 村民见证（证据固化）→ 画师传影（内容沉淀）→ 鱼篮IP（品牌升级）

孙悟空提出的叫陈家庄众信人等看看菩萨金面，完成从祭祀剥削者到慈悲救世主的叙事转换，将危机转化为显灵验证，强化"送子观音"品牌定位，暗合现代企业的CSR（企业社会责任）补救机制。

现代企业危机管理对照表

维度	观音团队策略	商业对照案例	理论工具
响应速度	未梳妆即现场处置	鸿星尔克暴雨捐款即时支援	奥美公关3T原则
责任承担	"我的鱼我负责"式声明	特斯拉刹车门后的OTA升级补偿	格鲁尼格双向对称模型
叙事重构	制造"活观音"传播事件	新东方转型直播带货的IP重塑	伯奈斯舆论引导理论
利益补偿	永久解决童男童女祭祀问题	三星Note7爆炸后的全球召回	克拉克危机修复矩阵

优秀的危机公关，是用战略级的响应速度重构叙事，将破坏性事件转化为品牌增值的转折点。观音团队在此案例中展现的素颜真诚+雷霆手段+故事重构的组合拳，至今仍是企业应对"黑天鹅"事件的终极教材。

【取经私董会】

本期议题："吃唐僧肉长生"如何被塑造成妖界共识？从符号传播角度拆解该事件营销的底层逻辑，并对比现代饥饿营销中稀缺性符号的构建逻辑。

金屏生彩艳,
玉镜展光明。
——《西游记》第五十四回

第七章

品牌篇

用心智
锚点打造
超级个体

从妖王到佛陀：
孙悟空的品牌圣经

在注意力经济的战场中，超级个体已经成为最高效的社交货币。孙悟空从妖王到佛陀的逆袭史，堪称一部商业经典教材。梳理孙悟空的成长路径，可以将其个人品牌进化的方式提炼为四层进化模型：品牌铸基、产品力锻造、传播破圈、市场升维。

初创品牌都需要一个标志性事件，通过"首因效应"抢占用户心智。孙悟空的破石而出就是一段引起三界轰动的传奇，跟贾宝玉的衔玉而生有异曲同工之妙。

凡有非同寻常的人物出现，人们总热衷于把他们出生的时刻也描述得特别传神。比如清朝的顺治皇帝出生的时候，传说红光冲天，于是起名福临；清末名臣曾国藩相传是巨蟒转世，因为他身上有好像是鳞片一样的东西，现在大家知道那其实是牛皮癣。这种病折磨了曾国藩一辈子，可惜那时候没有很好的办法医治。

也有聪明的商人把产品出身神秘化，比如依云水，它的水源地是背靠阿尔卑斯山，面临莱芒湖的小镇，远离工业污染，就像孙悟空的花果山一样，也是享尽"天地灵气、日精月华"。据说法国大革命期间，一个法国贵族患上了肾结石，他喝了这个小镇的水之后，竟然奇迹般地痊愈了，这件事情传到皇室，引起拿破仑三世的关注，他也对这种水情有独钟，于是1864年正式给这个小镇赐名依云。如今，依云矿泉水已经成为世界知名度最高的高端矿泉水。

这些传奇、神秘的故事成为一个人、一个产品独特的记忆锚点，为其品牌化发展奠定基石。这种叙事策略之所以屡试不爽，是因为它精准触达了人类认知的底层逻辑。神经科学研究表明，当人听到故事时，大脑会同步激活负责情感处理的杏仁核和形成长期记忆的海马体，其记忆留存率是单纯事实陈述的22倍。在信息爆炸时代，消费者面对无数同类产品时，品牌神话本质是降低选择成本。

在传奇叙事的基础上，进一步强化产品力锻造，将形成更牢固的品牌护城河，实现从心智占领到消费依赖的进一步跨越。

孙悟空提高产品力表现在他漂洋过海去拜师学艺，从东胜神洲到南赡部洲再到西牛贺洲的灵台方寸山，他足足用了二十余年时间，内外兼修，习得筋斗云、七十二般变化。学成归来后又收服花果山周围七十二洞妖王，这个阶段的孙悟空已经不再是白牌了，已经成为一个具有一定竞争力的知名区域品牌，升级为垂直领域头部IP。

孙悟空产品力的三维构建

维度	孙悟空实践	商业映射案例
技术壁垒	海外学艺：七十二变/筋斗云	华为海思芯片研发
视觉符号	龙宫借宝：金箍棒/锁子黄金甲	可口可乐弧形瓶专利
生态布局	结拜兄弟：七十二洞妖王联盟	小米生态链布局

与其他妖王不同的是，通过天庭招安，孙悟空再次进行了品牌升级。这两次被天庭招安的经历，就好比一个出众的小品牌被大企业收购了。但品牌被收购往往又面临两条岔路，一条是成为大集团诸多著名品牌中的一个，可能被淹没，可能被雪藏；另一条是必须在更高纬度的品牌竞争中杀出重围。

孙悟空一开始并没有意识到这个问题，开开心心当弼马温，后来发现在人才济济的天庭根本排不上号，通过抗议给自己争取到了齐天大圣的位置，但还是有名无实，被束之高阁，连出席蟠桃会的资格都没有，所以他要继续反抗。

新品牌出圈需要有反叛精神，乔布斯推出苹果电脑一代的时候，借用奥威尔的小说推出《1984》的广告，向行业老大哥IBM宣战。还有一个英国的0糖气泡水饮料新品牌Dash Water，打出的广告就直接把自己的产品覆盖在可口可乐的产品上，也是向行业权威挑战。

这是一个贴标签的过程，每个个人品牌的形成都需要有独特的标签，马斯克也要给自己贴上钢铁侠的标签；雷军刚开始做小米的时候，很长时间都顶着雷布斯的名号；李小龙的标签是中国功夫；孙悟空的标签是反叛。

两次天庭招安如同初创企业被行业巨头收购，弼马温的虚职暴露传统晋升体系的局限。当"齐天大圣"的冠名权都沦为文字游戏，孙悟空选择用大闹天宫这剂猛药打破圈层桎梏，像极了乔布斯在1984年用反叛广告剑指IBM，用破坏性创新撕开市场缺口。

反叛者的品牌定位从来都是双刃剑，这虽然能快速建立市场认知（大闹天宫知名度暴涨），也易引发系统反噬。这要求品牌必须掌握好三个平衡：

1. 打开市场缺口 vs 触动监管红线
2. 挑战者姿态 vs 建设性方案
3. 爆发式增长 vs 可持续发展

就如同孙悟空大闹天宫获得了在三界知名度暴涨，却也难逃五行山下的五百年封印。但真正的超级个体总能在至暗时刻完成认知升维，当紧箍咒取代黄金甲，孙悟空开始修炼更高级的品牌资产，开始从武力征服到智慧降魔，从个人英雄到团队赋能之旅。

每个人都希望获得一个只成功不失败的法宝，可惜没有，强大如玉帝、如来、太上老君这些大佬，我们也很少看到他们一出手就掌控全局的时候，都是在一次又一次摩擦、谈判、退让，再前进的过程中艰难地实现自己终极目标的。

西天取经几乎是孙悟空唯一的翻身之路，好在这一次他抓住了这个千载难逢的机会。每个人都有自己的一条取经路，都可以在别人的地图里找到自己的方向。对于孙悟空来说，西天取经让他真正进入了品牌进化的阶段，在这个过程中他形成了专属的大圣精神，并且保持了稳定性和自我一致性。作为一个更加成熟的品牌，他在反叛的标签之上，又增加了更为突出和更能体现其价值的惩恶扬善、集战斗力与智慧于一身的品质。

反叛精神×技术革命=品类重构

孙悟空在取经路上收获了一大批"核心猴粉",途经的比丘国、金平府、陈家庄等都建起了师徒四人的祠堂。陈家庄的粉丝更是每年四大祭,二十四小祭,无时无日不来烧香祭赛。真是金炉不断千年火,玉盏常明万载灯。

最终,孙悟空修得正果,加封斗战胜佛。这不仅是他个人修行的圆满结束,也是其品牌建设的最终升华。他通过自己的努力和坚持实现了从"三无"产品到驰名品牌的华丽转身,成为《西游记》中当之无愧的"顶流"。

孙悟空品牌力的三次飞跃

阶段	飞跃
功能型	金箍棒→正义审判权杖
地域符号	花果山→众生庇护所
精神信仰	斗战胜佛→逆境突破力

你的品牌正在经历哪个进化阶段?是困在五行山下的区域品牌,还是正在构建取经生态的超级平台?悟空的成长史揭示:真正的品牌永生,在于从卖产品到造宗教的认知革命。当品牌成为集体潜意识的组成部分,便获得了穿越经济周期的终极免疫力。

女儿国国王的
领导力觉醒

你向往到只有女性的女儿国旅游吗？你以为娇滴滴的女王只会喊哥哥吗？西游世界女施主众多，为什么女儿国国王最让人念念不忘？

女儿国是我们看影视剧对这个地方的俗称，在《西游记》原著中这里叫西梁女国，与灵感大王控制的陈家庄只隔着一条通天河，两地常年还有贸易往来。

根据陈家庄陈老头描述：陈家庄的百钱之物，到了西梁女国便可价值万钱，而西梁女国的百钱之物，到了陈家庄也价值万钱。我们不知道双方买卖的到底是什么，已知的资源是西梁女国落胎泉的泉水，有婆子说一桶水就够自己的棺材本了，可见价值不菲。

陈家庄的人舍生忘死往西梁女国跑，只是有的人能带回家财万贯，有的人会被那里的女人们榨干。她们可不是娇滴滴的女王，有的是力气和手段。有婆子的原话为证："我一家儿四五口，都是有几岁年纪的，把那风月事尽皆休了，故此不肯伤你，若还到第二家，老小众大，那年小之人，那个肯放过你去？就要与女交合，假若不从，就要害你性命，把你身上肉，都割下去做香袋儿哩。"

说出来你可能不信，唐僧闯入这烟花之地，也曾怀过孕，打过胎，女儿国国王承诺只要他肯留下来，愿将一国之富全部倾囊相送。正所谓情关难过，500年后，我们依然为之遗憾，为什么不能"先娶女王再取经，不负如来不负卿"？然而，翻开《西游记》的原著，你才会发现看似浪漫的女儿国，其实并不是梦幻乌托邦，而是一座用温柔枷锁铸造的性别牢笼。

取经小组一路风餐露宿，来到男人的天堂——西梁女国，也就是俗称的"女儿国"，这里不分老幼，全是妇女，偶尔来个做生意的男人，不被榨干是不可能放走的，这一关唐僧要怎么闯？

在女儿国城外，唐僧和猪八戒因为误喝子母河水，引发一起男性怀孕事件，原来这里早已实现无性繁殖。只是年满二十岁以上的女孩才敢去喝子母河水，一碗水喝下去，马上就会形成胎气，三天后到"迎阳馆—照胎泉"做B超，照出双影儿，就可以生下孩子。言外之意，如果照出单影儿或者不想生、不能生，就要去"解阳山—破儿洞—落胎泉"再喝一口泉水，便就解了胎气。

你发现没有，这里有一个隐藏的信息，不是女儿国的人生不出男孩，而是不准生，性别直接被控制在了源头。

以前这落胎泉水可以随意取用，如今却被牛魔王的弟弟如意真仙垄断了，他把"破儿洞"改成了"聚仙庵"，并高价出售泉水。

"破儿"直指堕胎功能，"聚仙"又暗含修仙者的聚会，恰如《让子弹飞》里的"青楼改书局"。而一碗落胎泉水要用花红表礼、羊酒果盘来换，这些东西值多少钱呢？孙悟空只打了一桶水，客栈的老婆子说已经够她的棺材本了，可见价值不菲。

一边是强制生育的子母河，一边是有偿堕胎的落胎泉，再加一个快乐的聚仙庵,这到底是女儿国,还是天上人间?

原来,唐僧打的不是胎,而是披着宗教外衣的黑色产业链,这便为女儿国的危机埋下了伏笔。

唐僧和猪八戒解了胎气后,大家继续向西,进城见女王,倒换通关文牒。没想到城里的女人比城外还凶猛,一上来就鼓掌欢呼,"人种来了!人种来了!"别说细皮嫩肉的唐僧吓得心惊胆战,就连深谙鏖战之法的猪八戒都赶紧裹紧衣服,直说自己是只太监猪。

听说有从上邦大国唐朝来的和尚经过,一生从未见过男人的女儿国国王突然说,自己夜里做了个梦,梦见"金屏生彩艳,玉镜展光明",认为这是喜兆,并解释道:"东土男人,乃唐朝御弟。我国中自混沌开辟之时,累代帝王,更不曾见个男人至此。幸今唐王御弟下降,想是天赐来的。寡人以一国之富,愿招御弟为王,我愿为后,与他阴阳配合,生子生孙,永传帝业,却不是今日之喜兆也?"

很多人以为女王对御弟哥哥是一见钟情,实际上她连人家的面都没有见过,就决定要倒赔彩礼嫁出去了。

是女王长得丑吗?当然不是,女王容貌赛过西施,美过貂蝉,能跟西游头号美人王母娘娘媲美;那是她太缺男人了吗?也不全是,因为即便国内男性资源如此匮乏,丑陋的孙悟空、猪八戒、沙和尚依然被排除在择偶范围之外,只有唐僧这个优质Y染色体在女王考虑之内。

那到底是什么原因,让娇滴滴的女王如此猴急?

通过前面子母河—聚仙庵—落胎泉的黑色产业链,实际上已经告诉我们牛魔王资本集团对女儿国民生、经济各方面的渗透之深;这个国家的累代帝王都从未见过男人,可见她们也不过是个傀儡,国家的统治都被一双无形的手操控着;而且,由于缺乏军事武装力量,女儿国年年还要向附近的祭赛国进贡娇妃美妾,整个国家的命运已经到了悬崖边缘。

当生育权被资本操控、国家主权遭邻国侵蚀时,这位深陷重重困境的女王意识到,延续千年的性别闭环,正在将王国推向灭绝边缘,必须要打破困局。

当女王的反抗意识觉醒,她想唐僧师徒的经过或许能成为女儿国的一根救命稻草,她看中的不是唐僧,而是唐僧背后上邦大国的力量。因此,即便是面对和尚,她也想尽力一搏,促成这场政治联姻。

女王刻意渲染"金屏生彩艳、玉镜展光明"的梦境,本质是制造君权神授的舆论。通过将唐僧包装成"天赐良缘",既合理化闪婚决策,又避免暴露政权脆弱性。她对唐僧绝非简单的恋爱脑,而是一场精心设计的行为艺术。

破釜沉舟的女王第一次见到唐僧,便大胆求爱,力求一举拿下,直呼:"大唐御弟,还不来占凤乘鸾也?"

尽管女王气质婉约,作风豪放,容貌更是美得把猪八戒都看"化"了,唐僧却坚决拒绝求婚,一路上考验干部的事见多了,唐主任哪敢轻易动心?可是不答应又无法获取通关文牒盖章,不能继续前行,无奈之下,孙悟空让师父先假装同意婚事,把盖章骗到手再说。

当晚,女王就把唐僧拉进了洞房,还好唐僧守住了元阳,说你

情阻女儿国

先把公章盖了,明天把徒弟们打发走,咱们再圆房。朴实的女王果然信了他的鬼话。翻开通关文牒,只见上面有大唐皇帝宝印九颗,下面有宝象国印、乌鸡国印、车迟国印,同时还有唐僧的名字陈玄奘。

女王问:"御弟哥哥又姓陈?"

唐僧回答:"俗家姓陈,法名玄奘。因我唐王圣恩认为御弟,赐姓我为唐也。"

此时女王才明白,原来这个唐御弟并非唐王亲弟弟,但即便是干弟弟,能攀上这门亲也是好的,于是又问:"关文上如何没有高徒之名?"

唐僧回答:"三个顽徒,不是我唐朝人物。"

女王接着问:"既不是你唐朝人物,为何肯随你来?"

唐僧便把徒弟们的身份、来历一一告诉女王,说:"大的个徒弟,祖贯东胜神洲傲来国人氏;第二个乃西牛贺洲乌斯庄人氏;第三个乃流沙河人氏。他三人都因罪犯天条,南海观世音菩萨解脱他苦,秉善皈依,将功折罪,情愿保护我上西天取经。皆是途中收得,故此未注法名在牒。"

听完这番话不知道女王有没有后悔,原来徒弟们看着丑,实则一个个比唐僧的来历都大,不仅人脉关系通天,连观音菩萨都替他们说话。但是现在补救也不晚,于是女王说道:"我与你添注法名,好么?"便将孙悟空、猪悟能、沙悟净三人名讳一一写在文牒上,盖上印,画上押,成为取经路上给三位徒弟上户口的第一人,不得不说,女儿国国王这政治手腕实在是高。

尽管婚姻谈判不顺利,到最后也没有吃成唐僧肉,但女王凭借一己之力跟取经团队搭上了关系，成功将女儿国纳入取经路线的外交网络，还愁哥哥们日后不拉自己一把吗？

站在历史长河回望女儿国，这位被误读千年的女王，用她超越时代的政治智慧演绎了一曲女性觉醒的悲歌，在权力困局中的绝地求生。

权力觉醒：女王破局三部曲

战略破局点	战术拆解	具体实施动作
捕捉唐僧团队的战略价值	政治价值	大唐御弟的皇室背景
	经济价值	取经路的贸易枢纽潜力
	技术价值	孙悟空等人的跨界资源
美人计背后的资源整合	托国之富	重资产估值
	倾国之容	个人 IP 打造
	通关文牒	获取战略背书
失败后的战略留白	文牒留名	埋下品牌锚点
	外交破冰	建立高层对话通道
	文化输出	"御弟哥哥"的情感营销

近年来流行一个词叫"全女经济"，意思是不论你去美容健身还是咖啡酒吧，从服务员到消费者全都是女性，经济只在女性之间循环，不对男性开放。这种商业模式之所以流行，主要有两个方面的原因：

第一，之前有一个调查分析对人们的消费力做了一个排名，显示：少女＞儿童＞少妇＞老人＞狗＞男人。这让大家更认同女人的钱好赚了，所以都拼命研究怎么更多地赚女人的钱。

第二，当下男女关系跟以前相比显得非常紧张，为了避免矛盾，给女性营造最大程度的安全感，很多商家就跟风推出全女商业模式，认为这种广阔的市场和极致的服务，必然能诞生一个万亿级别的市场，甚至打造出女马云、女马斯克。

可惜理想很丰满，现实很骨感，性别隔离不等于商业蓝海，全女经济刚刚冒头就全面崩盘了，一家全女酒吧开业仅13天就关门大吉，打破了开店最快倒闭的纪录。

为什么会出现这样的局面呢？首先是因为不少商家都是抱着割韭菜的态度进场的，认为女人的钱好赚，就大幅提升产品价格，原本一年5000元的健身卡，在全女健身房却要8000元甚至10000元，但在细节的品质和服务上又做不到跟价格相匹配。

其次，全是女性的团队更容易发生矛盾，女人天性细腻敏感、注重细节，很容易一言不合就产生冲突，员工和顾客之间，员工和员工之间都难免出现摩擦，纷争扯皮不断。有一家上海的化妆品公司，被称为"静安女子监狱"，就因为这里的工作人员大部分都是女性，女领导常常抓住一个细节问题不放，一份报告改几十遍还不满意，久而久之导致内部关系非常复杂紧张。

五百年前的性别牢笼与当下的"全女经济"，看似时空迥异却面临相同困局，当系统完全封闭时，不论是女儿国的生育垄断，还是现代商家的性别营销，最终都会陷入内耗循环。

女儿国国王在温柔枷锁中展现的破局智慧，以开放姿态嫁接外部资源，用联姻外交打破闭环困局。真正的领导力觉醒，不在于建立更完美的性别牢笼，而在于构建能让不同文明基因自由重组的社会生态。

九齿钉钯 VS 金箍棒：
为什么产品力 ≠ 品牌力？

《西游记》里的最强兵器到底是什么？大家的第一反应都是孙悟空的金箍棒，往往忽略了猪八戒的九齿钉钯。

金箍棒又叫"天河定底神珍铁"，是一把丈量大海深度的巨大尺子，威力无穷。但九齿钉钯也不是搂菜的耙子，它的全称是"上宝沁金钯"，是太上老君亲自动手，带着五方五帝、六丁六甲下了心思和周折打造的兵器，原本是送给玉帝镇丹阙用的，玉帝把他赐给了天蓬元帅。就从这一点来讲，九齿钉钯的地位要高于金箍棒。

在玉华州他们的兵器被黄狮精偷走举办"钉钯会"，摆在C位的也不是金箍棒，却是猪八戒的九齿钉钯。

但是为什么不论在原著中还是大众心中，我们都感觉金箍棒的存在感更强，更厉害呢？从营销的角度来讲主要有两点原因：一是金箍棒选对了形象代言人，二是金箍棒一直保持了正面曝光度。

作为金箍棒的代言人，孙悟空的形象是降妖除魔、本领强大、惩恶扬善，既向往自由也能坚守职责，集勇气与智慧于一身；而九齿钉钯的代言人猪八戒，形象却是好吃懒做、挑拨离间、没有责任心，最多是风趣幽默、活在当下，这跟作为兵器的九齿钉钯形象完全不符。

品牌代言人的选择如同兵器选择主人，差之毫厘谬以千里。选对代言人如虎添翼，选错代言人甚至会把自己带入歧途，这一原则在当代商业实践中屡见不鲜。

有一位脱口秀演员杨笠，以一句"男人，那么普通又那么自信"出圈，靠一系列调侃男性的段子在互联网走红，吸引了很多品牌纷纷与她合作。但是其中几个以男性消费者为主的品牌，却因此翻了车。

2024年"双十一"，京东请来杨笠做形象代言人，结果惹恼了众多男性网友，京东不得不公开道歉并迅速宣布和杨笠解约；但顺了哥情失了嫂意，京东解约杨笠，女性消费者又纷纷出来抵制，搞得京东两面不讨好，十分被动。

男人的衣柜海澜之家、小鹏汽车这些以男性为主要消费人群的品牌找杨笠合作，也都以负面评价收场。

品牌找对代言人则是一加一大于二的效果，近年来有一个非常成功的案例是瑞幸和张震、汤唯的合作。

2017年11月，咖啡品牌瑞幸未见其人，先闻其声，在一线城市的核心地段写字楼狂铺广告，内容是张震、汤唯邀你品尝小蓝杯，但是小蓝杯在哪，还不知道。张震、汤唯都属于优质、低调、有品位的优秀演员，在白领、文艺青年心里有不可取代的位置。当年两人也分别有《刺客聂隐娘》《绣春刀2》《北京遇上西雅图2》等热门作品上映，口碑、热度都非常高。

随后这些写字楼的一层纷纷入驻瑞幸咖啡厅，但是消费者只能先关注其小程序，什么时候开业依然是未知数。这种饥饿营销足足吊了大家两个月的胃口，2018年1月1日，瑞幸咖啡才陆续在北京、上海、天津等13个城市试营业，开业当天就迎来爆单。后续的买一赠一活动、创新生椰拿铁口味让其热度一直延续了下来。这种成功的代言人选择策略，恰如金箍棒与孙悟空的完美契合，当二者形成精神共振时，便能迸发出超越物理属性的品牌势能。

除代言人因素外，金箍棒的名气一直高于九齿钉钯的另一个原因，是它一直保持了正面的曝光度。

金箍棒第一次亮相是孙悟空学艺归来，没有一件趁手的兵器，就到邻居东海龙王家去借，但不论是三千六百斤重的九股叉，还是七千二百斤重的画杆方天戟，都觉得太轻了，最后只有一块没人能扛动的神铁，要他自己去拿。

这神铁仿佛跟孙悟空有感应一样，一靠近就金光万道，这铁柱子有斗来粗，二丈有余长，孙悟空说一句："忒粗忒长些！再短细些方可用。"它就真的短了几尺，细了一围。孙悟空又说："再细些更好！"宝贝就真的又细了几分。

孙悟空拿在手里仔细看，原来两头是两个金箍，中间乃一段乌铁；紧挨箍有镌成的一行字，唤作"如意金箍棒"，重一万三千五百斤。要大就大，要小就小，被他拿在手里舞得虎虎生风。如意金箍棒看来是给孙悟空量身定制的。

九尺钉钯的首次亮相，则是在高老庄猪八戒大战孙悟空，被嘲笑："你这钯可是与高老家做园工筑地种菜的？有何好处怕你！"

金箍棒跟随孙悟空一路降妖除魔，一句"吃俺老孙一棒"伴随一代又一代人成长，它承载了文化意义、英雄情怀和传奇色彩，它的价值在"能"更在"魂"，成为一个不可磨灭的经典符号。九尺钉钯则由于主人常常在战斗中缺席，没有发挥太多作用，沦为了角色的一个附属品。

金箍棒建立的品牌图腾

品牌层级	金箍棒象征	品牌核心
基础层	定海神针	解决痛点
功能层	大小如意	产品迭代
情感层	降妖除魔	价值主张
符号层	正义图腾	文化母体

九齿钉钯的四大传播失误

传播维度	具体表现
场景错位	种菜工具认知
情感断层	缺乏英雄叙事
符号弱化	无标志性 slogan
场景固化	仅限八戒使用

在当今这个产品琳琅满目的时代，如何将你的产品塑造成像金箍棒一样，既实用又富有象征意义，成为消费者心中的经典符号呢？

首先，塑造独特产品形象：让产品"活"起来。

金箍棒的形象深入人心，其独特的外观和材质都为其增色不少，让它在众多兵器中脱颖而出，形成强烈的视觉冲击力，从而在消费者心中留下深刻印象。

颜值经济时代要先好看后好用,猪八戒的九尺钉钯输给美猴王的金箍棒,不是输在产品功能上,而是输在品牌形象上。

第二,讲述动人故事:赋予产品灵魂。

金箍棒的故事伴随着孙悟空的传奇经历而流传千古。一个好的故事能够激发人们的情感共鸣,让产品不仅仅是物质的存在,更是情感的寄托。为你的产品创造一个引人入胜的故事,可以是它的诞生背景、研发历程、用户故事或它如何改变世界的点滴。通过故事,让产品与消费者建立情感链接,成为他们生活中的一部分。

第三,持续创新升级:保持经典活力。

将产品塑造成像金箍棒一样的经典符号,是一个漫长而复杂的过程。它要求我们在明确核心价值的基础上,通过独特的设计、动人的故事、持续的创新和社群文化的构建,让产品在消费者心中生根发芽,最终成为不可磨灭的经典。正如金箍棒所承载的正义、力量和自由,你的产品也将以其独特的魅力和价值,成为消费者心中的传奇。

今天的商业江湖,不缺九齿钉钯般精密的天庭御品,缺的是金箍棒般直插云霄的品牌势能。当你的产品不再仅仅是货架上的选项,更是用户心中的信仰图腾,你就握住了穿越周期的定海神针。

如来佛祖的
超级 IP 方法论

　　将军没有刀剑气,富商没有铜臭味。高手从来不拔刀,真佛只说家常话。而《西游记》中仅出场7次的如来佛祖,在500年前就完成了人类历史上最成功的宗教IP打造工程。

　　老板想做好个人品牌,就要向如来佛祖取经。

　　整部《西游记》中,如来共有7次登场:降服孙悟空、召开盂兰盆会启动西天取经项目、协助与青牛精谈判、分辨真假美猴王、收服狮驼岭大鹏金翅雕、两次出场接见取经小组,让他们把真经带去东土大唐。如来前后加起来足足用了五百多年的时间,奠定了自己"万佛之祖"的地位。

　　为什么出场仅7次的如来能稳坐西天集团CEO之位?

　　在精读《西游记》之前,我们很容易受影视剧的影响,认为西游里只有如来这么一位佛祖,是一人之下万人之上的存在。实际上西游里的佛祖可不止一位,除了前面讲过的东来佛祖弥勒佛,还有灵山上一任总经理燃灯古佛,以及排位在如来前面的药师琉璃光王佛。取经完成之后,大家一起念到的有名有姓的佛、菩萨总共有五六十位,人人都有自己的势力范围。别忘了,连孙悟空都还保留着花果山旧部。再加上天庭和道家的神仙们,西游集团真是高手林立。

那么，出场频率比沙和尚还低的如来，是如何塑造自己强大的个人品牌影响力的？

如来第一次亮相，是降服大闹天宫的孙悟空，而正杀红眼的孙悟空看见他问的却是："你是哪方善士？"善士形容有德行善的人。一个大开杀戒，要把玉帝老儿拉下马的人，见了如来竟然能说这么一句客气话，可见他的气场是多么强大。

而如来在狮驼岭收服大鹏金翅雕的时候，这个取经路上最令人闻风丧胆的妖魔却咬着牙恨道："泼猴头！寻这等狠人困我！"这个评价，又反映出如来不为常人所知的狠辣一面。

这在某种程度上像巴菲特，他被称为全世界最和蔼的资本家，又在实际投资运作中以稳准狠著称。

接下来我们从个人品牌定位、传播策略、领导力以及危机管理四个方面，探讨如来佛祖如何打造并维护其个人品牌形象。

如来佛祖，作为佛教的最高教主，高深莫测。他代表的是智慧、慈悲与无上的法力。在《西游记》中，如来佛祖多次展现其超凡脱俗的智慧，无论是降服孙悟空，还是安排取经大计，都透露出他对趋势的深刻洞察和长远规划。

对于个人品牌而言，明确的定位是成功的第一步。我们需要清晰地认识到自己的核心价值，找到自己在行业中的独特位置，并坚定不移地朝着这个方向努力。

如来首次出场，就奠定了他不怒自威的个人形象。他跟孙悟空说："我与你打个赌赛；你若有本事，一筋斗打出我这右手掌中，算你赢，再不用动刀兵苦争战，就请玉帝到西方居住，把天宫让你；若不能打出手掌，你还下界为妖，再修几劫，却来争吵。"

这话听起来感觉他比玉帝还有权威，好像玉帝也要听他的，但实际上，当时他自己都没有坐稳西方老大的位置。如果孙悟空一开始就搞懂了集团运作体制，就不会被如来镇住，上了他的当。可惜刚进入社会的孙悟空看不懂其中的门道，成了阶下囚。

镇压孙悟空之后玉帝为如来举办庆功会，众仙请他给这个宴会起个名字，如来当仁不让地命名为"安天大会"。

庆功宴结束回到灵山，如来对自己手下的人说的又是："那厮乃花果山产的一妖猴，罪恶滔天，不可名状，概天神将，俱莫能降伏，虽二郎捉获，老君用火煅炼，亦莫能伤损。我去时，正在雷将中间，扬威耀武，卖弄精神，被我止住兵戈，问他来历，他言有神通，会变化，又驾筋斗云，一去十万八千里。我与他打了个赌赛，他出不得我手，却将他一把抓住，指化五行山，封压他在那里。玉帝大开金阙瑶宫，请我坐了首席，立'安天大会'谢我，却方辞驾而回。"

领导不仅要有硬权力发号施令，还要运用软权力讲故事。领导力强大不是让下属怕你，而是让众人心悦诚服。如来把孙悟空描述得越强大，越显得自己法力无边。要知道，此时灵山刚刚完成领导班子换届，燃灯元老退而不休，内部依然门派林立，作为一个新上任的领导，如来言明玉帝立"安天大会"请自己坐首席，既是一种权力的炫耀，也是一种对不服者的威慑。

如来的个人品牌定位，正是他能够成为西游集团不可替代的精神领袖的关键。

如来的个人品牌传播策略同样值得借鉴。他通过佛教经典、寺庙供奉、信徒口耳相传等多种方式，将佛教的理念和智慧传播到世界的每一个角落。如来的第二次出场，便是计划启动"西天取经"项目，他称南赡部洲者贪淫乐祸，多杀多争，是口舌凶场，是非恶海。所以必须用自己的三藏真经劝人为善。

卖产品不如卖思想，马斯克也说特斯拉卖的不是车，而是环保可持续发展的理念；SpaceX造的也不是火箭，而是要为全人类寻找第二个可生存家园的梦想。如来卖的也不是产品，是谈天说地度鬼，超脱苦恼，解释灾愆。

如来还塑造了自身慈悲与智慧并重的领导力。在《西游记》中，如来与孔雀大明王菩萨的关系很微妙。如来表示："孔雀出世之时最恶，能吃人，四十五里路把人一口吸之。我在雪山顶上，修成丈六金身，早被他也把我吸下肚去。我欲从他便门而出，恐污真身；是我剖开他脊背，跨上灵山。欲伤他命，当被诸佛劝解，伤孔雀如伤我母，故此留他在灵山会上，封他做佛母孔雀大明王菩萨。"

这看似是一段逻辑混乱、自相矛盾的描述，如来刚修成丈六金身就被孔雀袭击，被人吞了差点丧命，反而把对方封为佛母。君子不念旧恶，这种以德报怨的方式是常人难以做到的，而通过这件事，如来不但证明了在战斗力方面不输孔雀，更得到佛门内部的敬仰和认可，为他日后登上佛祖的位置奠定了基础。

如来品牌建构的深层智慧，在于将个体遭遇升维为文明叙事。

当处理孔雀吞佛的创伤事件时，他巧妙完成三重转化：

1. 物理层面的暴力对抗→剖背脱险
2. 伦理层面的关系重构→认敌为母
3. 文化层面的符号创造→佛母传说

这种叙事升维能力，与华为将技术制裁危机转化为"科技自立"的国家叙事异曲同工，都是通过重构故事内核实现品牌价值的指数级增长。

在实际的商业运营中，把这一点做到极致的企业家是胖东来的创始人于东来。坊间流传胖东来的一个故事，有一位母亲因为治病经济困难，孩子很久没有吃肉了，就动了偷东西的心思，在出超市的时候警报器响了，这位母亲恳求保安不要说出去，不想让孩子知道自己的妈妈是小偷，于是，这位保安就帮这位母亲结了账。后来，胖东来为了方便类似情况的人"偷"东西，竟然取消了出口的警报器。当然警报器不响不代表没有人管理，超市还是会通过其他不让人尴尬的方式进行监控，防止商品被盗。这样的举动反而让胖东来赢得了更多消费者的信赖和认可。

无论如何这都是一种强化品牌内涵、传播品牌理念的行为。于东来开的是商场，但真正卖的不仅是产品，还是他的思想理念。胖东来没有走出河南，但于东来的价值观全国人民都知道了。

而有的超市员工迟到一分钟都要扣工资，还制定了各种苛刻的规章制度，防员工如防贼，对待员工苛刻，但最后竟然被自己的员工偷破产了。

最后,塑造个人品牌也必须具有危机意识,在《西游记》中,无论是面对孙悟空大闹天宫时的危机,还是取经路上遇到的种种困难和考验,如来总是能够从容应对,化险为夷,通过智慧的手段和慈悲的心态,一次次化解危机,确保了取经大计的顺利进行。

如来通过西天取经的事件,不断提高曝光度和声望。取经这一路经过九国三地,帮宝象国救公主;乌鸡国救国王;车迟国铲除妖魔,恢复风调雨顺;比丘国保住1111个小孩性命,累积了山大的福源,海深的善庆……派出一个取经队伍,沿途收获的是两大部洲的信仰。在这个过程中,他也培养了无数信徒,构建了个人品牌忠诚度。在商业社会中,赚钱可以靠手段,而讲经布道、树立品牌靠的是智慧和价值观。

【取经私董会】

本期议题:如来佛祖通过"取经项目"整合三界资源,如何用"故事+规则"构建西天IP的垄断性?对比迪士尼的IP帝国有何异同?

佛在灵山莫远求,灵山只在汝心头。人人有个灵山塔,好向灵山塔下修。

——《西游记》第八十五回

第八章 终局篇

永续经营的密码

商界奇才镇元子，如何盘活人参果

西游集团最被低估的操盘手，用一棵果树撬动三界资源。

民营企业家镇元子，手握比蟠桃更稀缺的长生资源，却空有地仙之祖的名号，始终游离于天庭权力体系之外，处于金字塔的末端。他经营的万寿山五庄观，核心资产是一棵人参果树，人参果又叫草还丹，闻一闻，就活三百六十岁；吃一个，就活四万七千年，比蟠桃还灵。可惜产量太低了，只有这么一棵树，三千年一开花，三千年一结果，再三千年才得熟，将近一万年只结三十个果子。当初开业的时候大众一共分吃了两个，现在只剩下二十八个在树上，轻易没人敢动。只守着这几个果子，怎么才有翻身，跨越阶层的机会呢？

当西天取经项目启动，所有妖魔都在争抢唐僧肉时，镇元子布下一盘大棋。

唐僧师徒行走多时，被沿途的一处好山好水好风光吸引，这一路多是险峻山岭、虎狼之地，难得有这样清秀的好景致，大家游玩慢行就来到了五庄观前。见门口一块碑上写着"万寿山福地，五庄观洞天"，这难免勾起孙悟空的回忆，他已经五百年没回过洞天福地的花果山了。往里走，又见二门上有一对春联，写的是：长生不老神仙府，与天同寿道人家。孙悟空不由得笑道："这道士说大话唬人。我老孙五百年前大闹天宫时，在那太上老君门首，也不曾见有此话说。"孙悟空的嘲笑，难免让人对镇元子的身份疑惑，难道这个地仙之祖真比太上道祖地位还高吗？

再往里走，迎出来两个仙童"清风"和"明月"，两人看着年轻莽撞，实际上一个已经一千三百二十岁，一个一千二百岁了。

清风、明月把他们迎进正殿，这道观不供养三清、四帝、罗天诸宰，只将"天地"二字侍奉香火。童子说道："这两个字，上头的，礼上还当；下边的，还受不得我们的香火。是家师父谄佞出来的。"

唐僧不解地问："何为谄佞？"

童子说："三清是家师的朋友，四帝是家师的故人；九曜是家师的晚辈，元辰是家师的下宾。"

这牛皮吹的孙悟空听了笑得打滚："只讲老孙会捣鬼，原来这道童会捆风！"捆风就是撒谎、说瞎话的意思。

唐僧又问他们的师父在不在，童子说："家师元始天尊降简请到上清天弥罗宫听讲'混元道果'去了，不在家。"

孙悟空毕竟是在总部混过，听了这话忍不住喝一声道："这个臊道童！人也不认得，你在那个面前捣鬼，扯什么空心架子！那弥罗宫有谁是太乙天仙？请你这泼牛蹄子去讲什么！"

通过双方的对话，我们发现这位镇元大仙的身份很是蹊跷，自己牛皮吹破天，可实际上孙悟空并不把他放在眼里，况且当年蟠桃会的宴请名单，镇元大仙也不过是排在最后面的注世地仙之一。

孙悟空不讲情面，唐僧却不想惹是生非，让他去山门前放马，沙僧看行李，八戒解包袱取些米面干粮，借这道观做点饭，大家吃了赶紧赶路。

镇元子在出门前嘱咐过清风、明月，说唐僧到这里要请他吃人参果，还特地嘱咐，只给唐僧吃，不要让他的三个徒弟看见。因为唐僧是如来二弟子金蝉子转世，当年自己参加盂兰盆会的时候，他曾亲手传茶，是佛子对自己的尊敬，所以和唐僧算是故人。

清风、明月按照师父的嘱咐，招待了客人茶饭，特意等没人的时候把两个刚打下来的人参果送到唐僧面前。

树上仅有珍贵的二十八个，镇元子竟如此大方地送给唐僧两个，可是偏偏又一口都不分给三个徒弟，是镇元子这个小企业主太势利眼了吗？

没想到他的心意唐僧并不领情，一看那果子吓得战战兢兢，远离三尺道："善哉！善哉！今岁倒也年丰时稔，怎么这观里作荒吃人？这个是三朝未满的孩童，如何与我解渴？"

为什么唐僧会这么害怕，因为这人参果跟我们吃的人参果不一样，而是有手有脚的，像刚生下来三天的小孩一样。唐僧实在不敢相信树上能结出人来，千推万阻不吃，清风、明月只好把盘子拿走。但是这果子也很蹊跷，不能久放，放时间长了就僵了，不能吃，于是两个仙童自己一人一个，分吃了。

这场景恰好被猪八戒看见，就说给了师兄："哥啊，人参果你曾见么？"

孙悟空说:"这个真不曾见。但只常闻得人说,人参果乃是草还丹,人吃了极能延寿。如今那里有得?"

八戒说:"他这里有。那童子拿两个与师父吃,那老和尚不认得,道是三朝未满的孩儿,不曾敢吃。那童子老大悫懒,师父既不吃,便该让我们,他就瞒着我们,才自在这隔壁房里,一家一个,咽啯咽啯地吃了出去,就急得我口里水泱。——怎么得一个儿尝新?我想你有些溜撒,去他那园子里偷几个来尝尝,如何?"

孙悟空说:"这个容易。老孙去,手到擒来。"

人参果树种在后院的花园里,这花园也是朱栏宝槛,曲砌峰山,可谓人间第一仙景,西方魁首花丛。里面还有二层门,推开却是一座菜园,种着葱蒜,葫芦茄子等四时蔬菜,孙悟空笑道:"他也是个自种自吃的道士。"看来这五庄观也是外面一副空心架子,实际上经营状况堪忧,孙悟空骂他泼牛蹄子捣鬼,也没有错。再往里进一层门,才是人参果树:

真个是青枝馥郁,绿叶阴森,那叶儿却似芭蕉模样,直上去有千尺余高,根下有七八丈围圆。那行者倚在树下往上一看,只见向南的枝上,露出一个人参果,真个像孩儿一般。原来尾间上是个扢蒂,看他丁在枝头,手脚乱动,点头晃脑,风过处似乎有声。

孙悟空不禁暗自夸称道:"好东西呀!果然罕见!果然罕见!"因为不懂摘人参果的门道,孙悟空打下来的第一个掉进土里不见了，后来又拿了丝帕垫着盘子，用金器敲击才又打下来三个，师兄弟三人一人一个分吃了。

猪八戒狼吞虎咽，还没尝出味来就吃进肚子里，缠着孙悟空再打一个细细尝尝。说话间被清风、明月听见了，两人赶紧入园去查明果子的数量。原本共三十个，开园的时候大众一共吃了两个，唐僧来时打下两个，应该还有二十六个果子，但是数来数去只剩下二十二个，少了四个。两人就怒气冲冲去找唐僧，一见面指着唐僧，秃前秃后，秽语污言，不绝口地乱骂；贼头鼠脑，臭短膁长，没好气地胡嚷。

唐僧不知道怎么回事，说："仙童啊，你闹的是什么？消停些儿；有话慢说不妨，不要胡说散道的。"

两个伶牙俐齿的仙童可没心情慢慢说，污言秽语骂了一通，说好心给你吃你不吃，却背地里叫徒弟们去偷吃。

唐僧把徒弟们叫出来，大家三头对质，清风、明月说少了四个，但是猪八戒和沙僧一人只吃了一个，难道孙悟空自己还多偷吃了一个？

猪八戒说："阿弥陀佛！既是偷了四个，怎么只拿出三个来分，预先就打起一个偏手？"

这下是彻底说不清楚了，孙悟空暴脾气一上来，拔根猴毛变个分身，自己元神出窍到人参果园里，一顿乒乓乱打，竟把一棵树给连根推倒了。

清风、明月见公司最值钱的资产被毁于一旦，吓得魂飞魄散，师父回来可怎么交代？两人想无论如何得把唐僧师徒先扣押起来，不能让他们跑了。

等大祸酿成，镇元子终于回来了。清风、明月看见师父就磕头痛诉："师父啊！你的故人，原是东来的和尚，一伙强盗，十分凶狠！"

然而这大仙听了不吃惊，反而笑道："莫惊恐，慢慢地说来。"

二童子痛哭流涕地把前因后果说了一遍，大仙更不恼怒，只是说："莫哭！莫哭！你不知那姓孙的，也是个太乙散仙，也曾大闹天宫，神通广大。"

镇元子回来的时候，孙悟空已经施法带着大家跑路了，镇元子带明月、清风纵起祥光去追赶，顷刻间就有千里之遥，向西看，看不见唐僧，回头找，才发现一眨眼竟然多赶了九百余里，又掉头回来拦住他们。这大仙不动兵器，只用手里的玉麈就能跟孙悟空的金箍棒招架几个回合，然后一伸手把袍袖迎风轻轻地一展，刷地就把四僧连马一袖子笼住，带回观里了。可见镇元子的战斗力是碾压孙悟空的程度。那他到底有没有自己所形容的"通天"的人脉资源呢？

孙悟空在天庭当齐天大圣的时候，镇元子只不过排在蟠桃大会名单的最末流，根本没有和高层交流的机会。他能接触的人脉不过是十洲三岛的福禄寿三星，还曾通过他们向王母娘娘送人参果，以期打通更高级的关系，显然他的努力一直没有什么成果。直到听说取经小组要经过，了解这支团队背景的镇元子意识到，难得的机会来了，这次他必须"向上社交"成功。但普通的结交方式无法达到目的，所以他就处心积虑地先设计孙悟空打倒人参果树，再要求孙悟空必须把果树救活，才能放他们西去。

蒙在鼓里的孙悟空迫于无奈，想仙树还得神仙医，就决定上东洋大海，遍游三岛十洲，访问仙翁圣老，求一个起死回生之法，保准能把树医活。但是东华帝君没办法，三星九老也没办法，孙悟空只好硬着头皮又上南海找观音。

果然还是观音道行深，听了猴子的陈述，说："你怎么不早来见我，却往岛上去寻找？"观音表示她净瓶底的甘露水，善治得仙树灵苗，并且和太上老君打赌验证过，把她的杨柳枝扔进炼丹炉里烧焦，再插回瓶里，只要一昼夜，就能重新恢复青枝绿叶。

孙悟空请观音来到五庄观，果然救活了人参果树，清风、明月再核对果子的数量，发现却是有二十三个人参果，大家真的冤枉了孙悟空。多的那个不是他私下吃了，而是第一次摘果子掉进土里不见了。

镇元子的镇馆之宝起死回生，十分欢喜，叫人当即一下子敲下十个果子来，请观音吃一个，前来帮忙说情的福禄寿三星分别吃一个，唐僧师徒四人一人一个，自己陪吃一个，剩下的人分吃一个。唐僧知道了这果子的妙处，不再推辞，也就吃了。这算不算破戒呢？

送走诸位神仙，镇元子却又安排蔬酒，非要跟孙悟空结为兄弟，两人情投意合，聊得开心，又一连在五庄观住了五六日，直到唐僧生气了才走。原文写道："这才是不打不成相识，两家合了一家。"

回过头来看镇元子的手段，作为一家小型民营企业，他有得天独厚的资源,却没有过硬的靠山,说起来自己有地仙之祖的称号,实际上跟有官无禄的齐天大圣差不多,充其量是人参果的临时管理员,说不定哪一天也会遭遇孙悟空一样的下场。所以他设一个"二桃杀三士"的局,为的是激怒要面子的孙悟空,让他破坏人参果园,最后不打不相识,牢牢抓住孙悟空这个潜力股做靠山,又通过孙悟空和更有实力的观音攀上了关系。

镇元子资源杠杆布局

维度	事件说明	现代商业启示
核心事件	果树危机	企业面临核心技术/供应链断裂危机时,需快速构建资源恢复机制
风险管理	扣押唐僧师徒	重大合作中设置对赌协议、股权质押或阶段性成果验收机制
信用背书	三星见证	通过国际权威机构认证、行业白皮书或顶级资本背书增强企业信用值
技术共享	观音救树	建立技术开源社区、专利交叉授权或引入外部专家团队解决技术瓶颈
价值转化	与悟空结拜	构建多方参与的利润分配体系,让合作伙伴成为利益共同体

这场看似危机的战略碰瓷,实则是中小企业在垄断格局下实现生态突围的经典范式,将濒临破产的人参果困局,转化成了撬动三界资源的支点。

2025年,一家创新型科技公司DeepSeek异军突起,其实这家由科技狂人梁文锋创办的公司,早在2023年就做出了媲美ChatGPT的中文大模型,但当时推广面临三重困境:一是技术同质化，全国同时冒出80多个同类产品，良莠不齐；二是遭遇算力"卡脖子"，美国禁售高端芯片，训练成本飙升50%；三是很多企业宁可花3倍价钱买国外服务，也不愿意相信国产技术。DeepSeek这个人参果再好，也挤不进神仙云集的蟠桃会。于是他们就用镇元大仙的策略，上演了一出逆袭好戏。

当所有AI公司都在吹嘘技术时，DeepSeek在2023年做了件"蠢事"，发布《DeepSeek人工智能安全白皮书》，自曝模型可能存在的安全问题，如主动公开其18个技术漏洞，请全社会监督。就像镇元子如果不设计使孙悟空推倒果树，观音永远不会来救场。DeepSeek因为敢说真话，反而增加了用户的信任，此举引来相关监管部门与其共建安全实验室，助其拿下5个省级政务AI项目。

DeepSeek又用技术分层的方式打破巨头垄断，免费版开放给中小企业和个人随便用，但需贡献数据；定制版面向大型集团，采用收年费加利润分成的方式，多方共赢。

DeepSeek的故事证明，解决人参果卖不过蟠桃的问题，答案不仅在技术更在生态。给国产技术一个信任支点，他们真能撬动地球。

灵山 VS 兜率宫：
新势力超越老品牌的法宝

500年前，太上老君坐拥天庭80%的炼丹市场份额；500年后，如来佛祖的灵山集团市值暴涨3000倍。这场万亿级信仰市场的攻守战背后，是所有传统企业转型必学的商业密码。

太上老君为什么斗不过如来佛祖？论规模、论实力一定是太上老君更厉害，取经一路上我们见证了太上老君的人脉和地盘有多大，但是我们也不得不说，太上老君带领下的道教其实一直都在吃老本，不创新。并且作为优质资源掌控者，他们的门槛非常高，后来者是难以进入的，所以，眼睁睁看着打破规则、另辟蹊径的如来一步步做大做强。

为什么说道教门槛高？因为如果给他们写一句广告语的话，那一定是"自律给我自由"。

孙悟空在拜师的时候，须菩提祖师跟他说，"道"字门中有三百六十傍门，看他想学哪一门？祖师说傍门皆有正果，其实道教以修炼金丹、全身保真为正道，傍门是不能得正果的。但即使是傍门，比如术、流、静、动这四门，也要休粮守谷，就是辟谷，清静无为，参禅打坐，戒语持斋。要么就是采阴补阳，攀弓踏弩，摩脐过气，用方炮制，烧茅打鼎，进红铅，炼秋石，并服妇乳之类。

不光要炼、要学，还得不了正果，更达不到孙悟空想要的长生不老的结果。

在五庄观，福禄寿三星也透露过修炼的过程。孙悟空打倒了人参果树到蓬莱仙岛搬救兵，福禄寿说："你这猴子，不知好歹。那果子闻一闻，活三百六十岁；吃一个，活四万七千年，叫做'万寿草还丹'。我们的道，不及他多矣！他得之甚易，就可与天齐寿；我们还要养精、炼气、存神，调和龙虎，捉坎填离，不知费多少工夫。你怎么说他的能值甚紧？天下只有此种灵根！"

平顶山莲花洞，银角大王原本不知道唐僧肉的功效，说："若是吃了他肉就可以延寿长生，我们打甚么坐，立甚么功，炼甚么龙与虎，配甚么雌与雄？只该吃他去了。等我去拿他来。"

可见修仙了道不是一件容易的事，人参果就这么几个，蟠桃也不够分，太上老君的金丹能吃到的人更少，门槛越高参与的人越少。

道教有足够高的技术壁垒，门槛高、境界高、成本高、时间长，却离广大消费人群越来越远。

而佛教告诉你：放下屠刀立地成佛。只要你有一颗虔诚的心，就可以入我门来。

商业上大众消费品牌要学如来。举个例子，2023年以来，你到北京、上海、长沙、重庆这些年轻时尚人群多的地方看看，大街上到处都是穿一条瑜伽裤，大胆展示身材曲线的女孩子，可能稍微上点岁数的人非常看不惯，说这跟穿条秋裤有什么区别？但是人家不觉得尴尬。

那些身材非常好的，一看就是常年锻炼的人，瑜伽裤外穿确实不怎么尴尬，还能展示出自己的玲珑曲线。但是这两年突然所有人都穿上了瑜伽裤，这阵风到底是怎么刮起来的？而且，瑜伽裤的风已经刮到三四线城市中老年人的身上，能让这群买一斤白菜都砍价的人，穿上最潮流，还不便宜的瑜伽裤，不得不说，品牌的营销的确有点东西。

我们来看看瑜伽裤究竟是怎么风靡起来的。

最早是在20世纪80年代初，健美操与瑜伽兴起，美国巨星麦当娜经常在舞台上穿紧身裤，这让爱上紧身裤的女性人数暴增。

后来lululemon靠一条近千元的瑜伽"小黑裤"，在全球掀起了一场"女性裤装革命"。最近几年欧美明星卡戴珊姐妹、维密天使们常常被街拍到穿着瑜伽裤搭配运动上衣，或者配夹克衫的照片，然后越来越多国内的明星、网红博主们也开始被拍到在机场、户外穿瑜伽裤的照片、视频，看起来时尚又松弛。

时尚单品往往都是从明星效应开始的，此后就有越来越多的人大胆尝试。

其实做营销的都知道，明星不会轻易穿什么衣服，搭配什么饰品上街，所谓的机场照、街拍可能都是品牌和商家一起策划的一种不经意的宣传形式，慢慢渗透大众的观念和审美。

先让第一批大胆、身材好的人穿上，再告诉你女性的美不仅局限于蚂蚁腰、筷子腿，只要你打破传统思想的束缚，人人都可以穿这么一条时尚、零束缚的瑜伽裤上班、逛街。甚至让大码模特也来试穿、代言。

佛祖告诉你,放下屠刀立地成佛,商家告诉你,放下思想包袱,立刻拥有明星般的体验。所以一场西天取经下来,"灵山"品牌就卖遍了三界四洲。

如果让太上老君来做这个宣传,恐怕你练不出蜜桃臀,他是绝不会让你穿上"兜率宫"牌瑜伽裤的。

如来给大众的是多巴胺式营销,太上老君则是内啡肽式营销。

多巴胺是一种神经传递物质,当人们的需求被满足的时候,大脑就会产生多巴胺,它的作用机制属于奖励机制。也就是说一个人想得到一样东西,得到之后心理会觉得满足,这是大脑分泌了多巴胺,让人体产生开心的感觉。但多巴胺来得快,去得也快,被奖赏的开心感觉不会太持久。而一个人变得颓废,往往也是因为沉迷于容易得到的多巴胺快乐而无法自拔。

而内啡肽的作用机制是补偿机制,让人延迟满足,这种经历持久劳作获得的快乐比较持久,也比较稳定。例如长时间运动后也会分泌内啡肽,让人产生喜悦感,可以让人更好地坚持锻炼。除了养花、运动,还有不少兴趣爱好也都能让人产生内啡肽,例如研习书法、绘画、饲养照顾小动物、系统地学习欣赏古典音乐等。

为什么汤臣倍健、优衣库越来越征服不了年轻人了?就要看看你是如来式营销思维,还是太上老君式营销思维了。

第二,水能载舟,亦能覆舟,企业无论做多大,始终要和消费者站在一起,保持畅通的交流,否则消费者会离你远去。

作为集团开创者,道教的管理者们都已经身居高位,形成了精英思维,丢失了群众基础。为道教舍身卖命的虎鹿羊三仙,每天虔诚跪拜,供奉不断,至死都没有见过三位道祖的面。

传统道教的思想根植于"道法自然"的哲学理念。道家强调顺应自然,无为而治,追求的是个人修行与天地合一的境界。这种思想反映在西游集团太上老君的行为上,便是鲜少正面干预世事,更多时候选择隐于幕后,以静制动。

相比之下,佛教则更加注重"普度众生",以慈悲为怀,广结善缘。如来佛祖作为佛教话事人,其教义鼓励信徒积极入世,通过修行达到解脱之境,同时也不忘度化世人。这种广泛的群众基础和积极的传教态度,使得佛教在民间的影响力迅速扩大。

取经路上很多地方,帮助当地的人办完事,菩萨或者师徒四人的样子都会被画影图形,供奉起来,香火不断,关于他们的故事也从此开始口口相传。

道教信仰需要较高的智慧和理解力,它不会给信徒画大饼,而是强调认清现实。而佛教通过讲故事、念经等方式,更容易吸引信众,尤其是底层百姓。

第三,道教上升的通道几乎封死了,再努力又能怎么样呢?玉帝自幼修持,苦历过一千七百五十劫,每劫该十二万九千六百年,方能享受此无极大道。蟠桃园里的大桃子人吃了与天地齐寿,与日月同庚。神仙们长生不老,天庭空出个弼马温的位置都不容易,年轻人想进步太难了。

马斯克曾经在采访中表示,自己的确可以在一定程度上解决长寿的问题,但是这位人类首富却认为人应该按照自然规律生老病死,因为长生不老的结果就是社会思想的僵化。

从这个角度来讲,灵山追求的是精神延续,兜率宫追求肉体永生。如来通过西天取经打破了佛道之间的壁垒,构建了一个生态,不再是赢家通吃,而是让产业链上所有的人都能共赢,是一种可持续的发展策略。

【兜率宫陷阱】= 内啡肽依赖 × 精英闭环 × 资源垄断
【灵山法则】= 多巴胺营销 × 用户裂变 × 生态共建

在元宇宙重构商业版图的今天,传统品牌转型已非选择题而是生死状。灵山集团的崛起揭示出三个底层重构逻辑:

1. 价值重构:从技术崇拜转向情绪共振,道教的千年丹炉炼不出现代人的精神饥渴,而佛教的功德池却让每个信徒都能感受到希望。当Z世代为"佛系青年"自嘲买单,为冥想App续费时,传统品牌需要思考,你的产品是冰冷的工具,还是可参与的情感容器?

2. 组织重构:从闭环系统转向生态开放,天庭的编制困局恰似传统企业的科层桎梏,而真正的生态不是产业链控制,是创造让白骨精这样的底层小妖也能修成正果的上升通道,打造能让每个参与者成为价值节点的分布式网络。

3. 时间重构:从延迟满足到即时反馈,当修仙的千年门槛撞上短视频的5秒法则,传统品牌的长期主义也需要融入所见即所得的运营智慧。这不意味着放弃核心价值，而是要学会用碎片化交互，在数字原住民的注意力战场上构建持续连接。

当兜率宫在苦心孤诣地编写精英版代码，灵山却用开源生态唤醒了普罗大众的底层渴望。越是追求永恒的高壁垒，越容易成为时代的眼泪，当长生不老的执念化作普度众生的愿力，信仰这个最古老的商业模式，终于找到打开万亿级新市场的终极答案。

科技与品牌
是西游最高纬度的竞争

西游世界的科技含量有多高？孙悟空一个筋斗十万八千里，不就是马斯克星舰的古代畅想版？观音净瓶之水复活人参果树，已经拟就生态修复的剧本。天庭的千里眼、顺风耳，地府的谛听，简直是无处不在的天眼网络。

西游集团有两大厂牌，一个是由太上老君领导的"兜率宫"品牌，八卦炉就是他起家的基石，能生产出长生不老、起死回生的金丹，还能锻造套万物的金钢琢等高科技产品；另一个是由如来佛祖领导的"灵山"品牌，不仅生产物质产品，还塑造精神信仰。创造了强大的硅基生命孙悟空，有弥勒、观音、灵吉、文殊、普贤等这些人的个人品牌，还有"三藏真经"这个核心思想产品。

科技驱动创新，品牌建立信任和差异。

从蒸汽机的轰鸣到互联网的普及，从人工智能的觉醒到量子计算的突破，科技每一次的飞跃都为我们打开了一个全新的世界。在未来的竞争中，科技不仅是国家实力的象征，更是企业生存与发展的命脉。

太上老君的炼丹房堪称仙界"硅谷"，八卦炉中诞生的法宝构筑起天庭的技术护城河。金钢琢能收诸天兵器，九转金丹可起死回生，紫金红葫芦专克万物生灵，这些仙界专利让老君稳坐三清之尊。

如来所精心打造的人工智能孙悟空，代表了西游集团最高的AI技术水平，西行路上有很多人都在试图偷偷破解这项技术，奎木狼在宝象国用玲珑内丹做实验，万圣龙王在碧波潭用佛宝明珠做实验，但始终没有人能破解如来掌握的"卡脖子"的技术难题。

科技创新是企业的生门，但不要走伪创新、伪科技的道路。比如现在很多新能源汽车，没有在电池、电机、电控系统这些核心技术领域深度研究，仅仅是在造型上做创新。有的汽车里外都找不到门把手，冬天太冷打不开门，遇到危险打不开车门，这些都是伪创新。我们必须看到，当我们一些车企在研究置物架、贴膜的时候，特斯拉在研究真正的无人驾驶技术和应用。

如来佛祖更深谙"认知即现实"的品牌法则。五指山镇压孙悟空，不仅是武力展示，更是缔造佛法无边的品牌符号。就像苹果用iPhone重新定义手机，如来的五行山重构了三界对力量的认知，从此妖魔鬼怪闻佛法而丧胆。

取经工程堪称史上最成功的品牌营销，八十一难则是精心设计的用户旅程，每个劫难都在强化真经珍贵的认知。

如来异军突起的一个重要原因就是建立了品牌护城河，不仅有个人品牌、产品品牌，他最大的贡献是整合了观音菩萨、文殊菩萨、普贤菩萨以及弥勒佛等一众佛教高贤，共同规划并输出了佛教这一宏大的品牌。在整合佛教品牌的过程中，如来也非常注重个人品牌的独特性，观音菩萨的慈悲救苦、文殊菩萨的智慧启迪、普贤菩萨的行愿圆满以及弥勒佛的未来希望，都成为佛教品牌的重要组成部分。综合的品牌布局，才使灵山的品牌塑造远远高于道教。

而道教联盟其实陷入分散化经营的困局，兜率宫专注技术输出却忽视品牌建设，瑶池守着蟠桃种植专利坐享其成，十洲三岛等中小门派各自为政。缺乏统一品牌战略，导致道派在香火经济市场份额被持续蚕食，核心技术外流，加剧产业空心化。

道派过度迷信技术优势，却忽视"封神宇宙"IP开发；执着于炼丹炉参数优化，却不懂将"道法自然"转化为Z世代的社交货币。

没有品牌加持的科技如同未开锋的宝剑，没有科技支撑的品牌则是空中楼阁。

在未来的竞争中，科技与品牌并非孤立存在，而是相互依存、相互促进的。科技为品牌提供了强大的支撑与保障，让品牌更加具有竞争力与生命力；而品牌则为科技提供了广阔的市场与舞台，让科技的创新成果得以更好地转化为商业价值与社会效益。

以华为为例，这家中国科技企业通过持续的研发投入与创新，不仅在全球通信设备市场占据一席之地，更在智能手机、云计算、人工智能等领域取得显著成就。而华为品牌的成功，则得益于其卓越的产品质量、创新的企业文化以及积极履行社会责任的价值观。正是这种科技与品牌的双重优势，让华为在全球市场上赢得了广泛的认可与尊重。

2025年的民营企业座谈会，就重点聚焦在科技和品牌领域，从参会代表可见一斑。这次出席会议的企业家有：5G、芯片研发、操作系统自主化的标杆——华为技术有限公司创始人任正非，代表智能硬件、生态链布局及全球化品牌小米科技创始人雷军，民用机器人公司宇树科技的王兴兴，人工智能领域新秀DeepSeek创始人梁文锋，以及新能源、农业、消费等领域的企业家代表。

其政策层面的深层意图在于，在人口红利转向技术和品牌红利的未来，鼓励通过龙头企业技术突破，参与国际标准制定，争夺新兴行业主导权，在开放合作中保障产业链韧性，应对全球化逆流。

企业价值 = 技术壁垒 × 品牌势能

技术决定企业能飞多高，品牌决定企业能走多远。

当科技突破与品牌叙事形成共振，就能像SpaceX那样，既实现火箭回收的技术奇迹，又着眼移民火星的人类梦想。企业既要修炼老君的"炼丹术"，更要参透如来的"传经道"。唯有让科技创新与品牌信仰并驾齐驱，方能在商业修行中取得正果。

西天取经：
一场持续 500 年的品牌造神运动

为什么今天我们做商业、行走职场特别需要重读《西游记》？因为这部神仙打架的"魔幻爽文"，暗含诸多适用于现代企业的管理哲学和生存法则，这本明朝人写的"商业圣经"早就告诉我们：能七十二变的不止猴哥，还有柔性供应链；比唐僧肉更诱人的不是长生，而是用户黏性；真正厉害的紧箍咒，叫"品牌心智占领"。

翻开《西游记》，犹如手握一本当代商业通关秘籍！

取经团队用十四年跋涉验证的，正是现代企业耗费万亿广告费追求的真理：品牌即信仰，做品牌如同修行。读懂了西行路，就读懂了做品牌的精髓。

取经途中乌巢禅师曾传授唐僧《心经》，《心经》的终极目标是超越痛苦，而品牌的终极目标应是超越交易，成为用户精神世界的伙伴，以"空性"抵御浮躁，以"无我"贴近用户，以"般若"创造意义，实现从"卖产品"到"修人心"的升维。经云：

"《摩诃般若波罗蜜多心经》。观自在菩萨，行深般若波罗蜜多，时照见五蕴皆空，度一切苦厄。舍利子，色不异空，空不异色；色即是空，空即是色。受想行识，亦复如是。舍利子，是诸法空相，不生不灭，不垢不净，不增不减。是故空中无色，无受想行识，无眼耳鼻舌身意，无色声香味触法，无眼界，乃至无意识界，无无明，亦无无明尽。乃至无老死，亦无老死尽。无苦寂灭道，无智亦无得。以无所得故，菩提萨埵。依般若波罗蜜多故，心无挂碍；无挂碍故，无有恐怖；远离颠倒梦想，究竟涅槃，三世诸佛，依般若波罗蜜多故，得阿耨多罗三藐三菩提。故知般若波罗蜜多，是大神咒，是大明咒，是无上咒，是无等等咒，能除一切苦，真实不虚。故说般若波罗蜜多咒，即说咒曰：'揭谛！揭谛！波罗揭谛！波罗僧揭谛！菩提萨婆诃！'"

除了经文本身，还有四句颂子：佛在灵山莫远求，灵山只在汝心头。人人有个灵山塔，好向灵山塔下修。

做品牌的过程，就是一个奔赴灵山的过程，灵山不在远处，不在庙堂，而是在人的心里。十四年漫漫取经路，是一场跨越文化地理差异的品牌心智攻坚战。他们沿途传播的"普度众生"理念，恰似现代企业通过持续内容输出构建品牌认知。

当取经团队抵达比丘国时，这个以初级修行者命名的国度，恰恰成为观察品牌建设阶段的绝佳样本。

"比丘"特指刚受具足戒的初级修行者，相较于精通佛法、修为较高，可称"和尚"的资深僧侣，其信仰体系尚处培育阶段。正如新兴品牌初入区域市场时，消费者认知往往停留在产品功能层面，尚未建立深层情感联结。取经团队在此地的传道，就是在进行品牌价值观的二次植入：既要破除国丈鹿妖制造的认知迷雾，又要将灵山信仰从表层符号转化为精神刚需。

唐僧师徒进入比丘国后看到：这里万户千门生意好，六街三市蜜多故心無罣礙無罣礙故無有恐怖遠離顛倒夢想究竟涅槃三世諸佛依般若波羅蜜多故得阿耨多羅三藐三菩提故知般若波羅蜜多是大神咒是大明咒是無上咒是無等等咒能除一切苦真實不虛故說般若波羅蜜多咒即說咒曰揭諦揭諦 波羅揭諦 波羅僧揭諦 菩提薩婆訶

般若波羅蜜多心經

乙巳年春日 長田恭錄

般若波羅蜜多心經

觀自在菩薩行深般若波羅蜜多時照見五蘊皆空度一切苦厄舍利子色不異空空不異色色即是空空即是色受想行識亦復如是舍利子是諸法空相不生不滅不垢不淨不增不減是故空中無色無受想行識無眼耳鼻舌身意無色聲香味觸法無眼界乃至無意識界無無明亦無無明盡乃至無老死亦無老死盡無苦集滅道無智亦無得以無所得

广财源，一派繁华气象，只是家家门口都放着一个鹅笼，鹅笼里装的却不是鹅，全是不满七岁的小男孩。

经过打听得知，这个国家如今在民间改叫"小子城"了，因为三年前有个道士模样的老人，把一个年轻漂亮、貌若观音的女子进献给了国王。春宵苦短日高起，从此君王不早朝。国王把这女子封为美后，道士封为国丈，没过多久国王就弄得筋疲力尽，身体瘦弱，半条命都没了。国丈说他有海外秘方，能延年益寿，并且去十洲三岛把药都采来了，如今只差一副药引子，必须要一千一百一十一个小儿的心肝，煎汤服药，服后有千年不老之功。外面人家门口鹅笼里的小孩，就是马上要被送给国王当药引子的。

唐僧听了不免流下泪来，从来不见吃人心肝可以延寿的。

寻根溯源，这国丈原来是寿星的坐骑，一只白鹿精，美后是一只白面狐狸。如果"小子城事件"是寿星所在的十洲三岛公司搞的营销，那非常不高明，手段十分恶劣，这属于典型的先把人搞出病来，再卖你天价药方的套路，与做品牌的思路背道而驰。

这一回孙悟空亲自操刀，把吃人的恶性事件变成了人人自愿供奉的新商业模式。他把装小孩的鹅笼都送到城外安全的地方保护起来，国丈不见了药引子，就要拿唐僧的心肝代替，说："那东土差去取经的和尚，我观他器宇清净，容颜齐整，乃是个十世修行的真体。自幼为僧，元阳未泄，比那小儿更强万倍，若得他的心肝煎汤，服我的仙药，足保万年之寿。"

孙悟空变作唐僧的样子，上朝来剖腹剜心，各种带血的心扑面而来，把昏君吓得三魂出窍。孙悟空对昏君说道："陛下全无眼力！我和尚家都是一片好心，惟你这国丈是个黑心，好做药引。你不信，等我替你取他的出来看看。"

金猴奋起千钧棒，把国丈打回原形，清除了妖孽，他又把城外的鹅笼安全送回城里，让家长们都出来认领。看到自家孩子平安归来，一时间满大街欢欢喜喜，都叫："扯住唐朝爷爷，到我家奉谢救儿之恩！"大家不分男女大小，都不怕三个徒弟相貌丑陋，抬着猪八戒，扛着沙和尚，顶着孙大圣，搊着唐三藏，牵着马，挑着担，一拥回城。这家也开宴，那家也设席。请不及的，或做僧帽、僧鞋、褊衫、布袜，里里外外，大小衣裳，都来相送。

比丘救子让灵山的品牌深植人心，人们把师徒四人强行留了个把月才放行，又传下影神，立起牌位，顶礼焚香供养。这才是：阴功高垒恩山重，救活千千万万人。

这个充满隐喻的国度揭示，真正的市场占领不仅在于物理渠道的铺设，更需要持续的价值输出构建心智护城河。当比丘国民最终自发供奉圣僧时，恰似消费者从被动接受转为主动追随。

品牌建设一般有三个历程，分别为品牌认知、品牌联想和品牌忠诚。在比丘救子之前，这里的人对佛教有认知但无情感联系，民间供奉神明最朴素的价值观是——谁灵就拜谁：观音送子，寿星添寿，龙王下雨，只拜与自己生活息息相关且有用的神仙。在此之后，灵山则真正在比丘国扎下了根。

人们一旦对某一品牌的情感形成了信仰，它就具有稳定性和持久性。品牌是企业最坚固的护城河。

在不同的时代背景下，品牌故事有不同的讲法，但其背后的核心价值观却从来都是不会改变的。我们以穿越百年历史周期的可口可乐为例，它的品牌故事流传百年，被全世界的人口口相传，故事在迭代，但品牌精神始终如一。

可口可乐在今天被我们称为"肥宅快乐水"，在某些历史的特殊时期甚至成为硬通货，有人愿意拿奢侈品来换。看到它人们就会想到自由、快乐、爽。

这个创立于1886年的品牌，最开始是当成药来卖的，因为它里面含有一些成分，能提神，减轻头疼咳嗽。后来逐渐优化成分、口感，从药品变成饮品，从药店走向了商超，深受人们喜爱。

可口可乐第一次大规模的扩张是在"二战"期间，在炮火连天的岁月，士兵们今日不知明日事，也不知道明天会身在何方，捧一捧家乡故土都是一种慰藉；要是能有可乐喝，不光是提高生活品质，还会振奋精神。

艾森豪威尔将军就把可口可乐列为军需用品，部队行进到哪里，可乐的工厂就建在哪里，并喊出口号，承诺士兵们不论在世界上任何地方，都能用5美分买到一瓶可口可乐。

这一举措让美国大兵把情感跟可口可乐绑得更紧，也大大加快了可口可乐在全球的扩张，仅"二战"期间，可口可乐就新建了64家瓶装厂，一共卖出了超过100亿瓶的可乐。

进入和平年代，可口可乐又是怎么讲故事的呢？

在20世纪美国妇女解放运动期间，可口可乐率先推出一则广告，在报纸刊登了一张照片，一名女性独自一个人坐在咖啡厅里喝可口可乐，主题就四个大字：家庭主妇。其实那时候美国妇女还没有投票权，极少就业，也根本不太可能一个人去咖啡厅享受独处时光。但可口可乐率先洞察时代趋势，提出这一主张，让品牌成为一个时代精神的引领者。

后来可口可乐还推出过不同肤色的孩子们一起开心玩耍喝可乐，小黄人和绿巨人抢可乐的广告，这种不分种族、国界，甚至不分次元的人都可以共享美好时光的价值观，就是可口可乐深入人心的品牌精神，是企业最强有力的护城河。

百年品牌之所以能够穿越周期，关键在于从物理功能到情感功能的升华，让品牌成为价值符号和精神信仰。渠道在变，讲故事的方式在变，传播媒介在变，而品牌的价值观却从未变过，这就是品牌的精髓。品牌文明的终极形态，是在用户心智中搭建永不坍塌的灵山塔。

【取经私董会】

本期议题：品牌造神的终极智慧是什么？

跋

《商解西游》的三个锦囊

从商业的角度解读《西游记》,你会有全新的感悟。工作就是道场,赚钱亦如修行。修成正果的智慧不仅在九九八十一难的取经路上,也在潮起潮落的商海博弈之中。赚钱易,赚人心却难,世界上历史最悠久的品牌就是大学和寺庙。企业要想穿越周期,修炼成百年品牌就必须要有超越利润之上的追求,那就是深得人心的价值观:道法自然、无为而治、禅商合一,这正是金针度人的三个锦囊,也是佛法而来的题中之义。

锦囊一：道法自然的商业规律

《西游记》的开篇就是一首诗：
混沌未分天地乱，茫茫渺渺无人见。
自从盘古破鸿蒙，开辟从兹清浊辨。
覆载群生仰至仁，发明万物皆成善。
欲知造化会元功，须看《西游释厄传》。

"造化"即创造化育，指自然生成万物的力量；"会元"是时间单位，在道教中指天地循环的一个周期；"功"在这里不是功劳，而是指规律；"造化会元功"暗含道家"道法自然"与佛家"成住坏空"的宇宙观。作者在开篇就指出这本书所要讲述的核心内容，是以精彩纷呈的大闹天宫、西天取经等故事为引，告诉我们天道运行的法则。

孙悟空从天地育成的石猴到超越轮回的佛猴，体现了"造化"中的个体修行；唐僧作为金蝉子十世转生，最终脱胎换骨，暗合了"会元"的劫数积累与突破，在混沌—开拓—修行—圆满的框架中，循环往复。

老子在《道德经》中以"人法地，地法天，天法道，道法自然"的递进式表达，揭示出宇宙运行的深层法则。在中国传统哲学的长河中，"道法自然"的思想犹如一条暗流，始终滋养着东方文明的智慧根系。

真正的商业规律往往深藏于看似无序的市场表象之下，企业家的智慧在于辨识并顺应这些冰山之下的信息,而非强行改变潮水方向。

微信创始人张小龙,他的产品哲学与管理风格深刻体现了"道法自然"的商业规律。微信的成长逻辑更倾向于顺应人性需求,实现自然生长,并非依赖强制干预或短期逐利。早期坚持不设广告推送、不做功能堆砌,看似"无为"的产品策略实则暗合人性本质。语音消息更大程度地消除了沟通障碍,朋友圈的迭代升级源于用户自发的内容沉淀,这种遵循用户行为自然演进的思路,使得微信成长为当下中国数字社会的基础设施。

商业世界的"道法自然"更体现在对发展周期的敬畏与尊重。

商业的本质不是征服规律,而是理解并融入规律。就像春种秋收,企业也需要根据市场气候调整战略节奏,在技术创新与人性需求之间寻找自然平衡点。

以佛教寺院建造与修缮为核心业务的日本企业金刚组(Kongo Gumi),是全球现存最古老的家族企业之一,成立于公元578年(中国南北朝时期),至今已有1400多年历史,始终坚持"三十年一代木"的材料选择标准。在日本有一句广为人知的俗语:若是金刚组不稳,日本列岛也会跟着晃动。这家企业的核心经营理念深受东方哲学影响,尤其是"道法自然"的思想,以其独特的生存智慧为现代商业提供了深刻的启示。

金刚组的成功首先源于对行业规律的敬畏与坚守。在佛教文化盛行的日本,寺院不仅是宗教场所,更是文化与历史的载体。金刚组深谙这一核心价值,即便在经济高速增长时期,面对房地产和现代建筑行业的巨大诱惑，也始终没有偏离木结构寺庙建造的主航道。在20世纪日本经济腾飞阶段，金刚组依然专注于传统技艺的传承，甚至拒绝使用化学黏合剂，坚持用榫卯结构实现建筑的自然稳固。尊重材料的自然属性与工艺的时间沉淀，使其创造了难以替代的价值。

匠人精神的传承，是金刚组践行"道法自然"的另一重要维度。企业通过严格的师徒制培养工匠，一代代匠人不仅学习技艺，还被灌输"天人合一"的哲学理念。他们相信，木材是有生命的材料，建筑应当如同自然生长般与周围环境融为一体。这种理念在世界最古老的木结构建筑——奈良法隆寺的修缮中体现得淋漓尽致。金刚组的匠人用古法修复斑驳的梁柱时，会刻意保留岁月痕迹，让新建部分与旧结构"对话"，而非追求焕然一新的视觉效果。近年来，企业虽引入3D扫描技术辅助修复工作，但核心工艺依然由匠人手工完成，体现了传统与现代的微妙平衡——技术为表，匠心为里。

当世界进入弱肉强食的乱纪元，东方智慧正焕发新的生机：商业不是武力征服，而是利益和价值的自然吸引。

锦囊二：无为而治的管理境界

"道法自然"是认知维度的底层哲学，回答了规律是什么；"无为而治"则是行动维度的上层策略，回答如何顺应规律。"无为而治"并非主张完全无所作为，而是强调天人合一，减少人为干预，通过信任、放权和激发内在动力来实现治理目标。在商业领域，这一思想体现为管理者通过构建制度、文化和团队精神，激发个体的自主性来推动企业发展，而非事必躬亲。

当我们重新审视《西游记》中天庭的治理架构，会发现玉皇大帝看似无为而治的统驭方式实则暗藏玄机：玉皇大帝作为三界最高统治者，既没有如现代CEO般事必躬亲，也不似传统帝王专行威权，而是通过构建生态化治理框架，在看似无为的表象下实现了更高维度的掌控。这种管理境界在取经工程的宏观布局中尤为显著：当如来提出佛法东传的战略构想时，玉帝既未强势主导也未置身事外，而是以团队渗透的方式施加影响力，既维护了体制尊严，又在佛道博弈中埋下制衡的伏笔。

现代企业治理中，谷歌允许员工用20%工作时间研究自己感兴趣的项目，还在每周五下午举办"演示日"活动，让员工尽情展示自己的创意。这种制度留白的管理智慧不仅没有使组织失控，反而让创新效率提升了37%。

在中国企业的管理实践中，华为与海尔是两家探索自组织与分权模式的代表性公司。它们的管理变革并非凭空产生，而是基于行业环境、组织规模与领导层哲学思考的持续迭代，背后既有创新突破，也伴随着争议与挑战。

华为的管理体系深受创始人任正非的军事化思维与热力学"熵减"理论影响。2009年，任正非在内部讲话中提出"让听得见炮声的人呼唤炮火"，强调一线团队应获得更大决策权。这一理念在2014年演变为"班长的战争"模式，通过将预算审批、产品定价等权限下放至区域一线，缩短决策链条。据华为2021年年报披露，其在中国以外的市场收入占比达63%，部分分析师认为，这与本地化团队的灵活响应能力有关。为平衡分权与风险，华为自2011年起实施轮值CEO制度，由三名高管轮流担任决策者，避免权力过度集中。

海尔的管理变革则更具颠覆性。海尔的人单合一模式受道家思想启发，拆解科层制，将企业变为"平台+小微"生态。员工组成"小微"自主创业，直接对用户需求负责；资源按市场结果动态分配，淘汰低效团队；管理层从"管控者"转为"服务者"。

这种模式是由海尔集团首任董事局主席张瑞敏提出的，灵感来源于"天时地利人和"的理念，与王阳明的知行合一有异曲同工之妙。人单合一模式的核心理念是员工和用户融为一体，将员工创造的价值体现在用户的价值上，这与道家哲学中强调的人与自然和谐共生、知行合一的思想是一致的。

"无为而治"在商业中体现在通过最小化干预实现最大化效能，其成功依赖于制度设计、文化塑造和对人性的深刻理解。张瑞敏、任正非等企业家的实践表明，这种东方智慧在现代管理中依然具有生命力，尤其适用于需要快速创新和适应复杂环境的企业。其核心并非"不管"，而是"管在无形之中"。

这些探索表明，中国企业的管理创新并非简单套用传统哲学，而是在全球化竞争与数字化转型背景下，对科层制与市场化边界的重新定义。其价值不仅在于商业成功本身，更在于为大型组织如何保持活力提供了实验样本。

实现无为而治的关键要素：

清晰的使命与价值观：替代具体指令，成为员工决策的指南（如华为的"以客户为中心"）。

去中心化机制：通过分权、内部市场化和自组织团队减少层级干预。

数字化工具支持：透明化信息和数据驱动降低协调成本（如字节跳动的飞书、阿里云）。

容忍试错的文化：允许"失控"创新，对失败项目宽容。

无为而治的现实意义是通过机制设计替代人为干预，使组织在"有序"与"活力"之间找到动态平衡。未来，随着AI和区块链技术的应用，自组织管理将成为大趋势。

治大国若烹小鲜，无为而治要依靠清晰的战略方向、成熟的制度框架和共同愿景的文化共识做保障，并在放权与风险控制之间找到平衡，例如通过数据监控和反馈机制及时调整。高度自主的管理模式，依赖员工素质和企业文化，需长期培育信任基础。

从《西游记》的天庭架构到现代企业的平台生态，从玉帝的制衡智慧到当代企业的灰度管理，东方管理哲学揭示：伟大的治理不是用权力塑造秩序，而是让秩序在规律中自然生成。当企业建立起清晰的使命共识与价值底座，当制度设计能够激发人的善意与潜能，管理者便能在"无为"中见证组织如生命体般自主进化，在动态平衡中实现基业长青。

锦囊三：禅与商的融合之道

唐代著名的赵州从谂禅师有一桩公案，两位远道而来的僧人向他请教，一个问禅是什么？禅师让他"吃茶去"！另一个问如何修行，禅师也让他"吃茶去"！引领两位僧人的监院好奇，为什么不论别人问什么问题，禅师都让他们吃茶去？这时候赵州禅师叫了一声监院的名字，并且依然是让他"吃茶去"！

禅宗主张"平常心是道"，强调修行不离日常生活，若执着于求法、求悟，反而落入概念与思维的陷阱。"吃茶去"正是以最朴素的行动提醒众人：禅不在玄妙的理论中，而在当下的平凡事物中。

孙悟空在灵台方寸山学艺时，有整整七年的时间每天就是和众师兄学言语礼貌，讲经论道，习字焚香。闲时即扫地锄园，养花修树，寻柴燃火，挑水运浆。这就是最好的悟道修行，不是脱离现实，而是回归本心。取经路上孙悟空开导唐僧："佛在灵山莫远求，灵山只在汝心头。人人有个灵山塔，好向灵山塔下修。"灵山不必是地理概念，而是自性觉悟的隐喻。佛性平等，众生皆有成佛根基，修行不是从无到有的建造，而是从"迷"到"悟"的觉醒。

禅宗强调的是内心的平静、专注、活在当下；而商业通常涉及竞争、利润、效率这些比较实际的东西。这两者看起来好像有点矛盾，其实是一种将东方禅宗哲学与现代商业实践相结合的理念，旨在通过禅的智慧化解商业中的浮躁与功利,在追求效率与利润的同时,实现精神与物质、个体与社会的平衡。

日本企业家松下幸之助将"企业是社会的公器"写入经营哲学,他被誉为"一手拿着《论语》,一手拿着算盘的经营之神",将东方思想智慧和西方商业伦理结合,建立了一套"自来水哲学"经营理念,并确立松下电器的使命:"产业人的使命在于克服贫穷。为此必须不断推进物质生产,扩大财富。自来水管子里的水虽然是有价的东西,但是过路人喝上几口,谁也不会介意。这是因为水的量多,价格太便宜的缘故。我们产业人的使命就是要把生活物资变成如自来水一般的无限丰富,以价格可以低到几乎等于免费的水平提供给社会。做到这样的地步,就会给人们带来幸福,就会为世界建造乐土。松下电器的真正使命便在于此。"

稻盛和夫创建第二电电挑战垄断巨头时,每日诵读《心经》保持清明,最终在红海市场中开辟出新航道。如同乌巢禅师传授唐僧《多心经》时所言——"若见诸相非相,即见如来",也就是如果能透过现象看清事物的本质,就达到了觉悟的境界。在商业中,垄断巨头往往被视为不可动摇的"相",但稻盛和夫看到了背后的因缘和合:即市场竞争,技术发展以及顾客的真实需求未被满足带来的商机。他没有执着于现有的市场结构,而是看到改变的可能性。商业创新往往诞生于对固有认知框架的突破。

在全球化与数字化的浪潮中,禅商文化正孕育新的文明形态。唐僧取回的无字真经与有字真经之辩,暗合现代企业制度建设中"显性规则"与"隐性文化"的共生关系。

禅道与商道分别代表了东方哲学中的精神修炼与世俗实践，两者看似对立，实则蕴含深刻的互补性。

禅与商的融合，是通过回归本心、超越二元对立的智慧，将商业从"逐利工具"转化为"创造意义"的载体。它并非否定竞争与利润，而是以更圆融的方式实现商业向善。正如禅语"平常心是道"，真正的禅商之道，或许就在日常经营中践行真诚、专注与慈悲。